TU PERSONALIDAD ORIGINAL

Cuando acepté mi personalidad original, mi vida cambió. Me liberó de las máscaras de tal manera que pude brillar con la personalidad que me ha dado Dios. Este libro trasciende la mirada rápida a la forma de ser que cada persona tiene incorporada. Destaca el panorama más general y nos enseña la manera en que debemos responder a los demás y cómo restablecer nuestras relaciones. Con profundidad, sensatez y lleno de historias personales que cautivan, *Tu personalidad original* es de seguro un tutor. Prepárate para tener un libro con páginas gastadas y con dobleces en las esquinas.

JAN COLEMAN

ORADORA Y AUTORA, *WOMAN BEHIND THE MASK: TRADING YOUR FAÇADE FOR AUTHENTIC LIFE*

¡Qué forjador de relaciones! *Tu personalidad original* les da a los lectores los elementos para comprender que todos somos diferentes, dándonos una nueva comprensión de nuestros cónyuges, hijos y amigos. Marita Littauer quita del proceso de pensamiento las conjeturas en cuanto a lo que hay detrás de las acciones y nos alienta a amar a los que nos rodean, tal como los hizo Dios.

LINDA GILDEN

AUTORA DE *LOVE NOTE SERIES*: *LOVE NOTES IN LUNCHBOXES AND LOVE NOTES ON HIS PILLOW*

¡Marita Littauer lo logró de nuevo! En realidad, se dio cuenta de lo que necesitamos conocer y comprender acerca de nosotros mismos y de los demás y, luego, tradujo esa información dándole un formato práctico y agradable de leer. Estos conceptos nos educarán, ilustrarán y alentarán a cumplir con los propósitos de Dios para nuestra vida.

Tu personalidad original nos dará la libertad para ser todo lo que Dios tenía en mente cuando nos creó, y de concederles a los demás la gracia para que hagan lo mismo. Este libro nos recuerda que Dios ya nos dotó para cumplir con su llamado y que cuando actuamos de acuerdo con ese llamado, el cuerpo de Cristo funcionará en unidad y poder.

KATHI MACÍAS

AUTORA, *THE MATTHEWS AND MATTHEWS DETECTIVE NOVELS: OBSESSION, THE PRICE AND THE RANSOM*

¡Un valioso recurso! *Tu personalidad original* te ayudará a aprender la forma de conectarte con la gente de manera más eficaz en los niveles personales, sociales y profesionales. ¡Hasta es probable que aprendas algo acerca de ti mismo en el proceso!

CYNDY SALZMANN

ORADORA NACIONAL
AUTORA, *DYING TO DECORATE!* y *BEYOND GROUNDHOGS AND GOBBLERS*

MARITA LITTAUER

CON COMENTARIOS DE

FLORENCE LITTAUER

TU PERSONALIDAD ORIGINAL

EDITORIAL
UNILIT

Sepa

Publicado por
Editorial Unilit
Miami, Fl. 33172
Derechos reservados

© 2008 Editorial Unilit (Spanish translation)
Primera edición 2008

© 2006 por Marita Littauer
Originalmente publicado en inglés con el título:
Wired That Way
por Regal Books, una división de Gospel Light Publications, Inc.
Ventura, California 93006, USA.
Todos los derechos reservados.

Las citas bíblicas se tomaron de la Santa Biblia Nueva Versión Internacional.
© 1999 por la Sociedad Bíblica Internacional.
Las citas bíblicas señaladas con LBD se tomaron de la Santa Biblia,
La Biblia al Día. © 1979 por la Sociedad Bíblica Internacional.
Las citas bíblicas señaladas con DHH se tomaron de *Dios Habla Hoy*,
la Biblia en Versión Popular. © 1966, 1970, 1979 por la Sociedad Bíblica Americana, Nueva York.
Las citas bíblicas señaladas con LBLA se tomaron de la Santa Biblia,
La Biblia de Las Américas. © 1986 por The Lockman Foundation.
Las citas bíblicas señaladas con TLA se tomaron de la *Biblia para todos*, © 2003.
Traducción en lenguaje actual, © 2002 por las Sociedades Bíblicas Unidas.
El texto bíblico señalado con RV-60 ha sido tomado de la versión Reina Valera
© 1960 Sociedades Bíblicas en América Latina; © renovado 1988 Sociedades
Bíblicas Unidas.
Usadas con permiso.

Producto 495533
ISBN 0-7899-1538-3
ISBN 978-0-7899-1538-2
Impreso en Colombia
Printed in Colombia

Categoría: Vida cristiana /Vida práctica /Autoayuda
Category: Christian Living /Practical Life /Self Help

No hubiera podido escribir este libro sin todo el conocimiento acerca de las Personalidades que mi madre volcó en mí. Juntas, las hemos estudiado durante casi cuarenta años. Me ha dado la libertad de llevar este tema a esferas nuevas por completo. Ahora, tenemos Instructores Certificados en Personalidades en muchos países, incluyendo, por supuesto, a los Estados Unidos, que llevan el mensaje a las masas.

Este libro conjuga las enseñanzas básicas acerca de las Personalidades que hemos transmitido durante años, y los nuevos avances que se han producido como resultado del impacto que han causado las preguntas en nuestras audiencias, y las reflexiones de nuestros Instructores Certificados en Personalidades (oirás hablar de muchos de ellos a lo largo de estas páginas).

Gracias, mamá. Espero que estés orgullosa de mí.

CONTENIDO

*Gracias a mi grupo de lectura en línea y a
mis Instructores Certificados en Personalidad, que
estuvieron dispuestos a leer cada capítulo en su
forma de borrador más primitiva, a criticarlo y
comentarlo, y a añadir sus historias,
enriqueciendo de esa manera el texto e
ilustrando lo que yo quería decir.
¡Les doy las gracias a todos!*

CAPÍTULO I

CONSTITUCIÓN Y
TRASFONDO

¿Alguna vez te has dado cuenta de que te rodean personas diferentes a ti? Tal vez vivas con estas personas o quizá trabajes a su lado. Sin embargo, lo más probable es que te hayas dado cuenta de las diferencias y hayas sentido el deseo de cambiar a esta gente. A lo mejor hayas llegado al punto de tratar de «arreglarlos» y les hayas sugerido que su manera de pensar, su actitud y su enfoque ante la vida deberían ser más semejantes al tuyo. No obstante, estos intentos casi siempre terminan siendo inútiles y frustrantes. Parece que las diferencias que tienen estas personas constituyen su Personalidad.

Al pensar en esos a los que has tratado de cambiar (y al reflexionar en tu propio crecimiento personal), quiero que consideres Romanos 12:18: «Si es posible, y en cuanto dependa de ustedes, vivan en paz con todos». Me encanta la manera en que este versículo se presenta en tres partes. La primera parte dice: «Si es posible». Es como si Dios nos diera un descargo de responsabilidad; como si dijera que esta es una meta que deberíamos tratar de alcanzar. La segunda parte dice: «y en cuanto dependa de ustedes», y hace que nuestra responsabilidad individual sea, la última parte, que «vivan en paz con todos».

Si este versículo solo dijera: «vivan en paz con todos», nos resultaría imposible poner en práctica esta enseñanza. Cada uno de nosotros ha tenido situaciones en las que hemos probado todo lo que sabemos para llevarnos bien con algunas personas, pero parece que nada da resultado.

Por más que lo intentemos, no podemos cambiar a estos individuos. Sin embargo, como sugiere este versículo en Romanos, podemos cambiarnos a nosotros mismos; podemos crecer y mejorar. También podemos cambiar la manera en que nos acercamos a los demás, de modo tal que, en cuanto dependa de nosotros, estemos en paz con todos.

Cuando dejamos de intentar cambiar a la gente que nos rodea, y aceptamos que son de esa manera, podemos comenzar a comprender a los demás y a mejorar nuestras relaciones con ellos. Asimismo, cuando estamos en condiciones de captar cómo somos nosotros, podemos usar esa información para crecer más allá de nuestras tendencias naturales y convertirnos en individuos mejores y más equilibrados.

La personalidad: ¿Se aprende o se hereda?

Aunque cada persona es diferente, existen muchas similitudes que permiten agrupar a las personas en categorías generales. El estudio de estas diferencias y su interrelación se conoce como «las Personalidades».

Un artículo reciente en la revista *Life* afirmaba que «los estudios de gemelos y los avances en la biología molecular han revelado un componente genético más significativo en la personalidad de lo que se conocía antes»[1]. Estos investigadores ahora comienzan a captar lo que cualquier padre o maestro diría: Todos venimos con nuestra propia Personalidad, determinada antes del nacimiento dentro de nuestra composición genética individual. El entorno representa un papel en cuanto a cómo se moldea esa Personalidad, pero los aspectos básicos están predeterminados.

En una ocasión, me reuní con un grupo de directoras de preescolares y les pregunté si alguna vez habían tenido el caso de varios hermanos que asistieran juntos a sus escuelas. Por supuesto, la respuesta fue afirmativa. Luego les pedí que consideraran el hecho de que cada uno de estos niños tenían los mismos padres, habían crecido en la misma casa y ha-bían ido a la misma iglesia o preescolar. Muchas veces, usaban la misma ropa y dormían en la misma habitación con sus hermanos. Sin embargo, ¿acaso eran iguales? La respuesta fue un enfático no.

A pesar de tener casi el mismo entorno, cada uno de estos hermanos tenía su propia Personalidad distintiva. Algunos hablaban de manera incesante y les gustaba ser el centro de atención y modelos que quisieran imitar los demás. Otros eran líderes natos y les gustaba decirles a los otros niños qué hacer y cuándo hacerlo (estos niños se hubieran encargado de la clase si la maestra se los hubiera permitido). Algunos eran más reservados y tranquilos, temiéndole al desorden y evitando proyectos como pintar con los dedos, siendo partidarios de actividades limpias y metódicas como las construcciones con cubos y la lectura. A otros niños silenciosos les satisfacía cualquier actividad, seguían el programa sin problemas y muy rara vez proponían ideas propias.

Estos mismos patrones nos siguen a lo largo de la vida. Son rasgos innatos de la Personalidad: nuestra personalidad original.

Todo esto es griego para mí...

El estudio de los rasgos innatos de la Personalidad no es una ciencia nueva. Durante la época de oro de Grecia (alrededor del 400 a.C.), renombrados pensadores griegos estudiaron y filosofaron acerca de la vida y el universo. En especial, uno de los campos que despertó su curiosidad fue el estudio de las diferentes naturalezas de las personas. Lo mismo que el grupo de directoras de preescolar con las que hablé, y es probable que al igual que tú, se dieron cuenta de que la gente era diferente.

LA ABUELA SABE
RUTH CROW, ICP[2]

Toda abuela sabe cuánta alegría traen los nietos. Tuve la oportunidad de llevar a mi nieta, Morgan, al jardín de infantes en su primer día de clases. Por experiencia propia, sabía que para algunos niños este podía ser un momento aterrador y traumático.

Esa mañana, Morgan y yo entramos al salón y miramos a nuestro alrededor. Algunos niños lloraban, otros se aferraban a sus padres y otros se chupaban el pulgar. Sin embargo, Morgan no... ¡Morgan no! Se tomó unos minutos para evaluar la situación y luego comenzó a decirles a los demás niños qué hacer, dónde sentarse, con quién hablar, con qué juguete jugar y qué libro mirar.

Morgan tenía cinco años, una niñita, y la menor en su familia. Nadie le había enseñado a ser mandona ni a cómo ser líder. El primer día de clases de Morgan me ilustró que las Personalidades trascienden la edad, el género, el orden de nacimiento, el entorno o el comportamiento aprendido.

Un pensador griego particular, Hipócrates (conocido hoy como el padre de la medicina moderna), teorizó que lo que hacía que las personas fueran tan diferentes entre sí era la química de su cuerpo. (Solo hace poco tiempo hemos llegado a entender que pudo haber tenido más aciertos que los que se le han reconocido). Él y otros pensadores griegos creían que la gente se podía categorizar en cuatro grupos básicos y que sus diferentes contexturas físicas (o «fluidos» en sus cuerpos) eran las que les daban las manifestaciones externas específicas (lo que identificaba su Personalidad). Alrededor del año 190 d. C., Galeno, un médico griego, trabajó en las ideas de Hipócrates y llegó a lo que llamó los cuatro temperamentos: cuatro tipos de Personalidades o estados de ánimo que, según él, se producían por el desequilibrio de ciertos fluidos corporales en la gente. A estos cuatro temperamentos los llamó: Sanguíneo, Colérico, Melancólico y Flemático.

Con los años, la gente ha expandido estos conceptos y ha hablado acerca de los mismos (dándole, muchas veces, diferentes nombres para parecer más inteligentes u originales), y en la actualidad, existen diversas enseñanzas diferentes acerca de este tema general. Por ejemplo, algunos de estos «nuevos» sistemas se refieren al Sanguíneo como Emotivo, Influyente, Sociable o Expresivo; al Colérico como Obstinado, Dominante, Director o Imperioso; al Melancólico como Racional, Cauteloso, Pensador o Analítico; y al Flemático como Personal, Constante, Relacional y Amable. Sin embargo, más allá de los términos que se usen, todos vuelven, en esencia, a estos mismos cuatro tipos de Personalidades que se determinaron hace miles de años. Por lo tanto, si conoces alguno de estos otros sistemas, comprende que todos hablamos el mismo lenguaje, solo que usamos términos un tanto diferentes para decir lo mismo (véase cuadro en la siguiente página). Lo único que tendrás que hacer es pensar en un nombre diferente a medida que avanzamos.

La mayoría de las personas que conocen estos otros enfoques descubren que este estudio de la Personalidad se concentra más en los aspectos positivos que en la patología, y sirve más de ayuda para resolver los problemas en las relaciones[3]. Sin embargo, el objetivo de este estudio es llevarte más allá del nombre hacia la aplicación, de modo tal que logres ver cambios verdaderos en tus relaciones. A medida que lees, confío en que te diviertas descubriendo quién eres y que seas capaz de aplicar con rapidez los principios para crecer más allá de tu Personalidad natural, a la vez que mejoras tus relaciones, tanto en el hogar como en el trabajo.

Cuadro comparativo de los
diferentes sistemas de Personalidades

Las Personalidades	Sanguíneo Popular	Colérico Poderoso	Melancólico Perfecto	Flemático Pacífico
Evaluación conductista «Guiado por tus puntos fuertes»	Nutria	León	Castor	Labrador dorado
DISC	Influyente/ Interactivo	Dominante	Conforme/ Cauteloso	Sensato
Código de color	Amarillo	Rojo	Azul	Blanco
Verdaderos colores	Anaranjado	Dorado	Verde	Azul
Alessandra y Cathcart	Sociable	Director	Pensador	Relacional
Larry Crabb	Emotivo	Volitivo	Racional	Personal
Estilos sociales Merrill-Reid	Expresivo	Imperioso	Analítico	Afable

Agrupaciones de las personalidades básicas

Comencemos por darle una ojeada a las agrupaciones básicas de las Personalidades. Debemos tener en cuenta que, si tomamos a toda la población del mundo en un momento determinado y la ubicamos a toda esa gente en una de las cuatro categorías, haremos generalizaciones; ninguna persona encajará con exactitd en un molde. Lo cierto con respecto a las *generalizaciones* es que, *por lo general*, son ciertas. Aunque todos somos individuos únicos, la mayoría de nosotros tenemos nuestro propio conjunto de lentes de colores a través de los cuales vemos la vida y tomamos decisiones. Esto constituye nuestra Personalidad básica.

Además de nuestra Personalidad básica, todos contamos con una Personalidad secundaria y, por lo general, tenemos una pizca de rasgos de algunas de las otras categorías (en el capítulo 4 veremos las diversas combinaciones). El siguiente cuadro te dará una breve reseña de las Personalidades. A continuación del cuadro, describiré las características de cada Personalidad y daré una rápida reseña de cada una. Es probable que quieras remitirte a estas perspectivas generales de vez en cuando, a medida que te habitúas a las Personalidades.

Las Personalidades

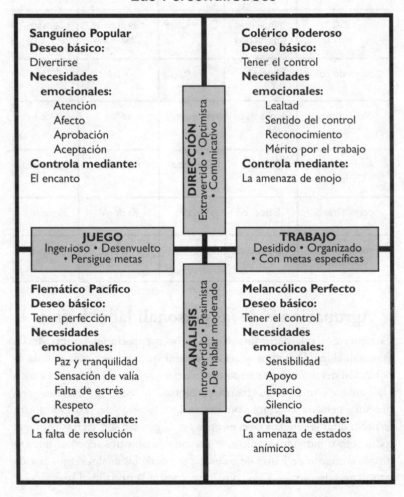

Sanguíneo Popular
Deseo básico:
Divertirse
Necesidades emocionales:
Atención
Afecto
Aprobación
Aceptación
Controla mediante:
El encanto

Colérico Poderoso
Deseo básico:
Tener el control
Necesidades emocionales:
Lealtad
Sentido del control
Reconocimiento
Mérito por el trabajo
Controla mediante:
La amenaza de enojo

DIRECCIÓN
Extravertido • Optimista
• Comunicativo

JUEGO
Ingenioso • Desenvuelto
• Persigue metas

TRABAJO
Desidido • Organizado
• Con metas específicas

Flemático Pacífico
Deseo básico:
Tener perfección
Necesidades emocionales:
Paz y tranquilidad
Sensación de valía
Falta de estrés
Respeto
Controla mediante:
La falta de resolución

Melancólico Perfecto
Deseo básico:
Tener el control
Necesidades emocionales:
Sensibilidad
Apoyo
Espacio
Silencio
Controla mediante:
La amenaza de estados anímicos

ANÁLISIS
Introvertido • Pesimista
• De hablar moderado

El Sanguíneo Popular

Las personas con personalidades sanguíneas tienen, por lo general, mucha energía, les encanta la diversión y son extravertidas. Son las personas que siempre están a la espera del próximo encuentro o de reunirse con sus amigos.

Al principio, los antiguos griegos creían que la gente con este tipo de Personalidad se comportaba de esa manera porque por sus venas corría sangre de color rojo vivo; de allí el nombre «sanguíneo», que se relaciona con la sangre. En la actualidad, la palabra «sanguíneo» también se usa para describir a alguien que es optimista o que tiene confianza en sí mismo.

Como la palabra «sanguíneo» no se usa de manera corriente en el lenguaje de hoy, a lo largo de todo este libro la acompañará la palabra «popular» cuando se use para representar a un tipo de Personalidad. Por supuesto, si estás habituado a esta enseñanza a partir de otra fuente y estás acostumbrado a la palabra «Sanguíneo» sola, siéntete en libertad de usarla. O solo usa el término «Popular» si encuentras molesto el de Sanguíneo.

Recuerda, no se trata de etiquetas ni de cómo nos referimos a los tipos de Personalidades, se trata de entendernos a nosotros mismos y mejorar también nuestras relaciones.

El Colérico Poderoso

La gente con personalidad Colérica, por naturaleza, persigue metas y vive para alcanzarlas. Consideran las tareas muy importantes. Son personas bien organizadas, pero también sociables como los Sanguíneos Populares. Sin embargo, además de tener estos rasgos positivos, los Coléricos también tienden a tener pocas pulgas y a ser mandones.

Hipócrates y los pensadores griegos creían que la gente que manifestaba este tipo de Personalidad tenía bilis amarilla en el cuerpo que les daba esos rasgos específicos, como un bebé con cólicos o una persona con cólera; de allí el nombre «colérico».

Por las mismas razones que mencioné antes, al referirme a los «Sanguíneos», a lo largo de este libro al término «Colérico» lo acompañará la palabra «Poderoso» a fin de definir mejor este tipo de Personalidad fuerte: el Colérico Poderoso.

Sanguíneos Populares

«Hagámoslo de manera divertida».

Color representativo: amarillo (como una «carita feliz»)

Deseo: divertirse

Puntos fuertes clave: habilidad para conversar de cualquier tema, en cualquier momento, en cualquier lugar, personalidad chispeante, optimismo, sentido del humor, capacidad para contar historias, deleite de la gente

Puntos débiles clave: desorganizados, no pueden recordar los detalles ni los nombres, exageran, no se toman nada en serio, confían en que otros hagan el trabajo, demasiado crédulos e ingenuos

Necesidades emocionales: atención, afecto, aprobación, aceptación

Se deprimen cuando: la vida no es divertida y nadie parece amarlos

Le temen a: ser impopulares o aburridos, tener que vivir sujetos al reloj, tener que llevar un registro del gasto de dinero

Les gusta la gente que: escucha y ríe, elogia y aprueba

Les disgusta la gente que: critica, no responde a su humor, no los considera encantadores

Son valiosos en el trabajo por: su pintoresca creatividad, su optimismo, su trato, por animar y entretener a otros

Pueden mejorar si: se organizan, no hablan tanto, aprenden a calcular el tiempo

Como líderes: entusiasman, persuaden e inspiran a otros; irradian encanto y entretienen; son olvidadizos y malos en cumplir a cabalidad

Tienden a casarse con: Melancólicos Perfectos que son sensibles y serios, pero pronto se cansan de tener que levantarles el ánimo y también de que los hagan sentirse inadecuados o estúpidos

Reaccionan al estrés: abandonando la escena, yendo de compras, buscando un grupo divertido, creando excusas, culpando a otros

Se les reconocen por: su conversación constante, su fuerte voz, sus ojos brillantes

Coléricos Poderosos

«Hagámoslo a mi manera».

Color representativo: rojo (como un carro de bomberos)

Deseo: tener el control

Puntos fuertes clave: habilidad para encargarse al instante de cualquier cosa y emitir juicios rápidos y certeros

Puntos débiles clave: demasiado mandones, dominantes, autocráticos, insensibles, impacientes, renuentes a delegar o a darles méritos a otros

Necesidades emocionales: percepción de obediencia, apreciación por los logros, reconocimiento por su habilidad

Se deprimen cuando: la vida está fuera de control y la gente no hace las cosas a su manera

Le temen a: perder el control de todo (por ejemplo, perder un trabajo, que no los asciendan, enfermarse de gravedad, tener un hijo rebelde o un cónyuge que no los apoye)

Les gusta la gente que: es comprensiva y sumisa, ve las cosas a su manera, cooperan con rapidez, les dejan apropiarse del mérito

Les disgusta la gente que: es holgazana y no le interesa el trabajo constante, se opone a su autoridad, se vuelve independiente, que no es leal

Son valiosos en el trabajo porque: pueden lograr más que cualquier otro en menos tiempo, casi siempre tienen razón

Pueden mejorar si: les permiten a otros tomar decisiones, delegan autoridad, se vuelven más pacientes, si no esperan que todos produzcan como ellos

Como líderes: tienen la sensación natural de estar al mando, un rápido sentido de lo que dará resultado, una sincera creencia en su capacidad para los logros, un potencial para doblegar a la gente menos enérgica

Tienden a casarse con: Flemáticos Pacíficos que obedecerán en silencio y no se opondrán a su autoridad, pero que nunca lograrán lo suficiente ni se entusiasmarán con sus proyectos

Reaccionan al estrés: fortaleciendo el control, trabajando más duro, ejercitándose más, librándose del ofensor

Se les reconocen por: su estrategia de avanzar con rapidez, lo rápido que toman el control, su confianza en sí mismo, la actitud impaciente y dominante

El Melancólico Perfecto

Las personas con personalidades Melancólicas tienden a ser callados, profundos y pensativos. Luchan por la perfección en todo lo que hacen y que les importa, y creen que si vale la pena realizar una tarea, vale la pena hacerla bien. Debido a que la gente con este tipo de Personalidad se concentra tanto en la perfección, a menudo se desilusionan más (e incluso más deprimida) que las otras Personalidades.

Los pensadores griegos creían que la gente que manifestaba este tipo de Personalidad se comportaba así debido a la bilis negra en su cuerpo; de allí el nombre de «melancólico». En la actualidad, esta palabra se usa a menudo para describir a las personas deprimidas o con cambios de humor negativos. A fin de concentrarse en los aspectos positivos de esta Personalidad, a lo largo de este libro el término «perfecto» acompañará al término «Melancólico» para describir este tipo de Personalidad.

El Flemático Pacífico

Los que tienen este último tipo de Personalidad, los Flemáticos, son un poco más difíciles de identificar que las otras Personalidades. Mientras que los Sanguíneos Populares, los Coléricos Poderosos y los Melancólicos Perfectos tienden a vivir la vida al extremo, los individuos con personalidades Flemáticas tienden a ser más equilibrados y estar más satisfechos con la vida. Como tales, muchas veces no sienten la necesidad de cambiar al mundo ni de alterar el estado existente de las cosas.

A menudo, los tipos de Personalidades más impulsivas ven a los que manifiestan este tipo de Personalidad como más lentos y pensativos. A esto quizá se deba que Hipócrates y otros filósofos griegos de la antigüedad creyeran que los que manifestaban este tipo de Personalidad tenían flema en sus cuerpos; de allí el nombre de «Flemático». Como esta palabra nos resulta extraña muchas veces, a lo largo de este libro el término «pacífico» acompañará al término «Flemático» para describir mejor a estos individuos equilibrados, constantes y fáciles de complacer.

Recuerda, estos términos se usan aquí para proporcionarnos alguna forma de vocabulario común, de modo tal que podamos discutir mejor cada una de nuestras Personalidades. El objetivo aquí no es etiquetar a ninguno ni encasillarlo, sino tan solo dar algunas características generales que son comunes entre la gente que poseen estos diferentes tipos de Personalidades.

Melancólico Perfecto

«Hagámoslo bien».

Color representativo: azul (como el agua profunda)

Deseo: hacerlo bien

Puntos fuertes clave: habilidad para organizar y establecer metas a largo plazo, establecer normas e ideales altos y analizar de manera profunda

Puntos débiles clave: se deprime con facilidad, dedica demasiado tiempo a la preparación, se concentra demasiado en los detalles, recuerda las cosas negativas, sospecha de los demás

Necesidades emocionales: sensación de estabilidad, espacio, silencio, sensibilidad, apoyo

Se deprimen cuando: la vida se desordena, no se alcanzan las normas, parece que a nadie le importa

Le temen a: que nadie entienda cómo se sienten en realidad, cometer un error, tener que bajar las normas

Les gusta la gente que: es seria, intelectual, profunda y que puede llevar adelante una conversación sensata

Les disgusta la gente que: es superficial, olvidadiza, impuntual, desorganizada, que se anda con rodeos e imprevisible

Son valiosos en el trabajo porque: su sentido del detalle, amor al análisis, cumplimiento cabal, desempeño de gran calidad, compasión por el que sufre

Pueden mejorar si: no se toman la vida tan en serio, no insisten en que los demás sean perfeccionistas

Como líderes: organizan bien, son sensibles ante los sentimientos de otros, tienen una profunda creatividad, desean un desempeño de calidad

Tienden a casarse con: Sanguíneos Populares debido a su personalidad extravertida y sus habilidades sociales, pero pronto tratan de aquietarlos y planificarlos

Reaccionan al estrés: retrayéndose, perdiéndose en un libro, deprimiéndose, dándose por vencidos, describiendo los problemas

Se les reconocen por: su naturaleza seria y sensible, su enfoque bien educado, sus comentarios modestos, su apariencia meticulosa y pulcra

Flemático Pacífico

«Hagámoslo de manera fácil».

Color representativo: verde (como el césped)

Deseo: evitar el conflicto, mantener la paz

Puntos fuertes clave: equilibrio, disposición constante, sentido del humor mordaz, personalidad complaciente

Puntos débiles clave: falta de decisión, entusiasmo o energía; voluntad de hierro oculta

Necesidades emocionales: sensación de respeto, sentimiento de valía, comprensión, apoyo emocional

Se deprimen cuando: la vida está llena de conflictos, tienen que afrontar un antagonismo personal, nadie quiere ayudar o cuando la responsabilidad recae sobre ellos

Le temen a: tener que lidiar con problemas personales importantes, que les dejen con toda la responsabilidad, hacer grandes cambios

Les gusta la gente que: toma decisiones en su lugar, reconoce sus puntos fuertes, no los pasa por alto y los respeta

Les disgusta la gente que: es demasiado arrogante y vulgar o espera demasiado de ellos

Son valiosos en el trabajo porque: son mediadores entre personas contensiosas y resuelven los problemas de manera objetiva

Pueden mejorar si: establecen metas y llegan a motivarse a sí mismos, están dispuestos a hacer más y a moverse con mayor rapidez de la que se espera, afrontan sus problemas, así como los de los demás

Como líderes: mantienen la calma y la compostura; no toman decisiones impulsivas; son populares e inofensivos; no causan problemas; no traen nuevas ideas brillantes con mucha frecuencia

Tienden a casarse con: Coléricos Poderosos que son fuertes y decididos, pero de los que se cansan pronto porque se dan cuenta de que no les gusta que los dominen y menosprecien

Reaccionan al estrés: ocultándose a causa de él, viendo televisión, comiendo, desconectándose de la vida

Se les reconocen por: su enfoque tranquilo, su postura relajada (sentados o recostados cuando es posible)

En los capítulos siguientes, hablaremos de manera más detallada de cada una de las Personalidades. Sin embargo, antes de seguir adelante, te recomiendo que hagas una copia del Perfil de la Personalidad de *Tu personalidad original*, y lo completes de manera que puedas determinar qué tipo de Personalidad se acomoda más a ti. Al completar el Perfil de la Personalidad, estarás en condiciones de aplicar a tu propia vida, y también a las de esos con los que interactúas todos los días, lo que digamos en los siguientes capítulos.

KATHRYN ROBBINS
DIRECTORA DE MERCADEO Y DESARROLLO, LAS PERSONALIDADES

Quizá parezca que el Perfil de la Personalidad sea como una prueba, pero es un recurso que te ayudará a encontrar un punto de partida. Piensa que es como ir al centro comercial. En primer lugar, necesitas decidir ir al centro comercial (necesitas algo). Estacionas el auto y entras (completas el perfil). Ahora bien, si no sabes con precisión dónde estás, es probable que des vueltas en círculos. Por lo tanto, algo que puede servirte de ayuda es buscar el tablero de información y encontrar el letrero que dice «Usted está aquí» (la suma de los totales).

Una vez que te das cuenta de dónde estás, puedes crear un Plan de Personalidad que te lleve desde donde estás hasta donde quieres estar. Puedes descubrir que estás en un lugar equivocado del centro comercial (con tus puntos débiles en relieve), lo que significa que te llevará un poco más de tiempo llegar hasta donde quieres ir (a tus puntos fuertes en relieve). El trayecto puede ser largo o corto, pero al menos ya no te encuentras caminando sin rumbo en círculos. Aunque la mayoría de la gente tiene una mezcla de puntos fuertes y débiles de su Personalidad, lo que deseas es convertirte en un individuo bien equilibrado, que ponga en relieve sus puntos fuertes, y no que se regodee en sus puntos débiles.

Este libro es tu Plan de Personalidad. Aunque eres de una cierta manera, puedes usar los recursos y las técnicas que se encuentran aquí para vencer las tendencias naturales que te impiden hacer las conexiones que enciendan las luces en tu forma de ser. Es verdad, «Usted está aquí». Sin embargo, no es aquí donde quieres quedarte. ¡Aplica el Plan de la Personalidad y disfruta viviendo en tus puntos fuertes!

Notas

1. George Howe Colt, "Were you born That Way", revista *Life*, abril de 1998, pp. 39-50.
2. Nota de la Editorial: Las siglas ICP significan Instructor Certificado de Personalidades.
3. Para determinar los matices de tu Personalidad en este programa, te será de utilidad usar *Wired That Way Assessment Tool*, el plan detallado de la Personalidad que te ayudará a entenderte y a mejorar tus relaciones. Este recurso se encuentra disponible [solo en inglés] en www.regalbooks.com y en www.classervices.com.

CAPÍTULO 2

PISTAS
VISIBLES

Ahora que conoces tu Personalidad, es probable que tu pregunta sea cuáles son las personalidades básicas de tus amigos, familiares y compañeros de trabajo. Si todos se llevan bien, puedes pasarles Perfiles de la Personalidad a cada uno y pedirles que hagan uno, ¡como si fuera un juego! Es más, en mi oficina, tuvimos un gran aumento en las ventas de los Perfiles de Personalidad cerca de la época de Navidad. Al reunirse las familias, uno de sus miembros orquesta la «Fiesta de la Personalidad» durante ese feriado.

Entonces, ¿qué sucede si esa persona a la que quieres aprender a comprender, esa con la que más necesitas llevarte bien, se resiste a realizar la «prueba»? Si tienes dificultad en la relación con alguno, es complicado que vayas a esa persona y le digas: «Me cuesta relacionarme contigo. Por favor, ¿podrías llenar este perfil para que pueda llegar a entenderte?». También resulta difícil con la gente que entras en contacto de manera casual: el camarero de tu restaurante favorito, la cajera de la tienda de comestibles, la maestra de tu hijo o la recepcionista del consultorio del médico. ¿Logras entenderlos sin el beneficio del Perfil de la Personalidad? ¿Puedes usar tu conocimiento acerca de las Personalidades para adaptar tu enfoque a esos individuos y convertirte en su persona favorita debido a la manera en que los tratas? ¡La respuesta es sí! Puedes aprender a identificar los aspectos básicos, y muchas veces los secundarios, de la Personalidad de una persona si aprendes a observar las pistas visibles.

La investigación muestra que la gente estará más dispuesta a responder de manera favorable si tú le agradas. Por lo tanto, incluso esos con los que estás en contacto solo de vez en cuando, merecen la pequeña inversión de tiempo extra que se requiere para comprender su Personalidad y, por consiguiente, ajustar tu enfoque hacia ellos. John Maxwell dice: «Los que nos suman un aporte, nos atraen hacia sí. Los que lo quitan, hacen que nos retraigamos»[1]. Cuando puedes identificar la Personalidad de los demás y luego adaptas tu enfoque hacia ellos de manera acorde, te conviertes en un aporte positivo para sus vidas.

La paciente malísima

He usado lo que sé acerca de las Personalidades una y otra vez en mi vida, y como resultado, me he ganado el favor de la gente. Hace poco, ¡hasta descubrí que mi enfoque daba resultado al ir al dentista! Me había mudado de un extremo de la ciudad al otro, y buscaba un nuevo dentista que estuviera más cerca de nuestra nueva ubicación. Cuando pedí referencias, un par de mis empleados me remitieron a un hombre que hacía años era su dentista. «Te encantará el lugar», me dijeron. «Es un consultorio lleno de Sanguíneos». Esto despertó mi interés, ya que mi experiencia con dentistas en el pasado fue casi siempre con Melancólicos Perfectos o Flemáticos Pacíficos. Como Sanguínea Popular-Colérica Poderosa, siempre me sentía estúpida cuando tenía un dentista cerca, porque no uso el hilo dental lo suficiente (¿quién lo hace?) y porque detesto la sensación de pérdida del control que tengo cuando estoy reclinada en ese sillón, con la boca llena de manos e instrumental.

Sin embargo, me gustaba la posibilidad de un consultorio dental Sanguíneo, así que llamé por teléfono y pedí un turno con el Dr. Hearn. Mientras estaba sentada en la sala de espera, sonó mi teléfono celular. Eché una mirada a mi alrededor, porque en la mayoría de los consultorios dentales se frunce el ceño cuando una persona usa el teléfono celular mientras está allí. Era la única en la sala de espera, así que recibí la llamada. Era un amigo al que llamé y trataba de ayudarme con algunos problemas con la computadora. Mientras conversábamos acerca del problema de la computadora, Joanne, la recepcionista del consultorio del Dr. Hearn, metió su cuchara: «Detesto que suceda eso», dijo, dejando en claro que había estado escuchando mi conversación. El tono de su voz no indicaba que estuviera irritada debido a mi conversación telefónica en el consultorio, sino más bien mostraba que le interesaba y participaba de mi conversación. Le respondí con algún comentario jovial y continué mi charla hasta que me llamaron al consultorio. Cuando salí, Joanne y yo conversamos acerca de los problemas en común que teníamos con las computadoras. Se creó un lazo.

Este breve intercambio me permitió saber que Joanne era una Sanguínea Popular. Si una Melancólica Perfecta hubiera escuchado mi llamada telefónica, nunca hubiera participado en una conversación que escuchaba a escondidas. En primer lugar, si una Melancólica Perfecta hubiera estado al frente de la recepción, yo no hubiera usado el celular, ya que hubieran colgado carteles con la prohibición del uso de teléfonos celulares. Si no me hubiera dado cuenta de los carteles, y de todos modos hubiera contestado la llamada, me hubieran reprendido y me hubieran dicho que apagara el teléfono. Sin embargo, en este consultorio en particular la alegre participación de la recepcionista en mi conversación me dijo que era una Sanguínea Popular, tal como me informaron mis empleados. Como ahora sabía que era una Sanguínea Popular, tuvimos un intercambio que nos convirtió en nuevas «mejores amigas».

Cuando tuve que regresar para otro tratamiento, llegué tarde a la cita. Calculé mal el tiempo que me llevaría llegar desde mi nueva casa hasta allí. Para colmo, no podía recordar cuál era la calle donde estaba el consultorio, ni cómo se llamaba el dentista, así que entre mis opciones, no estaba la de llamar a información. Llamé a mi oficina para ver si alguien allí podía dilucidar el problema, pero los dos miembros del equipo que iban a este dentista en particular no habían llegado aún. Por fin, obtuve la información y llegué al consultorio dental... aunque tarde. Le conté mi saga a la recepcionista. Se rió de muy buena manera y me hizo pasar sin reprenderme.

Un mes más tarde, me había dado un turno para que regresara y me pusieran la corona permanente. Nunca miré el calendario, pero el día antes, escuché a una de las miembros de mi equipo, Pam, que contestó la llamada del consultorio del dentista para confirmar mi cita. Pam hasta puso una nota adhesiva en mi cartera con el recordatorio (la cual nunca miré). Estaba segura de que la cita era a las cuatro de la tarde.

A la mañana siguiente, cuando me dirigía hacia la oficina, conducía hacia el centro de la ciudad mientras cotorreaba con mi amiga por teléfono. En eso, sonó el timbre de «llamada en espera». Recibí la llamada. La recepcionista, Joanne, era la que llamaba. Dijo: «No podemos seguir esperándola. Ya no tenemos tiempo para ponerle la corona». De manera entrecortada dije: «¿A qué se refiere? ¡Mi cita es a las cuatro de la tarde!».

Luego de una breve conversación, nos dimos cuenta de que la cita estaba programada para las ocho y cuarenta de la mañana. Cuando se recibió la llamada en mi oficina el día anterior, escuché que Pam decía «cuatro». Almacené esa información en mi cerebro como las cuatro de la tarde, siendo que, en realidad, me confirmaban que la cita era a las ocho y cuarenta de la mañana.

Por fortuna, Joanne tomó la actitud de «lo pasado, pasado está» y me ofreció una cita a la una y media esa tarde... ¡una cita que acepté y una vez más llegué tarde! Llamé para verificar la calle y la intersección, y estaba segura de que me había pasado... y fue así. Parezco una paciente indeseable, ¿no es así? Ningún consultorio dental en su sano juicio me hubiera querido tener como paciente. A pesar de eso, Joanne y yo habíamos creado un lazo. Me dio la bienvenida sin hacer comentarios negativos y sin cobrarme por la cita perdida. Recibí un favor, porque le caí bien. Había identificado su Personalidad y me había tomado tiempo para conversar con ella, durante el cual nos conectamos.

¿No sería grandioso si a todas las personas con las que interactúas les cayeras bien? Aunque no puedes cambiarlas, puedes identificar su Personalidad y luego puedes cambiar la manera en que te diriges a ellas, basándote en esa información. Sin embargo, antes debes tomarte el tiempo para identificar el tipo de Personalidad que tiene (tal como yo lo hice con Joanne en el consultorio del dentista). Esto se logra observando las pistas visuales: la ropa de la gente, las peculiaridades y el ritmo personal.

Una vez que sabes qué es lo que debes observar, estarás en condiciones de identificar las Personalidades casi con tanta precisión como si les hubieras hecho un Perfil. A la hora de pensar en quiénes son, la mayoría de los adultos traen consigo mucho bagaje, y estos conceptos erróneos pueden distorsionar las palabras que seleccionan en sus perfiles. Es posible que traigan la influencia de lo que sus padres, maestros, jefes y cónyuges han querido que sean, y es probable que cada uno de ellos les hayan expresado diferentes expectativas. Aun así, cuando observas desde afuera a las personas, ya sean amigos, compañeros de trabajo o a un cónyuge, comienzas a conocerlos mejor de lo que ellos se conocen a sí mismos.

A menudo, todos los demás ven nuestros rasgos, pero nos resulta difícil admitir quiénes somos, en especial nuestras debilidades. Es aquí donde sirve de mucha ayuda saber lo que debemos observar. En lo que resta de este capítulo, examinaremos algunas de estas pistas visibles de acuerdo a cómo se relacionan con cada tipo de Personalidad.

Sanguíneo Popular

Los Sanguíneos Populares son los primeros en la lista, no porque sean los más importantes, sino porque se pueden identificar sin dificultad alguna. En una multitud, son los individuos que se ven y se escuchan. Son esos a los que muchas veces Chuck y yo miramos y nos decimos: «NNT», que quiere decir «No se Necesita Test». Su Personalidad es tan evidente que salta a la vista.

Rufus es una de esas personas NNT. Su trabajo es controlar el tránsito de pasajeros en una aerolínea. La mayoría de estos empleados no hacen más que tomar tu boleto y fijarse si lo que llevas contigo está de acuerdo con las reglamentaciones. Si tienen un buen día, pueden llegar a decir: «Que tenga un buen vuelo». Con Rufus no sucedía lo mismo. Incluso a la distancia podías darte cuenta de que era diferente. Era poco de individualidad en un mundo uniformado. Sus lentes a cuadros blancos y negros lo hacían sobresalir.

Conocí a Rufus mientras abordaba un vuelo para un viaje. Al acercarme a la entrada, noté que conversaba de forma animada con cada pasajero que pasaba a su lado. Cuando me llegó el turno de abordar el avión, se acercó, me dio un abrazo y dijo: «Dios te bendiga». Ahora bien, nunca antes lo había visto, ni lo he vuelto a ver, pero me abrazó y me bendijo. Sin dudas, Rufus era un Sanguíneo Popular NNT, y se encontraba en un trabajo que le sentaba a la perfección con su Personalidad. A pesar de que quizá sus jefes se sintieran frustrados por su naturaleza conversadora y desearan que se volviera serio, estoy segura de que los pasajeros que pasan por allí con frecuencia valoran su aporte de alegría a la ardua tarea de volar.

No todos los Sanguíneos Populares son tan fáciles de identificar como Rufus, pero cuando sabes qué buscar, puedes detectar este tipo de Personalidad con el mismo éxito. Hay dos frases clave que te ayudarán a distinguir a los Sanguíneos Populares en una multitud: «estridentes» y «francos».

Voz fuerte

Por naturaleza, los Sanguíneos Populares tienen la voz fuerte que se puede escuchar por encima de la multitud. Mi Personalidad es alrededor del cincuenta por ciento Sanguínea Popular. Cuando Chuck y yo éramos novios, a cada momento me decía que bajara la voz cuando nos encontrábamos en público (he descubierto que a casi todos los Sanguíneos Populares les han pedido que bajen la voz la mayor parte de sus vidas). Si nos encontrábamos en un restaurante y yo le contaba alguna historia entretenida de lo que me sucedió durante el día, Chuck me decía con suavidad que bajara el tono de voz, pues escuchaban los que nos rodeaban. Si observaba que la gente de las otras mesas se esforzaba por oír mi historia, hablaba más fuerte para que no tuvieran que hacer ningún esfuerzo. Me gustaba tener una mayor audiencia: cuanto mayor, era más divertido. En parte, a esto quizá se deba que los Sanguíneos Populares tengamos, por naturaleza, un tono de voz fuerte.

Uno de los mayores temores de los Sanguíneos Populares es que se mezclen, que pasen inadvertidos. Les atrae, por naturaleza, la ropa chillona, los colores brillantes y los estampados grandes (a esto quizá se deba que Rufus usaba esos lentes a cuadros). Una Sanguínea Popular puede llevar el cabello abultado y usar pendientes largos o brillos en la ropa. Un día, me encontraba en una tienda mirando con ansias un vestido con una mezcla de cuadros escoceses y rayas, cuando dos señoras se acercaron y miraron lo mismo. Una le dijo a la otra: «Detesto estos diseños. Parecen demasiado confusos». ¡De seguro que *no* era una Sanguínea Popular!

A la Sanguínea Popular también le gusta vestirse de manera temática, seleccionando un tema diferente cada día, para no quedarse estancada en la rutina y hacer que los demás estén siempre a la expectativa. Un día puede optar por lo ecuestre (con botas de cabalgar y todo) y al día siguiente puede optar por ser una señorita mexicana (con una blusa campesina de hombros caídos, una falda amplia y pendientes de argollas).

Debido a las diferencias regionales y a los requerimientos profesionales, no todos los Sanguíneos Populares se visten de manera chillona, pero cuando veas a alguien vestido de esa manera, puedes estar casi seguro de que te has encontrado con un Sanguíneo Popular. Mi amiga Gayle vive en Pensilvania, cerca de la comarca Amish. Cuando vino a Nuevo México con su esposo a una conferencia de negocios, luego del transcurso de alrededor de una semana, sucumbió al entorno y se compró un vestido del sudoeste con una falda de tela arrugada. Le encantó el vestido y se lo puso a menudo mientras estaba de visita, pero cuando se lo puso por primera vez al regresar a su casa, me contó que se sintió tonta debido a la naturaleza conservadora de esa región en particular en la que vivía.

Las mujeres tienen más libertades en el aspecto de la moda que los hombres, así que es más probable que su ropa las identifique como Sanguíneas Populares. Sin embargo, hasta un Sanguíneo Popular encontrará a menudo una manera de expresar alguna particularidad cuando se trata de moda (incluso cuando su profesión, como en el caso de Rufus, requiera un uniforme). Te daré un ejemplo.

En la tienda de comestibles donde solía hacer las compras, había dos encargados con los que tenía relación. Se les exigía que vistieran camisas azules, pantalones oscuros y corbata. Uno de ellos se veía muy tradicional con su camisa de mangas largas impecable y su tradicional corbata a rayas. Tenía el cabello peinado a la perfección con fijador. El otro encargado tenía el mismo uniforme básico, pero llevaba puesta una camisa de mangas cortas, con frecuencia lucía una corbata novedosa con una hawaiana (que hasta tenía una falda de paja que se meneaba cuando se movía), y peinaba su cabello de manera informal sobre la calva que tenía. Cumplía con el código de vestimenta, pero aun así, se las ingeniaba para expresar su individualidad. Para el Sanguíneo Popular es importante tener la libertad de expresarse a sí mismo.

Francos

La otra clave que se debe observar para identificar a los Sanguíneos Populares es que son francos. En primer lugar, los Sanguíneos Populares no paran de hablar. Se sienten incómodos con los espacios en blanco y, casi siempre, se sienten obligados a llenar el silencio (rasgo que ha hecho que los Sanguíneos Populares se ganen el sobrenombre de «hablador»).

Debido a la cargada agenda de viajes que tengo y a que vivo en una zona rural, muchas de mis compras las hago a través de órdenes por correo electrónico. Hojeo los catálogos mientras estoy en el avión y arranco las páginas que me interesan. Cuando llego a casa, si todavía pienso que necesito un artículo en particular, llamo y lo ordeno. Mientras le pido el producto a la persona que está al otro lado de la línea, me encuentro con que existe un espacio en blanco mientras ella adapta la información o busca alguna otra cosa. Entonces, lleno el vacío. Le cuento a esta persona a la que no conozco en absoluto, por qué compro tal artículo, para quién es, si ha llegado tarde o a tiempo, etcétera.

Cuando Chuck me oye durante estas conversaciones con gente que está al otro lado de la línea, me dice: «Marita, a ellos no les importa». Por lo tanto, ahora les digo a los vendedores: «Es probable que a usted no le importe, pero soy de esa clase de personas que se lo dirá de todas maneras». Casi siempre, me siguen la corriente y me dicen que la gente como yo les hace el trabajo mucho más interesante. ¡Bueno, no soy la única que lo hace! Los Sanguíneos Populares salvamos del aburrimiento a los representantes del servicio al consumidor.

Los que tenemos este tipo de Personalidad no solo abrimos la boca, sino que también nuestras vidas están abiertas. No tenemos secretos, y si tú tienes uno, es mejor que no se lo digas a un Sanguíneo Popular. Esto no quiere decir que contemos un secreto con malicia: Solo que los Sanguíneos Populares tenemos una distancia muy corta entre el cerebro y la boca. Lo que nos llega al cerebro nos sale por la boca sin un procesamiento en el medio.

Si hablas con alguien que te cuenta detalles íntimos y personales de su vida (detalles que no tendrías por qué saber), es probable que esa persona sea un Sanguíneo Popular. Para estos amigos se creó la frase «exceso de información».

Uno de los sobrenombres favoritos que Chuck tiene para mí es «Doña información gratuita». He recibido este título debido a mi disposición de contarle a cualquiera, cualquier cosa, en cualquier momento. Por ejemplo, debido a todos los viajes que hago para dar charlas, paso mucho tiempo en el teléfono con los agentes de las aerolíneas. Como casi siempre trato con la sección de servicio especial al viajero frecuente, allí tienen una amabilidad particular. Muchas veces, les digo: «El apodo favorito que me dice mi esposo es Doña información gratuita, pero en realidad soy una oradora que induce a la motivación y me pagan bastante bien por mi información. Así que esta noche, ¡usted tiene un seminario gratuito!». Se ríen de manera apropiada y bromeamos a lo largo de lo que queda de la conversación.

Así que el Sanguíneo Popular tiene una boca abierta y una vida abierta. También tiene un lenguaje corporal abierto. Les gusta dar abrazos, besos, les gusta tocar y sentir. El Sanguíneo Popular correrá hacia ti con los brazos abiertos como si no te hubiera visto durante un año, aunque hayan almorzado juntos la semana pasada. Son los que te agarran de manera física mientras conversan contigo (por lo general, debido a que temen que te vayas antes de que terminen la historia).

Abarrotados

Otra manera en que puedes identificar a los Sanguíneos Populares es mediante su abarrotado espacio personal. Su hogar, su oficina o su auto casi siempre está plagado de objetos personales: fotos del perro, de los hijos, de las últimas vacaciones; etiquetas para diversas funciones; una o dos plantas muertas; y quizá un juguete. El auto de la mayoría de los Sanguíneos Populares es como un diario abierto de todos los restaurantes de comida rápida en los que han estado durante la última semana, o las dos últimas semanas, lleno de vasos desechables y bolsas arrugadas tiradas sin cuidado sobre el asiento trasero.

Chuck, mi esposo Melancólico Perfecto, muchas veces mira mi escritorio y me pregunta: «¿Cómo puedes trabajar aquí? Me da dolor de cabeza con solo mirar este escritorio». Sin embargo, para los que somos al menos cincuenta por ciento Sanguíneos Populares, si está fuera de la vista, está fuera de la mente. Tenemos que conservar todo eso en lo que trabajamos y que debemos terminar, donde podamos verlo todos los días. Los Sanguíneos Populares son los que asisten a los seminarios de organización. Cuando hablo acerca de este tema, me gusta preguntarles a los que en la audiencia son Sanguíneos Populares por qué van a estas conferencias, y me responden con rapidez: «¡Porque todos nos dicen que vayamos!». Saben que tienen que organizarse, pero cuando regresan a la casa y hacen lo que les dijo el experto en organización, terminan sin poder encontrar nada. Cuando un objeto se encontraba debajo de la planta marchita, sabían dónde estaba, pero cuando tienen que respetar un sistema, se encuentran perdidos. Los Sanguíneos Populares funcionan mejor en medio de su montaña de cosas; aunque los demás, con la mejor intención, siempre estén tratando de ayudarlos a organizarse.

Entonces, repasemos. Las claves para identificar al Sanguíneo Popular se encuentran en una voz fuerte y vestimenta chillona; una boca, una vida y un lenguaje corporal abiertos; además, su espacio personal se encuentra abarrotado de objetos personales. Si encuentras a alguien que tiene la mayoría de estas características, descubres a un Sanguíneo Popular... ¡NNT!

Melancólico Perfecto

Los Melancólicos Perfectos tienen la segunda Personalidad con rasgos más evidentes, así que démosle un vistazo a las pistas visibles que identifican a este tipo de Personalidad. Fíjate en el cuadro de «Las Personalidades» que se encuentra en el capítulo 1 (véase la página 16). Si analizas este cuadro, encontrarás que el Sanguíneo Popular se encuentra ubicado en forma diagonal al otro lado del Melancólico Perfecto. Esto es intencional, ya que el Melancólico Perfecto y el Sanguíneo Popular son como polos opuestos. Las características que más se oponen son que el Sanguíneo Popular es ruidoso, franco y desordenado, y el Melancólico Perfecto es silencioso, cerrado, impecable y ordenado.

Silenciosos

El Melancólico Perfecto es silencioso... y eso se manifiesta de manera más notable en el tono de voz. Una de mis mejores amigas es una Melancólica Perfecta. Cuando hablo por teléfono con ella, puedo oírla con claridad al comienzo de la conversación. Sin embargo, a medida que avanza la charla y se siente cómoda con la conversación, baja su tono de voz. Comienzo a decir: «¿Cómo? ¿Qué dijiste? No puedo oírte». Los que somos Sanguíneos Populares tenemos, por naturaleza, la voz fuerte y debemos esforzarnos por bajar el tono. El Melancólico Perfecto es justo lo opuesto: debe esforzarse por proyectar la voz.

Al Melancólico Perfecto también le gustan las ropas de tonos suaves. Chuck tiene cinco pantalones caqui y piensa que necesita más porque ya no están en perfecto estado. También ha declarado que todos los mejores colores se encuentran en los perros schnauzer. Ajá... serían el gris, el blanco y el negro.

A los Melancólicos Perfectos les gustan los estilos clásicos, los colores tradicionales y el valor duradero. Un día, mientras estábamos de compras con mi amiga Melancólica Perfecta, yo admiraba una vestimenta hermosa, divertida, a la moda y moderna. Mientras trataba de determinar si los medios económicos me permitían comprarla (y también si la necesitaba), ella me preguntó: «¿Por qué habrías de comprar eso? El año próximo habrá pasado de moda», a lo que le respondí con ligereza: «¡Vaya, qué problema! Tendré que salir de compras otra vez el año próximo». Los Melancólicos Perfectos y los Sanguíneos Populares ven las cosas desde una perspectiva del todo diferente: son distintos por completo. Yo planeo ir de compras el año siguiente y *quiero* ir de compras el año siguiente, mientras que mi amiga prefiere seleccionar cosas que duren.

Una vez, mi amiga me oyó contar esta historia mientras hablaba en un seminario cerca de su casa. Cuando terminé, se me acercó para defender sus métodos. «¿Recuerdas el traje verde que tengo?», preguntó.

«Sí», le respondí. Siguió adelante para explicarme que era un traje costoso y que quizá había pagado demasiado por él, pero que era de una tela muy buena y que incluso, después de seis años, todavía estaba como nuevo. «Y yo estoy tan harta de verlo», dije bromeando.

Desde entonces, mi amiga no se lo ha puesto más cuando está conmigo. Está satisfecha con un traje que ha usado durante seis años y que todavía está como nuevo. No entiendo cómo puedes querer usar lo mismo durante seis años. Ningún punto de vista es bueno ni malo, solo son diferentes.

Cerrados

En la misma medida que los Sanguíneos Populares son abiertos, los Melancólicos Perfectos son cerrados. Aceptan por completo el dicho «el silencio es oro» y mantienen la boca cerrada. Hace poco, cuando Chuck y yo veíamos la película *Por siempre jamás* (una nueva versión del cuento clásico de Cenicienta), nos llamaron la atención unas pocas líneas en la película, acerca del tono en el que debía hablar una dama de buena cuna. Una de ellas decía que una dama no debía hablar «más fuerte que el suave zumbido del susurro del viento». La otra decía que una dama no debía «hablar a menos que pudiera mejorar el silencio». Conociendo las Personalidades, Chuck me miró con una sonrisa. «Eso me gusta», dijo. Para un Melancólico Perfecto, no hay mucho que pueda mejorar el silencio.

Chuck es un consejero clínico profesional certificado. En los veintitrés años que llevamos de casados, he aprendido a diferenciar entre los momentos en los que llega a casa y cuenta cómo fue su día y las veces en que espera de todo corazón que yo haya aprendido la lección que les ha enseñado a sus clientes. Por supuesto, como Melancólico Perfecto, le preocupa mucho los límites, así que nunca sé quiénes son estas personas.

Un día, Chuck me contaba acerca de una pareja que estaba en su oficina. Me explicaba que la combinación de sus Personalidades era muy similar a la nuestra. Dijo:

—Le estaba diciendo a la esposa que necesitaba aprender a guardar silencio.

—¿Guardar silencio? —le pregunté.

—Sí —contestó—, ustedes los Sanguíneos... [esta fue la clave que me hizo entender que se trataba de algo que al parecer yo debía aprender, no tan solo un informe acerca de su día] deben aprender a tomar la decisión consciente de guardar silencio, como al encender la radio. Cuando subes al auto, extiendes la mano y enciendes la radio. Debes aprender a tomar la misma decisión de guardar silencio.

Mi reacción mental a esta enseñanza fue pensar para mis adentros: *Ya soy grandecita; puedo hacer esto.* Así que ahora, cuando estamos juntos en el auto y he permanecido callada durante un tiempo, le digo: «¿Te has dado cuenta? He guardado silencio». Nos reímos, porque nos entendemos.

Además de tener una boca cerrada, el Melancólico Perfecto también tiene una vida cerrada. Cuando Chuck y yo nos conocimos, él estaba en el servicio militar, lo cual le vino muy bien, ya que en las fuerzas armadas una de las claves de operación es conocer de manera estricta «lo que se necesita saber». Los Melancólicos Perfectos no te darán detalles íntimos acerca de su vida, aun cuando sean muy cercanos a ti. He descubierto que estar casada con un Melancólico Perfecto, y esperar que te incluya en su vida, es como ser un anfitrión joven de un programa de entrevistas: «¿Qué hiciste hoy? ¿Y, luego, qué sucedió? ¿Cómo te sentiste?».

Cuando te encuentras con personas Melancólicas Perfectas, te darás cuenta enseguida que también cerraron el lenguaje corporal. No utilizan gestos en los que agiten las manos. Es más, si usan alguna clase de gestos, serán pequeños, precisos y cercanos al cuerpo. Me gusta pensar en los Melancólicos Perfectos como las personas que más respetan el espacio. Se mantienen fuera de tu espacio, y esperan que permanezcas fuera del suyo. Te daré un ejemplo de cómo funciona esto.

Una vez, cuando me encontraba dando unas conferencias en Freeport, Maine, fui a Friendly's, una experiencia gastronómica favorita de mi infancia. En la mesa junto a mí, se encontraba una familia que parecía salida del catálogo de una tienda de ropa muy clásica. La madre y el padre vestían de manera conservadora, con colores adecuados a los pobladores de la Nueva Inglaterra del norte. Tenían un bebé en una silla alta que se comportaba bastante bien. Luego, estaba Owen. Tenía cerca de tres años y andaba por todas partes. Quiero dejar algo en claro: no se portaba mal, solo se comportaba como un niño de su edad. Se me grabó su nombre, porque durante la cena oí varias veces: «Owen, ¡deja de hacer eso!».

Una vez que Owen comió todo lo que deseaba (y su madre comió todo lo que pudo comer), Owen se trasladó a su lado de la mesa. Se trepó a su regazo y luego se bajó. Luego se subió. Esta madre, que a las claras era una Melancólica Perfecta, ya había tenido suficiente de Owen. Lo paró frente a sí, miró sus ojitos llenos de vida y dijo: «La lección de hoy es el espacio personal. Yo tengo mi espacio personal y tú tienes tu espacio personal. Este es mi espacio personal». Hizo un movimiento con las manos frente a ella para indicar el territorio del cual Owen debía mantenerse alejado. Luego, hizo otro gesto alrededor de Owen y dijo: «Este es tu espacio personal. Debes permanecer fuera de mi espacio y yo permaneceré fuera del tuyo».

Observé con fascinación mientras esta madre intentaba evitar que su energético niño de tres años trepara sobre ella. Dio resultado durante unos minutos y luego, volvimos al «Owen, ¡deja de hacer esto!». Así es, el Melancólico Perfecto es la persona que más respeta el espacio, aunque dudo de que el concepto signifique demasiado para un niño de corta edad.

Cuando los Sanguíneos Populares nos acercamos a los Melancólicos Perfectos con los brazos extendidos y los labios fruncidos para dar un beso, se echan hacia atrás y nos ofrecen un apretón de manos. Es como si extendieran la mano para decir: «Hasta aquí y no más lejos». Si fuéramos tan agresivos como para traspasar sus límites y abrazarlos de verdad, tendríamos la sensación de haber abrazado a un poste, y nos echaríamos atrás por instinto. Somos conscientes de que hicimos algo malo.

Solía preguntarme por qué son así los Melancólicos Perfectos... hasta que observé a Chuck mientras se planchaba sus pantalones. Es como un arte. Hace su propia mezcla de almidón (utiliza un rociador vacío, agua y unos tres kilos de almidón) para obtener la fórmula perfecta. Almidona el doble sus caquis. Cuando haces todo ese esfuerzo para planchar, no quieres que la gente te abrace, ¡se te puede arrugar la ropa!

Impecables y ordenados

El espacio personal del Melancólico Perfecto es excelente, impecable y ordenado. Ya sea que se trate de su auto, su hogar o su oficina, a los Melancólicos Perfectos les gusta que todo esté en orden. No realizan bien varias tareas, porque les resulta difícil hacer algo bien cuando tienen demasiadas cosas entre manos al mismo tiempo. No pueden trabajar en un ambiente desordenado ni abarrotado de cosas.

Cuando Chuck y yo éramos novios, compró un auto cero kilómetros. Un día, fuimos a un restaurante de comida al paso, y ante mi sorpresa, estacionó el auto.

—¿Qué hacemos? —le pregunté.

—Vamos adentro —dijo.

—¿Por qué? —pregunté, ya que, según mi opinión, la comida rápida no valía la inversión de tiempo como para entrar al restaurante.

—No puedes comer en el auto —me dijo.

—¿Por qué no? —le dije—. ¿Para qué hacen restaurantes al paso si no puedes comer en el auto?

—Porque una vez que un auto huele a papas fritas —me dijo—, siempre huele así. Hasta esta altura de mi vida no había sido consciente de que el *Eau de Papas Fritas* era un olor desagradable.

Ahora, veintitrés años después, Chuck tiene de nuevo un vehículo cero kilómetros. Si subo a su vehículo con una bebida, a cada momento me recuerda que no salpique. Si vamos a alguna parte juntos, en realidad prefiero ir en mi auto para no tener que preocuparme por la posibilidad de arruinar el suyo.

Aunque hace años que enseño esta información, hace poco pude observar de manera nueva por completo lo que es la pulcritud cuando hablamos de espacio personal. Me encontraba en Knoxville, Tennessee, y a todo nuestro equipo lo invitaron al hogar de uno de los miembros del comité para cenar la noche antes del seminario. La casa era encantadora y, por supuesto, estaba pulcra y ordenada. Sin embargo, cuando fui al baño para invitados, noté algunas exageraciones en el campo de la pulcritud y el orden. Frente al inodoro, había un tomacorriente. Se encontraba directamente en mi línea de visión mientras usaba el lugar, así que lo vi de inmediato. En la esquina derecha de abajo había una pequeña etiqueta que tenía un número. Mientras estaba parada junto al lavabo para lavarme las manos, me di cuenta de que el interruptor de la luz también tenía un numerito en la esquina derecha de abajo. También había un tomacorrientes cerca del lavabo y también tenía un número. Intrigada, decidí preguntar qué era cuando fuera a la sala principal. Antes de salir del baño de huéspedes, sin querer eché una mirada al cesto de basura, que no había usado. En el borde del cesto de papeles había un pedazo de tela tejida a crochet, como un tapete para adorno.

Estaba tan asombrada por este nuevo nivel de «impecable y ordenado» que desafié a dos de mis colegas, Kathryn y Georgia, para que fueran al baño y encontraran las dos novedades que llevaban la pulcritud y el orden de los Melancólicos Perfectos a una nueva altura. Más tarde, le pregunté al anfitrión para qué eran los números y descubrí que los usaban para indicar la posición de ese tomacorrientes en particular en el esquema eléctrico. Si alguna vez se producía un problema eléctrico, lograría saber con exactitud qué disyuntores debía levantar.

Kathryn y yo (las dos Sanguíneas Populares/Coléricas Poderosas) pensamos que esto era un increíble desperdicio de esfuerzo. Kathryn dijo: «Tengo un sistema similar. Si tengo un problema con el cableado, le pido a uno de mis hijos que se quede en la habitación mientras voy al sótano, bajo los interruptores y grito: "¡¿Ya se encendió?!"». Por otra parte, Georgia, es una Melancólica Perfecta y su casa sufrió la descarga de un rayo. Mientras Kathryn y yo tratábamos de ocultar nuestras risitas, Georgia obtenía información de nuestro anfitrión acerca de cómo funcionaba el sistema.

¡Ah, pero llegas a amar a estos Melancólicos Perfectos!

Colérico Poderoso

Los Coléricos Poderosos no son tan fáciles de identificar como los Sanguíneos Populares o los Melancólicos Perfectos debido a que las características que los definen no son tan evidentes. Aunque existen algunas vestimentas y algún lenguaje corporal que representan pistas para este tipo de Personalidad, la mejor manera de identificar a los Coléricos Poderosos en tu vida es mediante la atmósfera que crean.

Energía

Los Coléricos Poderosos no entran a una habitación y pasan inadvertidos. Si los Coléricos Poderosos que hay en tu vida son una influencia positiva, traerán una sensación de energía y de entusiasmo junto con ellos. Si son una influencia negativa para ti, traerán una sensación de energía junto con ellos, pero de la exagerada: traerán estrés y tensión. Más allá de los efectos que tengan los Coléricos Poderosos sobre ti en forma personal, nunca dejarán ninguna duda de que ocupan la misma habitación que tú.

Mi amiga Wendy dijo que podía sentir la energía Colérica Poderosa de su hijo, Andrew, incluso antes de que naciera. Cuando estaba despierto, no había manera de que ella pudiera dormir, ya que los movimientos de su hijo eran como un sobresalto en su cuerpo... «¡más fuerte que la cafeína!», dijo. Cuando se dormía, era como si una parte de ella se tornara tranquila e inmóvil. Ella y su esposo, Mike, se refieren a Andrew como «la Fuerza». Incluso desde el otro lado de la casa, puede decir cuándo se despierta el niño de una siesta: el nivel de energía parece elevarse. En el auto, sabe cuándo se queda dormido, incluso sin mirar. «Disminuye la fuerza», dice Wendy, y cuando Mike mira hacia atrás, así es, Andrew está dormido.

Lenguaje corporal

Los Coléricos Poderosos también se pueden identificar por su lenguaje corporal. Pisan fuerte. Los pisos tiemblan cuando caminan. Paso gran parte de mi vida sobre los aviones, y algunas aeromozas Coléricas Poderosas caminan con tanta fuerza y determinación que me despiertan cuando pasan a mi lado.

A menudo, los Coléricos Poderosos también pueden tener el ceño fruncido. Esto no quiere decir, necesariamente, que estén enojados (aunque pueden estarlo, ya que los Coléricos Poderosos se molestan más facilmente que las otras Personalidades), sino porque están concentrados con intensidad y no se les puede distraer con facilidad. Los Coléricos Poderosos nunca van desde el punto A hasta el punto B y se preguntan: «¿Por qué estoy aquí?». A diferencia de los Sanguíneos Populares, que con frecuencia olvidan hacia dónde van y por qué, los Coléricos Poderosos hacen todo con un propósito.

Además de la forma de caminar y del ceño fruncido, los Coléricos Poderosos tienen tres gestos que son exclusivos: señalar con el dedo, ponerse las manos en las caderas y golpear con el puño. Si alguno de los que están cerca de ti hace cualquiera de estos tres gestos, no necesitas el test: encontraste un Colérico Poderoso.

Las expresiones desafiantes se crearon para describir a la persona con rasgos de Colérico Poderoso. A estos les gusta blandir los dedos frente a tu cara. Cuando están sobre tu cara, tu reacción natural será de retroceso. Entonces, avanzarán. A continuación, retrocederás. Esta curiosa danza seguirá hasta que estés arrinconado contra una pared. Si el Melancólico Perfecto es el que más respeta el espacio, el Colérico Poderoso es el mayor invasor del mismo.

Utilidad antes que moda

Aunque estas pistas del lenguaje corporal son las mejores para identificar a los Coléricos Poderosos, existen algunas pistas respecto a la vestimenta y el espacio personal. Si comprendes que al Colérico Poderoso, en esencia, le interesa más la utilidad que la moda, es fácil captar cómo se siente en cuanto a la ropa o la decoración. El Colérico Poderoso valora la producción y toma las decisiones en cuanto a la moda teniendo en cuenta si la selección ayudará a la productividad o le será un impedimento.

Cuando se trata de la ropa, una Colérica Poderosa nunca usará zapatos con punta al frente ni tacones aguja. No puedes caminar como una Colérica Poderosa con zapatos como esos: ¡te rompes los tobillos! Es más, la mayoría de las Coléricas Poderosas tienen solo algunos pares básicos de zapatos que usan con todo: un par beige, uno marrón y uno negro. De la misma manera, tienen una sola cadena de oro o un collar de perlas que es su joya para toda ocasión. No les parece necesario tener cinco pares de zapatos de color rosa fuerte. Lo mismo sucede con la decoración. Hace muchos años, mis padres se iban a mudar de una oficina más vieja a una nueva por completo. Mi madre, una Sanguínea Popular, quería que mi padre, un Colérico Poderoso, comprara nuevos muebles que hicieran juego en la nueva oficina. Sin embargo, mi padre se resistía a comprar muebles nuevos porque estaba muy feliz con la desigual colección que había juntado para sí a lo largo de los años. Tenía un viejo escritorio de madera oscura con un grueso vidrio verde encima. Tenía una gran silla negra de estilo ejecutivo con un resorte gastado desde hacía mucho tiempo. La silla tenía dos posiciones: derecha y, con un movimiento en falso, ¡hacia atrás por completo!

Mi padre guardaba su teléfono y otros suministros afines dentro de una antigua nevera de roble. Debajo de su escritorio, había creado un aparador con dos archivadores de dos cajones (hasta con terminaciones contrastantes de un material imitación madera), que había comprado en la tienda de materiales de construcción que estaba al lado. Junto a los archivadores, tenía unos estantes con un tinte de color vino oscuro. Te puedes dar cuenta de por qué mi madre no quería mudar esta mezcolanza; pero para mi padre, estaba bien, y no quería dar su brazo a torcer. (Todos tratamos de convencerlo y, por fin, cedió: compró todos los muebles nuevos en combinación).

Cuando intentes identificar a la gente con una Personalidad Colérica Poderosa, recuerda fijarte en personas con energía y que se vistan de una manera en la que predomine la utilidad antes que la moda. También, observa las pistas del lenguaje corporal: pasos fuertes al caminar, señalarte en la cara con el dedo, las manos en las caderas y los golpes con el puño.

Flemático Pacífico

El Flemático Pacífico es casi siempre el tipo de Personalidad más difícil de identificar, ya que sus rasgos no son tan evidentes como los de las otras personalidades. Cada una de los otros tres tipos de Personalidad viven la vida de manera extrema: el Sanguíneo Popular es en extremo ruidoso, sociable y amante de la diversión; el Colérico Poderoso es en extremo fuerte y tiene la tendencia a alcanzar metas; y el Melancólico Perfecto es en extremo impecable, organizado y detallista. El Flemático Pacífico, en cambio, no es nada en *extremo*. Es estable, ecuánime, equilibrado y coherente. Como resultado, es más difícil de identificar. En realidad, la mejor manera de identificar a un Flemático Pacífico es mediante el proceso de eliminación. Si una persona no encaja en ninguna de las otras categorías, es probable que sea un Flemático Pacífico.

Parecido al camaleón

Al tratar de identificar a los Flemáticos Pacíficos, muchas veces se complica el proceso debido a que también se trata de la Personalidad camaleón. Como sus rasgos no son extremos, para el Flemático Pacífico es más fácil ser flexible ante cualquier cosa que demande una tarea. Sin embargo, esta característica en sí, es una clave que indica que te encuentras frente a este tipo de Personalidad.

Antes de desarrollar el «concepto del camaleón», me costó mucho identificar la Personalidad de mi amiga Melanie, que trabajaba en el edificio de al lado. Era vicepresidenta de operaciones en un ministerio nacional. Se encargaba de contratar y despedir gente, una tarea que se pensaría que pertenece más al Colérico Poderoso. Engatusaba a los donantes y aumentaba las donaciones, tarea que se podría pensar más adecuada para el Sanguíneo Popular. Se ocupaba de las finanzas y emitía los cheques de pago, tarea que se podría pensar que la haría con mayor eficiencia un Melancólico Perfecto. Aunque Melanie hacía todas estas cosas bien, no le gustaba ninguna de ellas. Le gustaba el trabajo en conjunto, pero al final del día, casi siempre estaba demasiado exhausta como para preparar la cena o limpiar la casa. Durante todo el día, tenía que sacar de las profundidades de sus recursos para ser alguien que no era. Como ser humano inteligente, podía realizar estas tareas. Como Flemática Pacífica, quedaba exhausta por tener que ser, todo el día, de una manera que iba en contra de su naturaleza. Como el camaleón, podía adquirir el color que necesitaba para el momento apropiado. Cuando por fin renunció a ese trabajo, pasaron meses antes de que estuviera lista para enfrentarse a una nueva posición. Sus diversas funciones hacían difícil identificar su Personalidad. Eso en sí era el mejor indicador de que mi amiga Melanie tenía una naturaleza Flemática Pacífica.

Otra amiga, Susan, pensó que «camaleón» era una descripción apropiada para su Personalidad Flemática Pacífica. Me escribió la siguiente nota:

Siempre tengo que adaptarme a las personalidades que me rodean para que la atmósfera esté «equilibrada». Si alguien está silencioso y retraído, soy un poco más Sanguínea cuando estoy a su alrededor para sacarlo de ese estado. Si alguien se pasa de la raya y hace demasiado ruido, retrocedo. Si alguien es Melancólico, trato de ser risueña. Durante años, hemos bromeado diciendo que el versículo de mi vida es: «Bienaventurados los pacificadores», ¡y es verdad! Pienso que a los Pacíficos nos gusta mantener siempre la estabilidad, entonces cambiamos sin cesar en cada situación.

Serenos, calmados, dueños de sí mismos

Otro indicio que nos puede ayudar a reconocer a los Flemáticos Pacíficos es que estos individuos son lo opuesto a los Coléricos Poderosos. En tanto que el Colérico Poderoso trae una sensación de energía y entusiasmo, o de estrés y de tensión, cuando está en una habitación, el Flemático Pacífico trae una sensación de paz. La mayoría de los que tenemos una buena porción de Coléricos Poderosos en nuestras personalidades necesitamos amigos Flemáticos Pacíficos a los que podamos llamar cuando estamos «haciendo aspaviento», como solía decir mi abuela. (Mi abuela era una Flemática Pacífica que siempre nos decía a los niños que no «hiciéramos aspaviento», quería que nos quedáramos tranquilos y en calma).

Linda, la Directora Ejecutiva de CLASS, es así. Al igual que mi amiga Melody, Linda puede hacer cualquier cosa; no le gusta en absoluto, pero puede hacerla. No importa con cuál problema ni con cuánto grado de estrés me encuentre, el simple tono de voz de Linda me asegura que todo estará bien. Por otra parte, ha usado casetes con ejercicios para la voz que le ayuden a aprender a proyectarla al hablar. Cuando el entrenador trabajó con ella en forma individual, señaló que baja la voz al final de sus pensamientos. Cuando se prepara para dar una conferencia, Linda dibuja en sus notas una flecha apuntando hacia arriba, a fin de que le ayude a recordar que debe levantar la voz. Su voz natural es suave y tranquilizadora. Cuando tiene que ser firme o cuando necesita proyectarse, debe esforzarse de manera consciente para lograrlo.

La comodidad lo es todo

Otra esfera en la que difieren los Flemáticos Pacíficos de los Coléricos Poderosos es en su motivación para seleccionar ropa. Mientras que los Coléricos Poderosos se fijan con preferencia en la función antes que en la moda, los Flemáticos Pacíficos prefieren vestirse de manera tal que estén cómodos. Cualquiera que sea la ocasión, el Flemático Pacífico se vestirá casi siempre de la manera más informal que sea aceptable en el espectro de la vestimenta. A las mujeres que tienen esta Personalidad les gustan esas faldas de tela arrugada, ¡porque se supone que las faldas se arrugan!

Hace varios años, me encontraba dando unas charlas en una reunión social en el centro de Charlotte, Carolina del Norte, y almorcé en un restaurante local. En una mesa que estaba junto a la mía había cuatro hombres de negocios. Uno era un Melancólico Perfecto y, el otro, un Flemático Pacífico, sin necesidad de hacerles ningún test. El Melancólico Perfecto tenía un pantalón caqui planchado a la perfección y mocasines lustrados. Vestía una camisa de pliegues apropiados y de color azul, con sus iniciales grabadas en el puño. Tenía una corbata con rayas rojas y su cabello estaba perfectamente en su lugar. Estuvo sentado en una postura perfecta a lo largo de toda la comida.

Al otro lado de la mesa, estaba el Flemático Pacífico. También tenía el uniforme con la camisa azul y los pantalones caqui. Sin embargo, llevaba una camisa de mangas cortas, sin corbata y tenía puestos unos zapatos deportivos. Estoy segura de que su camisa debe haber dicho «no se arruga» en la etiqueta, ¡pero se lo tomó en forma literal! Tenía el cabello despeinado de manera informal y, fiel a su Personalidad, estaba en una posición lo más cercana posible a estar reclinado, a lo largo de toda la discusión de sobremesa del grupo.

Relajados

El lenguaje corporal es otro punto de diferencia radical entre el Colérico Poderoso y el Flemático Pacífico. Los Coléricos Poderosos caminan con pasos fuertes, mientras que los Flemáticos Pacíficos «fluyen» cuando caminan. Como el hombre de negocios que mencioné antes, los Flemáticos Pacíficos tienen una regla tácita: Para qué estar parado cuando puedes estar sentado; para qué estar sentado cuando puedes estar acostado.

Un grupo de nosotros se encontraba en una conferencia en el hotel Opryland y, como era tarde, decidimos quedarnos en el restaurante del hotel a cenar. Era cerca de la hora del cierre y el restaurante estaba casi vacío. El camarero que nos atendió, Andrés, se ocupó muy bien de nosotros. Una y otra vez, intentó entregar nuestro pedido, pero estábamos demasiado cansados para tomar una decisión. Andrés esperó con paciencia a que le dijéramos lo que queríamos comer. Mientras conversábamos acerca de las opciones del menú (me sugirió que no pidiera lasaña), nos dimos cuenta de que se recostaba contra una gran columna que estaba junto a nuestra mesa. Tenía los ojos cerrados. Mi madre le preguntó: «¿Te estamos cansando?», a lo cual le respondió: «No, solo me recuesto un poco. Usted debería hacerlo cuando pueda». Andrés no podía acostarse en su trabajo, pero podía recostarse.

Andrés era muy parecido a Aarón, el hijo adolescente de una amiga que es, sin lugar a dudas, un Flemático Pacífico. Trabajó para mí durante un año antes de encontrar su verdadero huequito en la vida: hacer un trabajo de oficina que le permitía estar sentado en su silla. En la pared junto a su escritorio, siempre había huellas negras a la altura de donde sacaba el cajón de debajo de su escritorio para descansar los pies.

Un día, mi madre y yo estábamos en mi oficina, y Aarón necesitaba hacernos una pregunta a alguna de nosotras. Cuando entró a la oficina, mi madre exclamó: «¡Mira quién acaba de entrar remando!». Levanté la vista y allí estaba Aarón sentado en la silla de su escritorio. La silla tenía rueditas y usaba un tubo de papel de envolver vacío como remo para entrar «remando» a vernos. Otros empleados me informaron que a menudo remaba por el pasillo a las oficinas que están en la parte de atrás.

Un día, le pedí que me hiciera unas copias. Necesitaba doce copias de diez originales diferentes. Cuando entré, vi que Aarón estaba sentado en una silla frente a la fotocopiadora que se encontraba sobre un escritorio justo por encima del nivel de la cabeza si estaba sentado. Cuando estuvo listo un juego de copias, extendió la mano, sacó el original, colocó el otro sobre el vidrio, cerró la tapa y después apretó el botón verde para comenzar el siguiente juego. Cuando le pregunté por qué estaba sentado, me dijo: «Así es más cómodo».

Al igual que Aarón, a los Flemáticos Pacíficos les gusta que todas las cosas en su espacio personal estén al alcance de la mano. Si no está al alcance, se deslizan por la habitación para poder alcanzar lo que necesitan sin tener que levantarse.

En tanto que Aarón remaba hasta la oficina para no tener que levantarse, Chuck, un pastor que también trabaja con nosotros en el equipo de enseñanza del seminario de CLASS (no mi esposo), llevó el espacio personal del Flemático Pacífico a un nuevo nivel. En ese momento, iba a cambiar de iglesia y se encontraba en el proceso de mudarse de la casa pastoral a una que había comprado. La iglesia donde estaba antes todavía no tenía un nuevo pastor, así que no lo echaban de la casa pastoral. Cuando nos reunimos todos en septiembre, le preguntamos si le gustaba su nueva casa (que sabíamos que había comprado en junio).

—En realidad no lo sé —dijo—. Todavía no he vivido allí. Aún me estoy mudando.

—¿Todavía te estás mudando? —dijimos con un grito ahogado todas las Coléricas Poderosas.

—Sí —dijo—, no tengo que salir de la casa pastoral hasta octubre.

Se tomó *cuatro meses* para mudarse de una ciudad a la otra. Betty y yo nos mudamos durante el pasado año, y las dos comenzamos a recordar todo el trabajo que significa mudarse. (Los esposos de las dos empacaron todo en cajas, las cerraron con toda seguridad y luego las etiquetaron para mudarse de una parte de la ciudad a la otra. Betty y yo pusimos cajones llenos en el auto y los llevamos a la casa nueva).

A todos nos horrorizaba la actitud de Chuck ante la mudanza, pero fue todavía peor cuando comenzó a describir su proceso. En lugar de guardar todas las cosas de su escritorio (o las que estuvieran sobre él), Chuck y sus hijos lo levantaron lleno de cosas, con los papeles y el teléfono todavía sobre la superficie, y lo llevaron al camión de mudanza que alquilaron y condujeron hasta la nueva casa. Luego, todo lo que tuvo que hacer fue acomodarlo en la habitación adecuada y ya estaba listo para trabajar. No podía entender qué sentido tenía empacar todas esas cosas si debía volver a desempacarlas.

Si eres como yo, es probable que te resulte difícil relacionarte con los Flemáticos Pacíficos. Sin embargo, el mundo sería un lugar sin alegría si no tuviéramos su calmada presencia y sus tendencias pacificadoras.

Preparado, listo, identifica esa personalidad

Confío que con estas descripciones, seas capaz de identificar la Personalidad primaria (y tal vez la secundaria) de la mayoría de las personas con las que vives y trabajas. Quizá la lectura de estos rasgos te ha ayudado para llegar a conocer tu propia Personalidad de forma más objetiva.

Otra manera que puede servir de ayuda al determinar la Personalidad de la gente en tu vida es pensar en una cita a ciegas. Si fueras a presentar a un amigo o una amiga para una cita a ciegas, ¿cómo describirías a esa persona? Por ejemplo, cuando pienso en mi amiga Georgia, que es soltera, la describo como bonita, refinada y elegante. Es sensible, profunda y considerada. Se viste de manera clásica y tiene un tono de voz bajo. No te derribará al suelo, pero es fuerte y decidida. Si te basas en las descripciones hechas en este capítulo, ¿puedes adivinar la Personalidad primaria de Georgia? ¿Y la secundaria? Si pensaste en Melancólica Perfecta como Personalidad primaria y Colérica Poderosa como Personalidad secundaria, ¡acertaste!

Entonces, piensa en lo siguiente: ¿Cómo describirías a tus amigos si los propusieras para una cita a ciegas? ¿Cómo te describirían a *ti*?

Nota:

1. John Maxwell, *25 maneras de ganarse a la gente*, Caribe-Betania, Nashville, TN, 2005, sin número de página.

CAPÍTULO 3

PUNTOS FUERTES
Y DÉBILES

Si todos viviéramos en un mundo perfecto, solo tendríamos puntos fuertes. Sin embargo, como interactuamos con otros, aunque nos duela, queda claro que todos tenemos puntos débiles. Estos puntos fuertes y débiles forman una gran parte de lo que nos hace lo que somos: son una gran parte de nuestra personalidad original.

A medida que vas discerniendo tu propia Personalidad básica (a esta altura ya sabes cuál es tu Personalidad y puedes identificar con rapidez la Personalidad de tus amigos, tu familia, tus compañeros de trabajo y hasta de esos con los que interactúas con regularidad de manera personal y profesional), es hora de comenzar a comprender lo que te deparan estos descubrimientos.

Recuerda, el proceso de identificar las Personalidades va más allá de la simple acción de poner etiquetas. En realidad, se trata de las relaciones. Una vez que conoces tu Personalidad, puedes usar ese conocimiento como un recurso para crecer, para trasladarte de dónde estás hasta donde quieres estar. Una vez que logras identificar las Personalidades de los demás, puedes comenzar a comprenderlos y a hacer ajustes en lo que esperas de ellos.

En este capítulo, daremos un vistazo a los puntos fuertes y débiles inherentes a cada tipo de Personalidad. No nos referiremos de manera exhaustiva a cada rasgo, pero el cuadro «Puntos fuertes y débiles de la Personalidad» que se encuentra en las páginas 48-50 te dará una buena perspectiva general de cómo funciona cada Personalidad.

Puntos fuertes de la Personalidad

	SANGUÍNEO POPULAR El hablador	COLÉRICO PODEROSO El trabajador
E M O C I O N E S	Personalidad atractiva Comunicativo, cuentista Buen sentido del humor Memoria para los colores Sujeta, de manera física, al oyente Emotivo y demostrativo Entusiasta y expresivo Alegre y chispeante Curioso Bueno en el escenario Ingenuo e inocente Vive en el presente Actitud voluble Sincero de corazón Siempre es un niño	Líder nato Dinámico y activo Necesidad compulsiva por el cambio Debe corregir los errores Tenaz y decidido Poco emotivo No se desalienta con facilidad Independiente y autosuficiente Irradia confianza Puede ocuparse de cualquier cosa
T R A B A J O	Se brinda para los trabajos Piensa en nuevas actividades Parece grandioso a primera vista Creativo y pintoresco Tiene energía y entusiasmo Empieza de manera deslumbrante Inspira a otros para que se le unan Atrae a otros para trabajar	Con metas específicas Ve el cuadro completo Organiza bien Busca soluciones prácticas Se mueve con rapidez a la acción Delega trabajo Insiste en la producción Propone la meta Estimula la actividad Prospera en la oposición
A M I G O S	Hace amigos con facilidad Ama a la gente Prospera con cumplidos Parece fascinante Otros lo envidian No guarda rencor Se disculpa con rapidez Presenta momentos aburridos Les gustan las actividades espontáneas	Necesita poco a los amigos Trabajará por la actividad grupal Organizará y liderará Casi siempre tiene razón Sobresale en las emergencias

MELANCÓLICO PERFECTO El pensador	FLEMÁTICO PACÍFICO El observador
Profundo y considerado Analítico Serio y decidido Talentoso y creativo Artístico o musical Filosófico y poético Aprecia la belleza Sensible para otros Abnegado Meticuloso Idealista	Personalidad discreta De trato fácil y relajado Calmado, tranquilo y sereno Paciente y equilibrado Vida coherente Callado, pero ocurrente Comprensivo y amable Oculta las emociones Se reconcilia feliz con la vida Versátil
Tiende a la planificación Perfeccionista, normas altas Presta atención a los detalles Persistente y minucioso Metódico y organizado Impecable, ordenado y moderado Ve los problemas Busca soluciones creativas Necesita terminar lo que comienza Le gustan los cuadros, los gráficos, los datos y las listas	Competente y constante Pacífico y agradable Tiene habilidades administrativas Mediador en problemas Evita conflictos Bueno bajo presión Encuentra el camino fácil
Hace amigos con cautela Se contenta con permanecer en segundo plano Evita llamar la atención Fiel y leal Escucha las quejas Puede resolver los problemas de otros Preocupación profunda por los demás A punto de llorar con compasión Busca la pareja ideal	Es fácil llevarse bien con él Simpático y agradable Inofensivo Sabe escuchar Sentido del humor mordaz Le gusta observar a la gente Tiene muchos amigos Tiene compasión y se preocupa

Puntos débiles de la Personalidad

	SANGUÍNEO POPULAR El hablador	COLÉRICO PODEROSO El trabajador

E M O C I O N E S	Hablador compulsivo
	Exagera y explica más
	Explica mucho las trivialidades
	No recuerda los nombres
	Espanta a los demás
	Demasiado feliz para algunos
	Tiene una energía interminable
	Egoísta
	Fanfarrón y quejoso
	Ingenuo, lo engañan
	Se ríe y habla con fuerza
	Controlado por las circunstancias
	Se enoja con facilidad
	Parece falso para algunos
	Nunca madura
		Mandón
		Impaciente
		Irascible
		No puede relajarse
		Demasiado impetuoso
		Disfruta de la controversia
		Le gusta discutir
		No se da por vencido cuando
		   pierde
		Arremete con demasiada fuerza
		Inflexible
		No halaga
		Le disgustan las lágrimas y
		   las emociones
		Es poco comprensivo

T R A B A J O	Prefiere conversar
	Olvida las obligaciones
	No es constante
	La confianza desaparece rápido
	Indisciplinado
	Las prioridades están fuera
	   de lugar
	Decide por los sentimientos
	Se distrae con facilidad
	Pierde tiempo conversando
		Tolera poco los errores
		No analiza los detalles
		Lo trivial lo aburre
		Puede tomar decisiones apresuradas
		Puede ser rudo y sin tacto
		Manipula a la gente
		Exige de los demás
		El fin justifica los medios
		El trabajo puede convertirse en su
		   dios
		Demanda lealtad en los rangos

A M I G O S	Detesta estar solo Necesita ser el centro de la escena Quiere ser popular Busca el reconocimiento Domina las conversaciones Interrumpe y no escucha Responde por los demás Inconstante y olvidadizo Inventa excusas Repite historias	Tiende a usar a la gente Domina a otros Decide por otros Sabelotodo Todo lo puede hacer mejor Es demasiado independiente Posesivo de amigos y cónyuge No puede decir: «Lo lamento» Quizá tenga razón, pero impopular

MELANCÓLICO PERFECTO El pensador	FLEMÁTICO PACÍFICO El observador
Recuerda lo negativo Temperamental y deprimido Disfruta cuando lo lastiman Tiene falsa humildad Se retrae en otro mundo Baja autoestima Escucha de manera selectiva Centrado en sí mismo Demasiado instrospectivo Sentimientos de culpa Complejo de persecución Tiende a la hipocondría	Poco entusiasta Temeroso y preocupado Indeciso Evade la responsabilidad Voluntad de hierro serena Egoísta Demasiado tímido y reticente Demasiado concesivo Reservado
No tiende a la gente Se deprime por imperfecciones Escoge el trabajo difícil Vacila al comenzar proyectos Gasta demasiado tiempo en planificación Prefiere el análisis al trabajo Se menosprecia a sí mismo Exigente A menudo, sus normas son muy altas Profunda necesidad de aprobación	Sin metas específicas Carece de motivación propia Difícil para la acción Le molesta que lo presionen Perezoso y descuidado Desalienta a otros Prefiere observar
Vive por medio de otros Inseguro en lo social Retraído y distante Crítico Se guarda el afecto Le disgusta los que se oponen Sospecha de la gente Antagonista y vengativo No es perdonador Lleno de contradicciones Escéptico ante los elogios	Desalienta el entusiasmo Se mantiene neutral No es fascinante Indiferente a los planes Juzga a los demás Es sarcástico y burlón Se resiste al cambio

Resalta los puntos fuertes

A medida que leas este capítulo, fíjate de manera específica en los puntos fuertes y en los débiles de tu propio estilo de Personalidad. A la mayoría de nosotros no nos cuesta mucho aceptar nuestros puntos fuertes («¡Ay, sí, ese soy yo!»), no así nuestros puntos débiles («¡Yo no hago eso!»). Es lamentable, pero a menos que hayas pasado una buena parte de tu vida en una actitud de mejorarte a ti mismo, si tienes puntos fuertes, es probable que también tengas puntos débiles.

Una de las metas al fijarte en tu propia Personalidad es resaltar los puntos fuertes y reducir los débiles, no usar los puntos débiles solo como una excusa para tu mal comportamiento: «Bueno, qué voy a hacer, yo soy así. Será mejor que te acostumbres». A esto se le llama «refinar la Personalidad», o poner en acción los puntos fuertes. Así como el azúcar es azúcar, ya sea que esté refinada o no, tu Personalidad sigue siendo tu Personalidad, pero puede estar refinada o no. A medida que maduras, tu meta será apoderarte de los puntos fuertes de las cuatro Personalidades, pero no tener ninguno de los puntos débiles.

Años atrás, salí con un muchacho que estaba en esto de la mejora y el crecimiento personal. Estaba en las ventas. Los vendedores suelen ir a muchos seminarios para aprender cómo ser mejores en el arte de la venta, y este muchacho iba a cualquier programa de preparación para las ventas que fuera importante, consultaba a todos los expertos en crecimiento personal y leía todos los libros acerca del tema. Además, aplicaba de verdad la información. Salimos durante dos años, pero nunca pude llegar a descubrir bien su Personalidad. Era como si hiciera todo de la manera adecuada. Se había desconectado del empobrecido entorno que lo rodeaba y había aprendido a comportarse en cada situación, pero algo en él parecía fingido. Nunca sentí que lo conocía de verdad. De vez en cuando, me encuentro con alguien como este muchacho: una persona a la que han moldeado, masajeado y reformado, de tal manera, que a cualquiera se le hace difícil saber quién es en realidad.

Cuando hablo de refinar tu Personalidad, no me refiero a que te conviertas en una persona que finge. Más bien, te aliento a que construyas sobre lo que eres con naturalidad. Cuando tratamos de ser alguien que no somos, tenemos un costo emocional muy alto. Es como tratar de hacer que tus cabellos sean rizados cuando no lo son. Puedes hacerlo, te puedes hacer una permanente, puedes usar una rizadora o rulos calientes, pero hay un costo: las permanentes son caras y te dañan el cabello. Además, si te cansas de luchar y te das por vencida, el cabello lacio vuelve a aparecer, pero el daño no se va. Cuando tratas de ser alguien que no eres, resulta agotador, y a menudo el daño viene en forma de enfermedades relacionadas con el estrés.

Esto le sucedió a Debi. Tenía un concepto en su mente de lo que suponía que debía ser una mujer perfecta, pero no coincidía con lo que era. Me contó:

Cuando era adolescente, muchas veces me decían que era demasiado mandona, ruidosa y que no perdonaba. Me decían que debía ser más gentil en mi trato con la gente y que una verdadera dama no siempre necesitaba tener el control. Recibí todo este «consejo» y, en mi mente, ideé lo que necesitaba hacer para cambiar esas cosas negativas acerca de mí, de modo que pudiera convertirme en una persona mejor. Comencé a observar a otras mujeres que me parecían el ejemplo de esta mujer ideal, de lo que se suponía que debía ser yo.

A decir verdad, sentía que tenía algo de malo. Luché con todas mis fuerzas para ser la esposa y madre agradable, dócil y pacífica como las otras mujeres a las que admiraba. Lo intentaba y fracasaba. Volvía a intentarlo y fracasaba de manera peor. Me sentaba y, con dulzura, les daba respuestas calmadas, tranquilas y amorosas a mis amigas. Me quedaba callada, incluso cuando sabía que algo que mi esposo hacía estaba equivocado por completo. Sonreía y decía: «Está todo bien». Este comportamiento siguió durante años, hasta el punto que mi esposo me preguntó si no tendría un trastorno mental.

Entonces un día aprendí acerca de las Personalidades y llené mi Perfil de la Personalidad para descubrir cuál era mi Personalidad. ¡Qué alivio fue poder aceptar al fin quién era en realidad! Comencé a darme cuenta de que mi forma de ser tenía muchos puntos fuertes de los que nunca me había dado cuenta. Por alguna razón, pensaba que todo en mí estaba mal y que debía ser otra persona.

Lo más importante fue que, además de comprenderme a mí misma, comencé a comprender a la gente que me rodeaba: a mi esposo, a mis hijos, a mis compañeros de trabajo y a mis amigos. Aprendí que no solo yo estaba bien así como era, sino que ellos también. Han pasado muchos años desde que comencé a aprender acerca de mí misma, de cómo puedo actuar y ser lo mejor posible al poner en acción mis puntos fuertes y, a la vez, ocuparme de eliminar mis puntos débiles.

Dedica algún tiempo para tratar de conocer los aspectos básicos de tu Personalidad. Fíjate en tus puntos fuertes y fortalécelos, y luego preocúpate por ir reduciendo tus puntos débiles. No te deleites en ellos. Usa lo que sabes acerca de los puntos fuertes y débiles de otras personas para comprenderlos mejor y adaptar tus expectativas a ellas. Esto no significa que excuses sus conductas, sino que elimines algo de la frustración que estas te producen cuando tratas con ellos. Cuando comprendes lo que esperas, tomarás las acciones de otros de manera menos personal.

He mencionado a Linda, nuestra Directora Ejecutiva de CLASS. Es una Flemática Pacífica y se encarga de programar todas nuestras conferencias. Cada vez que damos una conferencia, el administrador del lugar casi siempre quiere un diagrama de cómo queremos que esté dispuesta la habitación. Para una conferencia en particular, la Conferencia de Escritores Cristianos Glorieta, mi hermana Lauren, una Colérica Poderosa, dirigía el Centro de Recursos. Linda quería que Lauren estuviera feliz y trató de adivinar cómo querría que estuviera dispuesto el salón. Le aconsejé a Linda que no se tomara la molestia. «Tan solo pon las mesas en el medio de la habitación», le dije. «Lauren no sabrá cómo quiere que estén dispuestas hasta que vea el salón y se habitúa al mismo, así que cuando llegue aquí, volverá a acomodar todo de cualquier manera». Como Linda comprende las Personalidades (y, por lo tanto, comprende a Lauren), ya no se inquieta tratando de complacerla. En cambio, le hace la vida más fácil dejando que haga las cosas a su manera.

Así que, a medida que revisas las siguientes secciones, piensa en cuál de estos rasgos específicos no solo coinciden con los tuyos, sino también con la gente con la que interactúas todos los días. ¿Cómo puedes usar este conocimiento para crecer? ¿Cómo puedes usarlo para adaptar tus expectativas con relación a los demás?

Sanguíneo Popular
Puntos fuertes

Emociones: Curiosidad natural

Los que somos Sanguíneos Populares tenemos una naturaleza curiosa e inquisitiva intrínseca. Aunque no tenemos intenciones de causar daño, muchas veces nuestra curiosidad nos mete en problemas.

Un día, Chuck y yo visitamos a uno de sus amigos. Cuando nos fuimos, hice un comentario, como si fuera algo conocido, acerca de que este amigo se teñía el cabello. Chuck se mostró sorprendido y preguntó: «¿Cómo lo sabes?». Le expliqué que, además de que era evidente que el tinte del cabello le goteaba por el rostro cuando sudaba, vi la caja de *Just for Men*, que se encontraba debajo del lavabo del baño. Mi esposo Melancólico Perfecto estaba horrorizado ante la imagen mental de su esposa hurgando en los muebles del baño de su amigo. «¿Qué hacías mirando debajo del lavabo?», dijo de manera entrecortada. A mí me parecía perfectamente lógico. Mientras usaba el baño, vi que había dos revistas o catálogos sobre el piso que podía hojear. Entonces, sin pensarlo dos veces, abrí la puerta del armario y solo le di una mirada.

Cuando Chuck me oyó contar esta historia en una conferencia, de acuerdo a las reacciones de otros, se dio cuenta de que no soy la única que lo hace. Esta realidad llegó a nuestro hogar el año que recibimos una tarjeta que tocaba *Campanas de Navidad* cuando la abrías. Chuck decidió poner esta pequeña fuente de música en el cajón que está junto al inodoro, en el baño de huéspedes. Nos reímos al decir que nos enteraríamos de quiénes eran Sanguíneos Populares cuando oyéramos esta canción que sonaba a través de la puerta.

Trabajo: Energía y entusiasmo

Cuando miras la parte del cuadro que le corresponde al Sanguíneo Popular y que se encuentra bajo la sección «Puntos fuertes y puntos débiles», ¡verás que poner los puntos positivos en este lugar requirió bastante espacio! Cada uno de estos puntos fuertes es bastante superficial, lo que implica que, aunque el Sanguíneo Popular se vea bien en la superficie, casi nunca está a la altura de las expectativas. En realidad, el trabajo no es su parte fuerte.

En realidad, me costó mucho encontrar una historia que ilustrara los puntos fuertes del Sanguíneo Popular en el trabajo. Tuve que enviarles una súplica a través de un mensaje electrónico a mis lectores. Por fortuna, Cheri, una de nuestras Instructoras Certificadas en Personalidad, me envió la siguiente historia:

Como trabajo con preadolescentes y adolescentes todos los días, considero que la energía y el entusiasmo son dos de mis mayores ventajas en el trabajo. Si no puedo incentivar a estos chicos a que expresen sus ideas por escrito, no importa cuánto sepa acerca de los participios sin antecedente o del mal uso de la coma. Si no logro incentivarlos, no soy una maestra eficiente.

Hace poco, el director apareció en mi aula, sin previo aviso, para observarme durante un período de clase. Aunque estaba un poco nerviosa, seguí adelante con el plan que tenía para la lección, que constaba de la lectura de una historia de un libro de cuentos absurdo por completo: *El conocimiento secreto de los adultos*. Así es, ¡les leí un libro de cuentos a mis estudiantes de secundaria! Me lancé con alma y vida a leer el cuento, con mis mejores voces dramáticas, con pausas e inflecciones. La historia concluía con la funesta advertencia: «O te comes tus verduras o ellas *te* comen a ti».

Todos nos reímos a lo largo de la historia, pero esta oración hizo que se viniera abajo el salón (y para mi alivio, el director se unió al festejo). Entonces, mis estudiantes comenzaron a hacer una composición creativa por su propia cuenta. Los bolígrafos garabateaban con rapidez y, de tanto en tanto, se oían risitas por toda la habitación. Luego de diez minutos, la mayoría de los estudiantes tenían escrito una página entera, y muchos me rogaron que les diera más tiempo porque sus historias «se estaban poniendo muy buenas». Cuando pedí que levantaran la mano los que sentían que habían escrito algo mejor de lo que hubieran pensado que podían escribir, casi todos la levantaron.

Cuando nos reunimos con el director para conversar acerca de los resultados de su observación, a lo que más le dio importancia no fue al aspecto del conocimiento de la materia ni a mi habilidad para hacer que los estudiantes se quedaran callados y fueran obedientes. Se deshizo en elogios por mi capacidad para contagiarles a mis estudiantes mi propio entusiasmo desenfrenado por la lectura y la escritura.

Me sentí muy gratificada cuando, a los pocos meses, una de mis estudiantes sacó la máxima calificación en cuatro de los siete concursos de Escritura Creativa de los que participó en el condado. El entusiasmo Sanguíneo Popular que captaron mis estudiantes se tradujo en resultados tangibles.

Como ilustra la historia de Cheri, uno de los mejores puntos fuertes que tiene el Sanguíneo Popular en el trabajo es la capacidad de transformarlo en un juego.

Amigos: Hace amigos con facilidad

Al poco tiempo de mudarme a Nuevo México, me invitaron a hablarle a un grupo de profesoras en Santa Fe. Era nueva en la zona, así que planeé, en contra de mis características, llegar temprano. Sin embargo, cuando llegué al estacionamiento de la universidad, vi un solo vehículo... y a una mujer que descargaba cajas de él. Le pregunté si estaba allí para participar de la conferencia para profesoras. Me contestó que sí y me indicó lo que sabía acerca de dónde se suponía que estaríamos.

Desempaqué mis libros y la seguí hasta el edificio. Acomodamos nuestras mesas una junto a la otra (ella vendía seguros y yo libros), y nos conocimos mientras tenían lugar las otras sesiones. Me enteré de que su nombre era Debbie, y mientras conversábamos, descubrimos que teníamos mucho en común (incluso que nos habíamos mudado de California a Albuquerque hacía poco). Se creó un lazo.

Durante mi discurso, cuando hablaba de los Sanguíneos Populares, les conté a todos acerca de mi nueva buena amiga, Debbie. Cuando terminó la sesión, la gente se acercó a la mesa de Debbie y le preguntó si era la «nueva buena amiga» de la que hice referencia. Al principio, no tenía idea de qué hablaba esta gente, pero enseguida lo captó y afirmó que sí lo era. Al finalizar el día, Debbie y yo intercambiamos tarjetas y prometimos mantenernos en contacto.

Cuando entré al garaje esa noche, Chuck trabajaba en un proyecto. Mientras salía del auto, me preguntó: «¿Cómo te fue hoy?». De manera efusiva, comencé a contarle lo grandioso que fue, en especial porque había hecho una nueva buena amiga. Como sé que Chuck es un Melancólico Perfecto y es terapeuta, hubiera esperado que me respondiera con algo así: «Ay, cariño, estoy muy contento de que hayas hecho una amiga nueva. Eres nueva aquí en Alburquerque y no conoces a nadie». Sin embargo, en cambio me dijo con firmeza que no podía hacer una nueva buena amiga todos los días, que se necesitan años para formar buenos amigos y que solo podía tener uno o dos en toda la vida. De capa caída (pero no impedida), le hablé acerca de Debbie de todas formas.

Le envié una tarjeta de Navidad a Debbie, pero ella no me envió una. Era algo parecido al noviazgo: tú me agradas; ¿yo te agrado? Pasaron los meses y nunca tuve noticias de ella. Un día, tenía unos quince minutos antes de tener que llegar a un lugar, cuando me encontré justo frente a lo que me parecía que era su oficina. Me detuve, y estaba allí. En el momento en que me vio, saltó de su escritorio y exclamó: «¡Marita!», y me dio un abrazo. Una vez más, éramos como dos buenas amigas que se ponían al día desde la última vez que nos vimos.

Eso fue hace años. Desde entonces, no he visto a Debbie ni he tenido noticias de ella. Aun así, aquel día volvimos a ser buenas amigas. El asunto en cuanto a los amigos instantáneos de los Sanguíneos Populares es que no hay culpa, ni aquello de: «¿Por qué no me llamaste?». Solo retomas donde la dejaste; y si nunca se vuelven a ver, ¡fue divertido mientras duró!

Puntos débiles

Emociones: Egoísta

Mientras que los Sanguíneos Populares pueden ser energéticos o entusiastas, algunas veces estos rasgos benéficos pueden deformarse y transformarse en rasgos de debilidad como el egoísmo y el orgullo.

Tammy iba a conducir desde Midland, Tejas, hasta la zona de Dallas para asistir a un torneo regional femenino de bolos para profesionales, para el cual había clasificado hacía poco tiempo. Su esposo, un enfermero de terapia intensiva que trabajaba en el hospital local, no pudo pedir permiso en su trabajo con tan poco tiempo de anticipación, lo que significaba que Tammy tendría que conducir hasta el torneo sola. Al esposo de Tammy le preocupaba la seguridad de ella durante el viaje, así que le suplicó y le rogó que comprara un teléfono celular antes de partir. Tammy se sintió insultada. Después de todo, ya era grandecita y era perfectamente capaz de conducir cuatro horas y media sola, sin un teléfono, ¡y se aseguró de que a su esposo le quedara bien claro el asunto! Al reflexionar sobre ese día, Tammy me contó:

> Cuanto más lo pensaba, más atractiva me resultaba la idea de poder conversar con mis amigas mientras hacía el viaje y alardear de mi avanzada tecnología. Por fin, cedí. Me dirigí a Dallas

con uno de esos modelos de teléfonos celulares bien grandes en el asiento delantero.

Tuve un viaje maravilloso y mi participación fue buena: terminé en quinto lugar. ¡Estaba tan entusiasmada! La pasé muy bien. En cuanto subí al auto, comencé a llamar a mis amigas para contarles mi éxito y hacer alarde de mi nuevo teléfono. Anochecía, y cuando llegué a la autopista que conduce de Dallas a Fort Worth, llovía. La lluvia caía con tanta fuerza que solo podía conducir a unos cuarenta kilómetros por hora. De repente, el auto comenzó a corcovear, ¡y me di cuenta de que no había echado gasolina! Sabía que el indicador de gasolina estaba roto (se había quedado pegado en «lleno»), pero en medio de todo el entusiasmo, había olvidado ese pequeño detalle. Me las ingenié para salir al costado de la vía, pero tenía terror de que alguien pudiera chocarme debido a la cegadora lluvia.

Tomé el teléfono celular (¡que pensaba innecesario!) y llamé a mi esposo al trabajo para contarle la historia, terminando con: «¿Qué hago? ¡AUXILIO!». Luego de unos minutos, se las ingenió para calmarme y, a su modo de Flemático Pacífico, me explicó cómo llamar a la grúa de auxilio. Seguí sus instrucciones, y luego de lo que parecieron horas, llegó la grúa, enganchó mi auto y me llevó a la estación de gasolina. El conductor se negó a desenganchar el auto hasta estar seguro de que solo necesitaba gasolina, así que, luego de llenar el tanque, tomó mis llaves y lo puso en marcha. Dejó el motor encendido y cerró la puerta, pero las llaves quedaron encerradas dentro del auto en el proceso. Luego de unos veinte minutos, al fin pudimos abrir la puerta y comencé el regreso a casa.

Ahora era de noche. Estaba asustada y nerviosa. Conversé con mi esposo la mayor parte del camino a casa a través del teléfono celular «innecesario». Cuando estaba a unos quince kilómetros de casa, le dije que estaba bien y que pronto estaría en casa. Alrededor de cinco minutos después, tomé una curva y el auto comenzó a corcovear otra vez. Me había distraído tanto con el teléfono y la lluvia, que una vez más olvidé detenerme para comprar gasolina. Tuve que llamar a mi esposo, de nuevo, y pedirle que me trajera combustible. ¡Vaya si fui feliz con tener el teléfono «innecesario»!

Trabajo: Pierde el tiempo con la conversación

Solía tener una empleada llamada Kathy. A menudo le decía: «Kathy, ¡tú le das un significado nuevo por completo a la definición del Sanguíneo Popular!». Era una Sanguínea Popular fuerte, con muy poca mezcla de otros tipos de Personalidad. En el camino al trabajo, todos los días le sucedían cosas asombrosas. Seguía el mismo camino que muchos otros, pero a ella le sucedía algo sin querer. Cuando llegaba a la oficina, no veía la hora de contarnos las aventuras matutinas. Si alguien llegaba después, volvía a contar toda la historia (en ocasiones, varias veces el mismo día).

Como sabía que Kathy era una Sanguínea Popular, sabía que no podía impedir que estas historias le salieran a borbotones. Entonces, le dije que esperara a que todos llegaran a la oficina, así todos estábamos allí y le prestábamos atención mientras nos contaba su historia. Este plan le agradó, porque ahora tenía una audiencia mayor, y me dejaba contenta a mí porque trabajaba en lugar de contar diez versiones diferentes de su historia diaria.

Hace poco, hablé con Kathy para pedirle permiso para usar esta historia en el libro, y le pregunté si tenía otras historias que pudiera contar. Me dijo que el momento era el adecuado, porque acababan de despedirla en una compañía farmacéutica. Cuando terminó el despido, ella fue la única empleada que fue y abrazó al jefe para darle las gracias por despedirla. Todavía no había encontrado lo que la apasionaba, así que le gustó la oportunidad de buscar una nueva carrera. Ahora, su antigua compañía la sigue llamando para pedirle que regrese. Cuando le pregunté por qué, Kathy dijo que no era solo porque la extrañaran a ella ni a su productividad, sino porque extrañaban sus historias.

Amigos: Inconstante y olvidadizo

Los Sanguíneos Populares viven el momento y llevan esta cualidad a las amistades. De la misma manera que a los Sanguíneos Populares les resulta fácil hacer amigos, así también les resulta difícil conservar esas amistades. Los Sanguíneos Populares no lo tienen en mente; puede tratarse de un día, de un año, de una década entre un contacto y otro. Parece que si la gente es su amiga, el tiempo no significa nada para ellos. Lo único que esperan es recoger la amistad donde la dejaron.

En el caso de otras Personalidades, esta ausencia extendida se puede tomar como una afrenta personal. Como mencioné antes, los Melancólicos Perfectos invierten toda una vida en los pocos amigos que tienen, y debido a esto, son más propensos a que los lastimen cuando descubren que su inversión se olvidó en el aluvión de actividad del Sanguíneo Popular. Cuando se enfrentan a la inconstante amistad con un Sanguíneo Popular, los Coléricos Poderosos asimilan la pérdida y comienzan de nuevo: no tienen tiempo para lo que perciben como las «nimiedades» que implica mantener una amistad. Por lo general, los Flemáticos Pacíficos se llevan bien con las tendencias fugaces de los Sanguíneos Populares, ya que se inclinan a otorgar gracia por naturaleza. Después de todo, les da demasiado trabajo guardar rencor, ¡y los Sanguíneos Populares son muy divertidos!

Todo el concepto del tiempo (y ni qué hablar de llegar a tiempo) es un problema para los Sanguíneos Populares. Cassandra, una de nuestras Instructoras Certificadas en Personalidad, es una Colérica Poderosa que tiene una amiga Sanguínea Popular. Como comprende las Personalidades, aprendió a esperar que su amiga siempre llegue tarde, pero todavía le molesta. Sin embargo, en lugar de acabar con la relación, Cassandra decidió hacer un plan:

A mi esposo y a mí nos gusta ir a cenar y ver una película. Mi amiga Nancy y su esposo nos acompañan muchas veces. La primera vez que su tardanza hizo que perdiéramos el comienzo de una película, lo dejé pasar. Sin embargo, luego de la segunda vez, me di cuenta de que Nancy no tenía ninguna idea de lo que era el tiempo. Como buena Colérica Poderosa, decidí tomar el asunto en mis manos y aliviar un poco la presión que sabía que experimentaba su esposo tratando de sacarla de la casa (y ni qué hablar de la seguridad de los que viajaban en su auto cuando trataba de no llegar tarde manejando a toda velocidad).

La próxima vez que planeamos ir a ver una película, decidí implementar un plan maestro. Si la película comenzaba a las nueve y cuarto de la noche, le decía a Nancy que comenzaba a las ocho y cuarenta y cinco. Esto daría un tiempo extra para sus llegadas tarde, y podríamos entrar al cine con tiempo para conseguir un buen asiento y ver los avances de las otras películas. Este plan dio resultado, y a partir de entonces, siempre hemos llegado al cine a tiempo. Además, hasta donde yo sé, ¡no creo que Nancy haya descubierto mi plan!

Colérico Poderoso
Puntos fuertes

Emociones: Irradia confianza

Antes dije que siempre te das cuenta cuando un Colérico Poderoso entra a una habitación. Por lo general, esto se debe a que tienen una gran confianza en sí mismos.

Incluso desde niños, brilla la confianza de los Coléricos Poderosos. No hay nada que lo ilustre mejor que la historia de Kayleigh, una niña que tiene dificultad para comportarse bien en el grupo de la Escuela Dominical. Prefiere hacer las cosas a su manera.

Sin embargo, sabiendo que a Kayleigh la motivan las recompensas, un día le dijeron que si las maestras no tenían que regañarla ese domingo, toda la familia se iría de picnic al lago cerca de su casa, luego de la iglesia. Como es una fuerte Colérica Poderosa, Kayleigh aceptó el de-safío y alcanzó la meta. Cuando su madre la fue a buscar, Kayleigh comenzó de inmediato a decirle que debían ir enseguida al supermercado para comprar todo lo necesario para el picnic.

Mientras recorrían la tienda, Kayleigh le contó a todo el que quisiera escucharla que ella y su familia se iban de picnic. Luego de contar la historia, comenzó a invitar a todos los que encontraba y les decía: «¡Tú también puedes venir!». Uno de los que acomodaban la mercadería se rió ante su entusiasmo y le siguió el juego.

«Me encantaría ir, pero tengo que trabajar», le dijo.

«Pero te dan recesos, así que puedes ir», le explicó la niña. «¿Dónde está tu jefe? ¡Le diré que tienes que ir a un picnic y que no puedes trabajar en este momento!» El muchacho se rió y en broma le dijo que iría.

Pocos pasillos después, Kayleigh se detuvo y le dijo a su madre: «¡Debemos regresar! No le dijimos dónde estaríamos en el parque». Para calmar sus expectativas, su madre le dijo que con lo dicho, era suficiente. Si el joven en verdad decidía unírseles, es probable que quisiera un picnic con su familia, así como el picnic de ellos era solo para la familia.

A partir de ese momento, Kayleigh continuó contándole a la gente acerca del picnic y siguió invitándolos a que fueran, pero añadió que el picnic era solo para la familia. «Pero puedes hacer un picnic cerca de nosotros», decía, «y podemos compartir la comida si así lo deseas». Hasta le dijo a una madre que estaba de compras que «ya hay alguien que hará su picnic junto a nosotros, a la derecha, pero puedes sentarte del otro lado si lo deseas». Cuando la madre le explicó que ella quería acompañarlos, pero que quizá no pudiera, Kayleigh contestó: «Bueno, si lo quieres, deberías hacerlo. Tus hijos no volverán a ser pequeños».

Trabajo: Con metas específicas

Hay un viejo dicho que afirma que si quieres que se haga algo, pídeselo a una mujer ocupada. Me gustaría mejorarlo: Si deseas que se haga algo, y que se haga bien, ¡pídele a un Colérico Poderoso que lo haga! Una vez que leas acerca de mi amiga Sheryl, pienso que verás por qué esto es verdad.

Durante seis meses, Sheryl prestó servicio como directora interina de niños en una gran iglesia donde su esposo era uno de los pastores asociados. La iglesia tenía más de trescientos cincuenta puestos que debían llenarse con voluntarios para el programa semanal de los niños. Esta sola tarea hubiera dejado exhausta a la directora anterior y la hubiera llevado al borde de un ataque de nervios. Sheryl pensaba que, de seguro, la directora fue débil, así que estaba decidida a llenar todos los espacios en blanco y probar que era valiosa.

Al tener mucha orientación hacia las metas, Sheryl pasó horas haciendo bombardeos telefónicos para llenar los incesantes vacíos. Como resultado, pudo mantener los departamentos con el personal completo durante muchas semanas. Sin embargo, luego de las primeras semanas, Sheryl se dio cuenta de lo sobrecargada de trabajo que estuvo la directora anterior. Minutos antes de que los voluntarios se presentaran para sus tareas, Sheryl recibía llamadas telefónicas en las que le decían que habían tenido una emergencia familiar y que no podrían hacerse cargo de su turno. Se les había dicho a los voluntarios que buscaran sus propios sustitutos, pero este método no se había puesto en vigor. A cada momento llamaban a Sheryl para disculparse por avisar con tan poco tiempo, y casi nunca tenían un sustituto que los cubriera.

Debido a su deseo de sobresalir en su papel, Sheryl se paraba al final del salón durante la reunión y oraba por la congregación, pidiéndole a Dios que le mostrara a quién quería reclutar Él, y Dios siempre demostró su poder al traerle voluntarios fabulosos con corazones humildes de siervos, ¡casi siempre justo antes de comenzar la clase!

Amigos: Sobresale en el liderazgo y la organización

Dentro de cada Colérico Poderoso hay un héroe que espera la oportunidad de mostrar de qué está hecho. En una emergencia, a menudo las ideas rápidas, la pronta acción, sus agallas y fortaleza salvan el día. Esto es bueno, porque el Colérico Poderoso necesita aventura, y para rescatar a los demás, se necesitan todos estos atributos. La mayor parte del tiempo están dispuestos a dar la vuelta, saltar, cavar, abrirse camino, soportar el dolor o mover un obstáculo para solucionar un problema. Estoy segura de que la mayor parte de la fuerza pública de Nueva York es Colérica Poderosa.

Los Coléricos Poderosos no solo son eficientes en las ocupaciones típicas de rescate, sino también son buenos para resolver problemas. Si se obstruye un papel en la impresora del trabajo, todos pueden echarse atrás. ¡Tararí! ¡Colérico Poderoso al rescate! Quita el papel que molesta, se vuelve a colocar la bandeja y todos pueden regresar a sus trabajos. Los Coléricos Poderosos hacen que todo parezca sencillo. Aun cuando son pequeños, ya se pone en evidencia en su Personalidad esta rápida habilidad para controlar una situación, inventar un plan y actuar.

Katie recuerda unas vacaciones de su niñez llenas de diversión, en el lago Leach, de Minnesota, que pasó con incontables tías, tíos y primos. Como siempre, cuando hay tanta gente y actividades en un solo lugar, alguno de los niños más pequeños es propenso a meterse en lugares donde no debiera. Un día, cuando todos los niños fueron al muelle para ver los peces que nadaban, Donovan (un niño de dos años que no debería haber estado allí) dio una voltereta en el muelle y cayó al agua. De repente, todos se quedaron petrificados. Diane, la hermana mayor de Donovan, comenzó a gritar: «¡Que alguien lo saque! ¡Eh! ¡Alguien! ¡Donovan se ahoga!». Sin pensarlo dos veces, una niña de nueve años llamada Katie saltó a las aguas profundas, asió a Donovan, mantuvo su cabeza fuera del agua, nadó hasta la orilla y entregó el bebé asustado al cuidado de su madre. «¿Cómo sabías qué era lo que tenías que hacer?», le preguntaron todos los adultos. Ella contestó: «No lo sabía. Solo sabía que alguien tenía que sacarlo del agua». Hasta el día de hoy, Katie le recuerda a su primo que le debe una.

La capacidad del Colérico Poderoso para hacer todo por su cuenta (y a menudo hacerlo mejor que ningún otro), se traduce en una falta de amigos. Cuando Sheryl se encontró en este lugar, usó su fuerza de Colérica Poderosa para liderar y organizar a fin de resolver su problema. Sheryl, esposa de un pastor y madre, estaba frustrada por su falta de amigas, de intimidad y de relaciones significativas en la iglesia. A pesar de que prestaba su servicio en los ministerios de su esposo, abría su hogar para los pequeños grupos, preparaba comidas para las cenas de la iglesia y se encontraba con mujeres que necesitaban consejo laico, sabía que algo le faltaba en su vida. Le faltaban amigas femeninas.

Como esposa de un pastor, Sheryl sabía que debía ser selectiva a la hora de confiar en alguien en cuanto a sus peticiones de oración y a transmitirle sus cargas. Sheryl se preguntaba si las esposas de los otros pastores en el equipo se sentirían de la misma manera. Luego de orar por su siguiente paso, Sheryl llamó a la esposa de uno de los otros pastores y le preguntó si le interesaría reunirse con regularidad para tener comunión y orar, incluso para tener quizá un estudio bíblico. Sheryl explicó sus sentimientos de aislamiento y frustración. La esposa del otro pastor dijo: «¡Me siento de la misma manera!».

Las esposas de los pastores comenzaron a reunirse una vez a la semana en la cocina de Sheryl. Se reunían justo antes de que sus hijos necesitaran ayuda para alistarse para la escuela, de seis a siete y media, los viernes por la mañana. Conversaban y oraban por sus esposos, sus hijos y ellas mismas. Disfrutaban de la comunión y la bendición de unirse en sus papeles únicos como esposas de pastores.

Sheryl ha visto cómo sus puntos fuertes de liderazgo y organización de Colérica Poderosa la han llevado al lugar en el que Dios la ha llamado a ministrar. Continúa hablándoles a los grupos de mujeres, trabaja en la preparación de un libro devocional para esposas de pastores y presta servicio en la red internacional de ministerios de esposas. Al afrontar su frustración ante la falta de amistades femeninas significativas en su vida, pudo encontrar una solución que ha ayudado a muchas otras.

Puntos débiles

Emociones: Poco comprensivo

A los Coléricos Poderosos les cuesta expresar empatía, en especial hacia los que padecen una enfermedad como un resfrío o una gripe. A mis empleados les digo que si solo tienen que sorberse la nariz, deberían venir a trabajar. Les digo: «En casa, te sentirás miserablemente solo. Mas bien, deberías venir a trabajar para estar con personas que te aman». En cambio Chuck, mi esposo Melancólico Perfecto, piensa que es falta de consideración hacer que la gente venga a trabajar con un resfrío, porque diseminan gérmenes por toda la oficina.

A Chuck le gusta bromear conmigo acerca de que los Coléricos Poderosos son los únicos que fingen estar bien. No queremos que nadie sepa que estamos enfermos, y si nos lo preguntan, lo negamos. Debido a esto, suponemos que los demás se sienten de la misma manera y así tenemos poca compasión ante sus dolencias. Vemos la enfermedad como una debilidad, como algo que detestamos admitir.

Cuando era niña, las amigas de mi madre les llevaban sopa y helado a sus hijos si no se sentían bien. Por otra parte, mi madre me enviaba a mi habitación si me dolía el estómago y me decía que saliera cuando me sintiera mejor. Mis hermanos y yo solíamos decir que no era una buena enfermera, pero lo que sí logró fue cortar nuestras faltas a la escuela, a menos que nos sintiéramos mal de verdad. Para mí, lo que fuera que tratara de evitarme la escuela era casi siempre mejor que quedarme en casa sola en mi habitación.

En mi niñez temprana, mi familia asistía a una iglesia que enseñaba que todas las enfermedades estaban en la mente de las personas. Si la gente quería estar bien, lo estaría. Aunque no acepto la enseñanza global de esa iglesia, esa parte se me pegó de alguna manera y, hasta el día de hoy, tengo poca paciencia con la gente enferma.

Cuento con dos tarjetas de saludos para los enfermos que me gusta usar cuando enseño acerca de este asunto. La primera es de Mary Englebright que representa a una muchacha con apariencia de Colérica Poderosa en la parte de afuera. Tiene las manos en las caderas y parece que frunce el ceño debajo de su sombrero de ala ancha. Al frente de la tarjeta dice: «Reacciona». Al otro lado, dice: «Y ponte bien pronto». La otra tarjeta también capta la actitud general del Colérico Poderoso hacia la enfermedad. Se trata de una tarjeta de Hallmark que representa a «Maxine», ese cascarrabias que en su mayor parte es Colérico Poderoso. Al frente de la tarjega dice: «Supe que estás enfermo». Adentro solo dice: «¡Enclenque!».

Trabajo: **Puede ser tosco e indiscreto**

Chuck solía trabajar para una compañía de seguros que proporcionaba servicios de salud conductista. Tenía una compañera de trabajo que era excelente en su tarea, y sacaba más trabajo de en medio que cualquier otro. Parte de su tarea se relacionaba con negar demandas, mientras que la otra parte se relacionaba con la inspección de los edificios de los proveedores de servicios, a fin de asegurarse que los servicios que se pagaban se realizaran de verdad. Después que estuvo en uno de los edificios, la gente de allí llamó al gerente de la compañía de seguros y le pidió que nunca volvieran a enviarla, ya que había hecho llorar a demasiados empleados.

Cuando le llamaron la atención por esto, no podía comprender por qué la reprendieron. Al fin y al cabo, solo hizo lo que se suponía que debía hacer.

Amigos: **No puede pedir disculpas**

Cuando te das cuenta de que los Coléricos Poderosos casi siempre tienen razón, es más fácil entender por qué muchas veces les resulta difícil pedir disculpas.

Los que somos Sanguíneos Populares, siempre hemos estado en problemas y hemos crecido pidiendo disculpas. Además, queremos que todo el mundo nos ame. Algunas veces, pedimos disculpas aun cuando no estuviéramos en la ciudad el día en que se produjo la infracción. En nuestro interior, pensamos: *Si con pedirte disculpas te quedas callado y dejas de gimotear, te pediré disculpas.* Sin embargo, los Coléricos Poderosos casi nunca se meten en problemas, y si lo hacen, no se dan cuenta. Como resultado, casi nunca ven la necesidad de pedir disculpas.

Si te encuentras en una «discusión» con un Colérico Poderoso y llegas al punto en el que una disculpa sería el siguiente comentario apropiado de su parte, es más probable que el Colérico Poderoso diga algo así: «Lamento que te molestaras tanto por lo que dije». Por alguna razón, te sientes peor que antes luego de escuchar esa clase de «disculpa».

Lo he aprendido porque Chuck (cuya Personalidad secundaria es la de Colérico Poderoso), casi nunca dice un verdadero «lo siento». Aun así, cuando nos encontramos en un punto de la discusión donde otros pedirían disculpas, se vuelve muy solícito. Se ofrece a lavar los platos o a sacar la basura, o sugiere que vaya a darme un baño y a leer un libro. He aprendido a aceptar este cambio de actitud como una disculpa dicha y hecha, de la misma manera que si estuviera pidiendo perdón.

Encontré una tarjeta para pedir disculpas de un Colérico Poderoso. Al frente dice: «Lo lamento». Adentro, dice: «Pero ya sabes que fue tu culpa en realidad».

Melancólico Perfecto
Puntos fuertes

Emociones: **Sensibilidad hacia otros**

De todas las Personalidades, los Melancólicos Perfectos sienten todo el espectro de emociones. Esta capacidad para sentir emociones los hace perfectos simpatizantes del dolor o de los problemas de otras personas. A diferencia de los Coléricos Poderosos, que sienten la necesidad de arreglar la situación, los Melancólicos Perfectos se sientan y te escuchan en silencio y, luego, comprenden tu lucha. Esa sensibilidad aguda puede ser tanto un beneficio como una desventaja, ya que los Melancólicos Perfectos a menudo pueden confundirse al pensar que muchas de las cosas que sienten son «prestadas» y no propias. Puede pasar tiempo hasta que se las ingenien para comprender cómo vivir con esta capacidad.

Este don de la sensibilidad les da a los Melancólicos Perfectos la facultad de descifrar las diferencias pequeñísimas en el gusto, las texturas, las palabras mal pronunciadas, la gramática equivocada, el análisis de parámetros matemáticos y los detalles de la letra menuda que aparecen en los contratos legales. Cuando los Melancólicos Perfectos aplican estas emociones a las artes, surgen obras de arte. Si llevamos esta capacidad de ser sensibles a un nivel más profundo, los Melancólicos Perfectos pueden comunicarse a través de metáforas capaces de perderse en la superficialidad de los Sanguíneos Populares o en lo esencial de los Coléricos Poderosos. Ningún otro tipo de Personalidad ha producido artistas y poetas más brillantes.

Trabajo: Les gustan los cuadros, los gráficos y las listas

A menudo, el Melancólico Perfecto tiene predisposición a que le gusten los cuadros, las listas y los gráficos. Un día, le hablaba a Chuck mientras estaba sentado en el escritorio de su estudio en casa. Me fijé en una nota escrita que colgaba de uno de los pequeños rinconcitos; sobre la nota estaban escritos los nombres de dos artículos electrónicos que compró hacía poco tiempo.

—¿Qué es eso? —le pregunté, mientras señalaba la nota.

—Esa es mi lista de cosas que están a la espera de entrar en la lista —explicó.

Estaba confundida.

—¿Tu lista de cosas que esperan entrar en la lista?

—Sí —dijo, mientras abría un cajón del archivador y sacaba un archivo delgado con una etiqueta escrita con esmero. Abrió el archivo para ver el único papel que contenía.

—Este es mi inventario —continuó—. Algunas veces, cuando compro un artículo nuevo, no tengo tiempo en el día que hice la compra para actualizar la lista de mi inventario. Así que hago una lista de cosas que esperan entrar en la lista.

Del modo en que me lo explicó, parecía lógico por completo, pero yo jamás hubiera pensado en hacer algo por el estilo.

Amigos: Preocupación profunda por los demás

Aun cuando Vicki, una enfermera Melancólica Perfecta, solo vio a mi colega Georgia otras dos veces, produjo un profundo impacto en su vida. Georgia se encontraba en el consultorio del médico para recibir los resultados de otra biopsia. Estaba exhausta de luchar contra el cáncer desde hacía seis meses, y el pensamiento de una recidiva le provocaba un temor especial. Su médico Colérico Poderoso entró en el consultorio, dictaminó que la biopsia revelaba una recidiva del cáncer y luego añadió: «Esto es serio. Tiene un dos por ciento de posibilidades de estar viva dentro de diez años».

En ese entonces, el único hijo de Georgia tenía tan solo ocho años. Enseguida, Georgia se dio cuenta de lo que significaba este funesto diagnóstico. Se deshizo en llanto: «No llegaré a ver a mi hijo cuando se gradúe. Quiero ver a Kyle cuando se gradúe». El médico, incómodo ante la demostración de emoción de Georgia, desapareció con rapidez. Sin embargo, Vicki, la enfermera, tenía el rasgo de Melancólica Perfecta de profunda preocupación por la gente. Abrazó a Georgia y la dejó llorar. No le dijo que llegaría a ver a Kyle cuando se graduara; tampoco le dijo que no llegaría. Solo permitió que Georgia llorara, le proveyó pañuelos de papel y la consoló hasta que se calmó.

Al fin, Georgia superó los pronósticos. Hoy, a menudo les habla a proveedores de salud en oncología y les cuenta la historia de cómo el profundo cuidado y la ternura que le prodigó Vicki fueron fundamentales en un momento muy traumático de su vida. Han pasado más de quince años desde aquel día en el consultorio del médico, y Georgia todavía recuerda el consuelo y la compasión de Vicki.

Puntos débiles

Trabajo: Pasa demasiado tiempo en la planificación y es exigente

Los Melancólicos Perfectos son perfeccionistas que pueden convertir un proyecto sencillo en una gran tarea. Déjame ilustrar.

Keegan, de catorce años, ¡llegó a casa de la escuela y anunció que necesitaba una foto suya para la clase de inglés! Su madre Sanguínea

Popular le sacó enseguida una en la que pensaba que se veía «precioso». No obstante, para Keegan, esa foto no serviría. Pasó todo el fin de semana revolviendo cajones llenos de álbumes de fotos.

Entonces, el domingo por la noche, les dijo a sus padres: «¡No puedo creer que no logre encontrar una buena foto para la clase de inglés!». Frustrado ante el tiempo que su hijo invirtió en una tarea tan simple, su padre Colérico Poderoso señaló los treinta y cinco álbumes que estaban en los estantes y gritó: «Si no puedes encontrar una buena foto allí, no la encontrarás en ninguna parte. Deja de buscar la foto perfecta. ¡Ve de una vez y elige una!».

Por fin, Keegan encontró una foto que le resultaba aceptable. Era la foto «preciosa» que su madre le buscó el viernes por la noche.

Emociones: Puede ser temperamental o deprimido

Mi amiga Melancólica Perfecta Georgia y yo pasábamos unos días en el paraíso antes de dirigirnos a un seminario en la zona de Seattle. Estábamos en la casa del hermano de Georgia, en la isla San Juan, y él tenía planes de llevarnos a hacer el gran recorrido y a navegar. Antes de cruzar hacia la isla en el transbordador, nos detuvimos en los campos de tulipanes entre Seattle y Anacortes, y nos tomamos fotografías con el sol en nuestro rostro y los picos nevados de las montañas como marco. El fin de semana prometía ser perfecto.

Al segundo día de estar allí, me desperté con los ruidos de un gimoteo. Georgia y yo compartíamos la habitación de huéspedes, y fue evidente que lloraba. «Georgia», le dije con suavidad, «¿qué sucede?» Entre sollozos y varios pañuelos de papel, me contó que se había deprimido mucho, aun cuando todo lo que nos rodeaba era tan maravilloso.

Como mencioné, Georgia casi muere de cáncer y de los tratamientos subsiguientes. En ese entonces, tenía cuarenta años y todas sus amigas habían ofrecido grandes fiestas al cumplir esa edad. Como debido a su enfermedad Georgia no había podido tener una fiesta así, se había prometido que si vivía hasta los cincuenta, ofrecería una gran fiesta para celebrar el hecho de que había llegado hasta la gran cifra de los cincuenta. Esta mañana, se había despertado y se había dado cuenta de que, en pocos meses, tendría cincuenta años, pero no tenía la fuerza como para organizar sola la fiesta, ni el dinero para contratar los servicios.

Cuando escuché su relato acongojado, me ofrecí para organizarle la fiesta. Hice todos los planes. Crucé el país en un avión y preparé la comida, y cincuenta personas celebraron su vida en su hermoso jardín.

La historia de Georgia tuvo un final feliz. Sin embargo, al quedar librada a sí misma, la propensión de Georgia hacia la tristeza debe haberla dejado paralizada y sin la capacidad de pensar siquiera en tener una fiesta.

Como Melancólico Perfecto, a mi esposo le gusta defender el punto de vista de los que tienen esta personalidad. Una mañana, los dos estábamos en el baño preparándonos para el día. Yo estaba en el lavabo y Chuck en la ducha. Por encima del ruido de la ducha, lo escuché declarar: «Cualquiera que no está al menos un poquito deprimido, no entiende la gravedad de la vida». Aunque hablaba con una seriedad contemplativa, casi me muero tratando de no reírme en voz alta. Por fin, dije: «Es una gran frase. ¿Puedo usarla?».

Amigos: Sospecha de la gente

Cuando Chuck y yo nos mudamos a Nuevo México, pasamos un largo año en Carlsbad, que se encuentra ubicado en la zona sudeste del estado. Mientras estábamos allí, me hice de cinco amigas (cada una de ellas tenía menos de diez años). Cuando se enteraron de que trabajaba en casa, venían a visitarme después de la escuela y antes de que Chuck llegara a casa. Algunas de mis galletas salían demasiado tostadas (a Chuck le gustan suaves),y a mis amiguitas les encantaba comerse lo que rechazaba él. Me enseñaron a patinar en línea e impidieron que me sintiera sola y aislada.

Un día, cuando vinieron, las encontré en el portal y les expliqué que no debían venir a nuestra casa durante el fin de semana del 4 de julio. Les dije que Chuck y yo habíamos dejado muchas de nuestras pertenencias en California, así que debíamos alquilar un camión para regresar y traer más de nuestras cosas a Nuevo México. Les conté que saldríamos todo el fin de semana.

Cuando entré a la casa, Chuck me miró con una de esas miradas que matan. Sabía que había hecho algo malo, pero no tenía idea de qué era.

—¿Qué hice ahora? —le pregunté.

Chuck tan solo meneó la cabeza y dijo:

—No tienes remedio... nunca aprenderás.

—¿Qué? ¿Qué hice ahora? —le pregunté otra vez.

—¡No puedo creerlo! —dijo—. ¿Cómo vas a estar parada en el portal publicando ante todo el vecindario que nos iremos durante cinco días?

—Chuck —dije—, ¡son niñas!

—Sí —contestó—, pero no sabemos de qué clase de familia provienen.

Flemático Pacífico

Puntos fuertes

Emociones: Sabe escuchar

Ruth, una de nuestras Instructoras Certificadas en Personalidad, se desempeñaba como trabajadora social médica en una agencia de salud a domicilio. Su responsabilidad era visitar pacientes en sus hogares para proporcionarles información acerca de los recursos a su disposición, a fin de satisfacer necesidades y buscar maneras de mejorar la calidad de vida de los pacientes.

Una de las pacientes de Ruth, la Sra. Jones, de seguro era una Colérica Poderosa con toda una vida de experiencia en satisfacer sus propias necesidades. Era ruidosa, brusca y muy capaz de expresarse. Una serie de trabajadoras sociales y enfermeras la habían visitado y habían tratado de asistirla, pero la Sra. Jones las había mandado de vuelta con las instrucciones de nunca regresar. Sin embargo, a pesar de su historia, a la Sra. Jones le gustó Ruth y pidió que le hiciera más visitas.

El médico de esta señora, que era muy consciente de la dificultad que tenían las trabajadoras sociales y las enfermeras mientras trataban de asistirla, quedó intrigado. Luego de varias visitas, le preguntó a la Sra. Jones por qué quería que Ruth regresara, siendo que le había dicho a tantas otras que se fueran y no volvieran nunca. La señora dijo que la razón era que Ruth la escuchaba cuando la visitaba. «Yo hablo y ella escucha», dijo. Eso era lo que sucedía. La Sra. Jones tenía una riqueza de experiencia y conocimiento, y no necesitaba que viniera una trabajadora social a decirle cómo manejar su vida. No obstante, estaba sola y valoraba mucho el tiempo con alguien (cualquiera) que se sentara y la escuchara. Como Flemática Pacífica, Ruth era la trabajadora social perfecta para la Sra. Jones.

Trabajo: Competente y constante

Durante más de treinta años, Dan había trabajado en tareas relacionadas con el cumplimiento de la ley, y la mayoría de esos años, los había pasado trabajando con rudos miembros de pandillas y jóvenes en riesgo. Ha recibido la bendición de ver los frutos de sus esfuerzos traducidos en muchos jóvenes rehabilitados, que ahora tienen una vida productiva y hacen contribuciones positivas a la comunidad.

Su esposa, Sherri, me dijo: «Antes de comprender las Personalidades, solía pensar que esto era el "llamado" de Dan, o que solo tenía compasión hacia los jovencitos en problemas. Ahora me doy cuenta de que, en gran parte, su Personalidad Flemática Pacífica es la que lo ha llevado a tener este gran éxito en el trabajo». Esto es muy cierto. La mente fría de Dan y su influencia tranquilizante, le permitieron mediar en cualquier situación, ya fuera una discusión familiar, una acalorada reunión del personal o una posible guerra entre pandillas. Tiene la capacidad de no perder la cabeza en ninguna situación. Es excelente para escuchar, nunca traiciona la confianza y siempre respeta a los demás. Es competente y constante, y se puede confiar en él cuando hay que hacerse cargo de algo, en cualquier momento que sea necesario. Sin embargo, Dan no tiene necesidad de control ni de reconocimiento, y cuando las cosas se ponen tensas, su sentido mordaz del humor puede calmar los ánimos al señalar lo absurdo de la situación.

Dan se ha esforzado en muchos de los aspectos negativos de su Personalidad Flemática Pacífica. Solía estar tan agotado cuando llegaba a su casa, que todo lo que quería era cenar frente al televisor y sumergir su cerebro durante horas en programas sin mucho contenido. Con facilidad, podía dormir todo el fin de semana, y era difícil motivarlo para que hiciera las tareas de la casa, mucho menos para salir de paseo. Es más, le decía a Sherri con términos bien claros, el sacrificio que hacía cuando quería que hiciera algo «divertido» con ella. Podía ser terco y a veces sarcástico. También le gustaba rebelarse contra la vestimenta profesional y optaba en su lugar vestirse con pantalones de pana, camisas deportivas y tenis.

Un día, entró a la sala del tribunal mientras todavía tenía puestas sus gafas para el sol, con una apariencia como si se hubiera perdido en el camino a la playa. El juez hizo una observación acerca de su vestimenta informal y le dijo, de manera sutil, que debía mostrarle un poquito más de respeto al tribunal. Al final, Sherri resolvió su dilema con la ropa, colgándole dos sacos deportivos y diversas corbatas en la oficina. Cada vez que debía aparecer en el tribunal, su secretaria seleccionaba, con gentileza, una corbata que hiciera juego con una de las chaquetas que podía echarse encima al dirigirse a la puerta.

Como Dan ha procurado ser el hombre que Dios quiere que sea, se han suavizado muchos de sus «bordes ásperos». Dan sabe que lucha contra la fatiga, que muchas veces le falta motivación y que tiene una tendencia a recluirse. Cuando le daba lugar a los puntos débiles de su Personalidad, podía ser terco y egoísta. Ahora, sabe que para permanecer motivado y tener una energía óptima, necesita tener en cuenta ciertas cosas: hacer ejercicio con regularidad, tomar suplementos vitamínicos y ser constante en la oración y la lectura de la Palabra de Dios. Establece metas y realiza sus tareas, con la certeza de que al terminarlas puede mimarse con una siesta o una maratón de *La ley y el orden*, si eso es lo que quiere. Dan todavía necesita su tiempo tranquilo y es probable que siga prefiriendo llevar una vida como un ermitaño, pero reconoce que el compromiso es necesario para funcionar en un mundo (y en una casa) formado por todo tipo de Personalidades.

Sherri dice: «Como una Sanguínea Popular trivial, algunas veces, y casi siempre como una Colérica Poderosa autoritaria, he aprendido muchas lecciones valiosas de mi invaluable esposo Flemático Pacífico. Aunque les encanta a todos en las reuniones familiares por mis grandiosas historias y mi capacidad para hacer que todos se rían a cada momento, Dan siempre ha sido mi favorito. Mientras que soy una amiga grandiosa cuando las cosas marchan bien, él ofrece un hombro constante y confiable sobre el cual muchos familiares y amigos se han apoyado a lo largo de los años. ¡Qué bendición es vivir y trabajar con un Flemático Pacífico que ha aprendido a afirmar sus puntos fuertes!».

Amigos: De trato fácil y relajado

Un día, una de nuestras Instructoras Certificadas en Personalidad, Christy Largent, le hablaba a un grupo de plomeros. Cuando llegó a la parte del programa en la que describía lo relajados que son los Flemáticos Pacíficos (que su lema es: «Para qué estar parado cuando puedes estar sentado, y para qué estar sentado cuando puedes estar acostado») todos los plomeros comenzaron a reír y a señalar con el dedo a Timmy. «Timmy, Timmy, ¡ese eres tú! ¡Ese eres tú!», exclamaron. Timmy se encontraba recostado y relajado sobre su silla. Miró a su alrededor, sonrió con lentitud y arrastrando las palabras en un tono bajo, dijo: «Vaya, es verdad... He estado buscando la manera de tener una silla de ruedas que me lleve de un lado a otro».

Puntos débiles

Emociones: Indeciso y tiene una serena voluntad de hierro

Los Flemáticos Pacíficos no sienten la necesidad de tomar decisiones y, por lo general, están satisfechos con permitirles a los demás que les digan qué hacer. Sin embargo, una vez que toman una decisión, puedes estar seguro de que la han pensado bien y que es poco probable que cambien de opinión. Algunas veces, esta obstinada voluntad de hierro puede llevar a los otros a creer que son Coléricos Poderosos, pero a decir verdad los Flemáticos Pacíficos son los que tienen una verdadera voluntad de hierro.

Cassandra es una Colérica Poderosa casada con un Flemático Pacífico. Cuando eran recién casados, Cassandra intentó con todas sus fuerzas ser una buena esposa. Le ofrecía opciones a su esposo para que eligiera qué tomar con la cena. Le preguntaba: «¿Café, té o leche?». Su esposo levantaba la mirada con una sonrisa y decía: «Sí». Luego de varias noches, esto comenzó a volver loca a Cassandra. Así que a la noche siguiente, cuando le hizo la pregunta habitual y él respondió que sí a café, té o leche, les dio las tres cosas... en una taza. Todavía puede recordar la expresión en su cara cuando tomó un buen sorbo, esperando que fuera café. Luego de treinta años de matrimonio, ha aprendido a no darle muchas opciones. Algunas veces, hasta dos opciones es demasiado.

Aunque el Flemático Pacífico no se siente cómodo al tomar una decisión, cuando lo hace, no hay cambios. Lynette era una mujer que tuvo que afrontar muchos problemas en su vida. Durante años, observó de manera pasiva cómo la humillaba su esposo y quedaba como una tonta. En la ciudad, todos sabían que su esposo era un mujeriego (él no hacía nada por esconder sus relaciones extramatrimoniales) y también era un bebedor empedernido que a menudo perdía el conocimiento antes de irse a la cama. Algunas veces, la bebida le hacía hacer tonterías, como jugarle una carrera al tren para ver si podía cruzar las vías sin que lo llevara por delante, o como caminar largas distancias con un frío atroz sin otra ropa más que una chaqueta deportiva.

Parecía que, con el paso del tiempo, el comportamiento de su esposo era cada vez peor. El nacimiento de su hijo no cambió mucho las actividades de este hombre. Sin embargo, ahora que tenía un hijo, Lynnette se dio cuenta de que era muy probable que terminara criándolo sola; que el patrón de vida de su esposo, con el tiempo, lo mataría. Lo que es peor, se dio cuenta de que su esposo podría comenzar a lastimar a su hijo, así como la había lastimado a ella.

Motivada por el deseo de proteger a su hijo, Lynette comenzó a pasar cursos en la universidad local. Allí, en el campus universitario, sintió una profunda sensación de paz que no había experimentado en años. Se dio cuenta de cuánto tiempo había pasado desde la última vez que tuviera esa sensación de calma y lo alocada que se había vuelto la vida en su hogar.

Una noche, después de las clases, fue a su hogar y encontró a su esposo en la cama con la esposa de su jefe. Eso fue la gota que colmó el vaso. Lynette empacó las cosas, tomó a su hijo y se fue. No tenía planes de divorciarse y no tenía idea de qué hacer. Sin embargo, una vez que estuvo fuera de aquel entorno, supo que nunca regresaría. Aunque su esposo le rogó y suplicó, y le prometió que cambiaría, Lynnette se mantuvo firme. Por fin había tomado una decisión y no tenía intenciones de volver atrás. Aún no lo ha hecho.

El hijo de Lynette ahora es adulto. Al mirar atrás, se da cuenta de que antes de dejar a su esposo, nunca había hecho valer sus derechos. No es de sorprender que todos los que la conocían pensaran que se echaría atrás. No obstante, como dice la vieja canción del oeste, le llevó mucho tiempo partir, y hace mucho tiempo que se ha ido. Como Flemática Pacífica, a Lynette la mangonearon durante largo tiempo. Cuando al fin la pusieron contra la pared, su voluntad de hierro se dio a conocer al mundo.

Trabajo: Sin metas específicas

Kim tenía un trabajo que podía realizar desde su casa. Su esposo trabajaba en ventas, y aunque viajaba bastante, también tenía una oficina en la casa. Los dos perseguían metas claras y eran bien disciplinados en cuanto a sentarse en sus escritorios y mantenerse concentrados. Brandon, su hijo de nueve años, siempre sabía que no debía molestarlos mientras trabajaban. Creció de esta manera y no conocía ninguna otra forma de vivir.

Cuando el padre de Kim se jubiló, decidió junto con su esposa construir una casa en la misma zona donde vivía Kim. Mientras se construía la casa, los padres se mudaron a la habitación de huéspedes de Kim. Todos los días, se levantaban a la hora que querían y parecía que no tenían ningún programa establecido. Brandon observaba esto con fascinación y al final preguntó: «Abuelo, ¿a qué te dedicas?». Su abuelo le respondió: «Estoy jubilado. No me dedico a nada». Esto hizo que Brandon se diera cuenta. Como Flemáticos Pacíficos, sus padres siempre tuvieron problemas para motivarlo. Sin embargo, ahora Brandon tenía una meta: ¡jubilarse!

DE UNA TARJETA ENCONTRADA EN UNA TIENDA DE ARTÍCULOS PARA REGALOS DE MASSACHUSSETS

«Su silla siempre estaba un poco endeble, pero él decidió que aceptar las cosas con sus peculiaridades era algo que se podía disfrutar mucho más que tratar de arreglarlas».

Amigos: **Se mantiene al margen y es indiferente a los planes**

Michael, un Flemático Pacífico, me contó varios aspectos profundos que me ayudaron a comprender la aparente desconexión que tiene este tipo de Personalidad en las situaciones grupales. Me explicó:

> Para mí es fácil evadir situaciones en las que no me siento cómodo. Aunque todos los detalles y opciones disponibles pueden desorientarme, me siento cómodo con la idea de tener muchas opciones. Me asombra que los Coléricos Poderosos solo parecen ver una sola manera de hacer las cosas. Tal parece que nunca se les cruza por la mente que pueden existir más opciones. Cuando me encuentro en un grupo y el Colérico Poderoso descarta una nueva idea porque no está de acuerdo con la manera en que quiere que se haga algo (obviando que puede haber alguna otra forma), me vuelvo cínico y ya no trato de invertir en el proceso. No comento mis ideas ni mis puntos de vista, sino que me los guardo. Solo soporto el proceso y salgo lo antes posible.

Los que no tenemos este tipo de Personalidad podemos ver a los Flemáticos Pacíficos como personas que no participan o que son indiferentes a los planes. Sin embargo, lo cierto es que si no sienten que se oyen sus ideas, no verán la razón para expresarlas.

Cuando los puntos fuertes se llevan a un extremo, se convierten en puntos débiles

Es de esperar que esta rápida perspectiva general de los diversos puntos fuertes y débiles de cada Personalidad te hayan ayudado a confirmar la evaluación de tu propia Personalidad y de la de esas personas con las que te relacionas con regularidad. Podría llenar todas las páginas de este libro con más historias entretenidas y esclarecedoras, pero estos pocos ejemplos deberían ayudarte a profundizar la comprensión básica que tienes.

Al considerar tu propia Personalidad y procurar crecer, debes comprender que cualquier punto fuerte se puede llevar a un extremo. Considera con cuidado si esto quizá suceda en tu vida. Lo que puedes ver como un punto fuerte, otros que te rodean lo pueden ver como un punto débil. Conozco a un hombre que trabaja en el negocio de la red de mercadotecnia. Puede tener mucho encanto y se desempeña bien en esta clase de negocio. Es muy bueno sobre el escenario y puede hacer que la gente se anote en su programa. Con los pocos datos aislados que he contado acerca de este hombre, es probable que puedas adivinar que es un Sanguíneo Popular. Tiene una personalidad magnética, sabe contar historias de manera entretenida y es el corazón de la fiesta.

Para alguien como él, sería fácil mirar el cuadro de los rasgos de la Personalidad y palmearse en la espalda mientras piensa: *Fíjate en la persona tan grandiosa que soy; tengo todos estos rasgos increíbles.* Sin embargo, a menudo estos mismos puntos fuertes le traen problemas. Confía en su encanto e ingenio y, por consiguiente, cuando tiene que hacer planificaciones, deja mucho que desear. Es más, ha tenido tantos problemas financieros en su vida, que uno de sus hijos adultos ha tenido que encargarse de su contabilidad y le ha tenido que proporcionar una asignación. Y aunque es un narrador de historias que sabe entretener, si te encuentras en un grupo pequeño o en una conversación a solas, a eso no se le puede llamar conversación, porque habla sin parar.

El cuadro de los «Puntos fuertes en acción», que se encuentra más adelante, te ayudará a crear una imagen mental de cómo se ve cada tipo de Personalidad cuando la gente pone en acción sus puntos débiles (sin refinar) a diferencia de cuando ponen en acción sus puntos fuertes (refinados). Utiliza este cuadro para que te ayude a examinar tu vida. Si tienes los puntos fuertes que se indican, pregúntale a las personas en las que puedes confiar si debes vigilar los extremos que van a la par. En lugar de sentirte criticado por los puntos débiles, esfuérzate por convertirlos en los puntos fuertes opuestos.

El Sanguíneo Popular que trabaja en el negocio de la mercadotecnia del cual hablé, ha hecho justo esto. Ahora es consciente de sus conductas ofensivas. Al aprender acerca de estas reflexiones más profundas, se ha esforzado por retroceder de los extremos y equilibrar sus rasgos.

Yo he tenido que hacer lo mismo. Como Sanguínea Popular, tengo por naturaleza una voz fuerte, lo cual me viene muy bien al ser oradora profesional, pero no me viene tan bien en los ambientes sociales, porque con facilidad puedo pasar a ser estridente y detestable. Chuck me ha ayudado a ser consciente de este hecho, al señalarme a personas en ambientes sociales que se «comportan mal» y al mostrarme cuánto puedo parecerme a ellas. Una vez que veo el defecto y lo ofensivo que puede ser, quiero corregirlo. Ahora bien, cuando mi conducta se dirige a un extremo, Chuck me da un golpecito en el hombro y luego usa la mano para hacer un gesto sutil, como si diera vuelta a un dial, para indicarme que debo «bajar el

Puntos fuertes en acción

SANGUÍNEO POPULAR		COLÉRICO PODEROSO	
PUNTOS DÉBILES EN ACCIÓN	**PUNTOS FUERTES EN ACCIÓN**	**PUNTOS DÉBILES EN ACCIÓN**	**PUNTOS FUERTES EN ACCIÓN**
Voz fuerte	Energético	Provocativo	Productivo
Frívolo	Afectuoso	Sabelotodo	Visionario
Impulsivo	Entusiasta	Enojadizo	Múltiples tareas
Monopoliza la conversación	Accesible	Mandón	Receptivo
Erótico	Atractivo	Beligerante	Líder
Poco confiable	Animador	Intocable	Organiza personas y recursos
Demasiado dramático		Polémico	Resuelto / enfocado
Egoísta		Usurpa autoridad	Motiva a otros
Superficial		Ofensivo	Constructivo
Irresponsable		Controlador	
Se distrae con facilidad		Intolerante	
«Todo gira en torno a mí»		Manipulador	

FLEMÁTICO PACÍFICO		MELANCÓLICO PERFECTO	
PUNTOS DÉBILES EN ACCIÓN	**PUNTOS FUERTES EN ACCIÓN**	**PUNTOS DÉBILES EN ACCIÓN**	**PUNTOS FUERTES EN ACCIÓN**
Apagado	Leal	Vacilante	Comprensivo
Aburrido	Fiel	Temeroso	Conciso
Indeciso	Ocurrente	Tenso	Analítico
Sin carácter	Responsable	Frágil	Organizado
Perezoso	Confiable	Hermitaño	Compasivo
Soso	Coherente	Temperamental	Sabe escuchar
Sarcástico	Servicial	Hipocondríaco	Confiable / cumplidor
Terco	Paciente	Vulnerable en lo emocional	
Agresivo-pasivo	Calmado	Farisaico / distante	
Sin iniciativa		Crítico	
		Obsesivo	

tono». Como soy consciente de esta debilidad potencial en mi Personalidad, no me molesta su comportamiento; en cambio, agradezco que me ayude. Ahora uso mi voz fuerte como una ventaja profesional, pero bajo el volumen en ambientes en los que no es apropiada.

Al ser consciente de la tendencia que tengo a hablar en voz alta, he aprendido a determinar si mi voz alta será bien recibida o si hará que los demás dejen de escuchar y causará una respuesta negativa. De la misma manera, cuando aprendes a retroceder de los extremos y a controlar los diversos grados de tus aspectos positivos, vas más allá de tener una simple etiqueta que diga cuál es tu Personalidad y te diriges hacia la meta de poner tus puntos fuertes en acción.

Puntos fuertes en acción

Al enseñar este material, a menudo descubro que la gente se confunde en cuanto a que una persona con una Personalidad específica puede parecer muy diferente a otra que parece tener la misma Personalidad básica. Por supuesto, cada persona es única y, como veremos en el capítulo 4, la Personalidad secundaria y el por ciento que tiene en la combinación jugarán un papel muy importante en la manera en que se presenta la Personalidad de alguien. Sin embargo, otro aspecto importante en las diferentes manifestaciones de la misma Personalidad es si la persona pone en acción sus puntos fuertes o se revuelca en sus puntos débiles.

Si una persona creció en un hogar en el que la disciplinaron y le enseñaron a diferenciar el bien del mal, es probable que se hayan refrenado sus conductas ofensivas. No obstante, si una persona crece en un hogar en el que se le ha permitido hacer lo que quiere, nunca se limaron las aristas filosas. Cuando era niña, vivía fuera de control, y como adulta, pone en acción sus puntos débiles.

Si conoces a personas de cierta Personalidad que ponen en acción sus puntos débiles, pueden darte una mala impresión de cualquiera que tenga esa misma Personalidad. Eso es lo que descubrió Diana. Hace poco, asistió a uno de nuestros seminarios de CLASS. Me detuve junto a su grupo e hice un comentario acerca del líder de su grupo, Craig. A todos les encanta Craig, y el grupo me decía lo grandioso que era.

Debido a sus experiencias negativas en el pasado, Diana comentó que le sorprendía que Craig fuera un Flemático Pacífico. Le expliqué que la diferencia era que Craig era un Flemático Pacífico que ponía en acción sus puntos fuertes y no se revolcaba en sus puntos débiles. Luego del seminario, Diana me envió esta nota referida al comentario que hice al pasar: «Mi experiencia negativa con personas Flemáticas Pacíficas me ha dado una visión negativa de todos los Flemáticos. Dios usó tu comentario pasajero para transformar mi forma de pensar y, sin lugar a dudas, estoy dispuesta a usar toda la ayuda que pueda obtener».

Ahora que tienes una buena idea de cómo es tu Personalidad, incluyendo los puntos fuertes y los débiles, puedes usar lo que sabes como parte de tu Plan de Personalidad para que te ayude a ir desde donde estás hasta donde quieres llegar. Al comenzar a comprender tu Personalidad y las Personalidades de otros, puedes usar lo que sabes para retroceder de los extremos, para poner en acción tus puntos fuertes y para otorgarle gracia a los demás.

CAPÍTULO 4

COMBINACIONES
DE PERSONALIDADES

Aunque algunas personas temen que tales conceptos como el de las Personalidades los encasillen, la verdad es en realidad solo lo opuesto. Todos comenzamos con una de las cuatro Personalidades básicas, pero dentro de cada uno de nosotros hay una mezcla única de estos rasgos, lo cual permite un amplio espectro de individualidades. Así como todos los colores surgen a partir de unos pocos primarios: rojo, amarillo y azul, la variedad de hombres, mujeres y niños con los que interactuamos día tras día tienen Personalidades que surgen a partir de unas pocas primarias: Sanguínea Popular, Colérica Poderosa, Melancólica Perfecta y Flemática Pacífica. Dentro de estos primarios, existe una rueda de colores llena de distintos individuos y de tipos de Personalidad.

Si miramos estos distintos componentes como gotas de color, encontramos en la rueda de color de la Personalidad nuestro color primario básico y luego descubrimos los otros colores que se mezclan dentro de nuestra Personalidad: los rasgos secundarios de la misma. Piénsalo de esta manera: Sabemos que cuando se mezcla el rojo con el azul se forma el color violeta, mientras que cuando mezclamos el rojo con el amarillo se forma el anaranjado. Los colores violeta y anaranjado comparten el mismo color de base, el rojo, pero no se parecen en nada. Lo mismo sucede con nuestras personalidades: Yo tengo una mezcla de Colérica Poderosa y de Sanguínea Popular, mientras que una amiga tiene una mezcla de Colérica Poderosa y de Melancólica Perfecta. Mi amiga y yo tenemos en común el mismo «color» básico, pero tenemos personalidades muy diferentes.

Si a la mezcla le añadimos un poquito de naturaleza y crianza, cambiaremos el tono de nuestro color. Piensa en la crianza como la añadidura de una pizca de blanco a la mezcla, y en la naturaleza como la añadidura de una pizca de negro. Pronto lograremos ver cómo cambia la intensidad. La naturaleza y la crianza representan un papel importante en la formación de nuestra Personalidad.

Comprendamos las personalidades secundarias

Como dijimos en el capítulo 1, casi todos tenemos una Personalidad primaria y una pizca de rasgos de cualesquiera de los otros tipos de Personalidad. En mi caso, estoy cerca de ser un cincuenta por ciento Sanguínea Popular y un cincuenta por ciento Colérica Poderosa. La tarea que desempeño determina cuál de estas facetas verás. Cuando dirijo una actividad, verás mi lado Colérico Poderoso. Cuando no estoy al frente de algo, o cuando estoy con mis amigos, verás mi faceta Sanguínea Popular. Como mi mezcla de Personalidades es bastante pareja, puedo pasar con facilidad de la una a la otra. Cuando tengo la posibilidad, prefiero no tener la responsabilidad de estar al frente y de solo lograr ser una participante (siempre y cuando los que lideran sean competentes). Sin embargo, debido a lo que me ha tocado en la vida, con frecuencia estoy a cargo de actividades y actos.

La Personalidad primaria de mi esposo es de Melancólico Perfecto tan fuerte, que pasaron unos cuantos años de matrimonio antes de que pudiera descubrir cuál era su Personalidad secundaria. Muchos de mis amigos pensaban que podía ser un Melancólico Perfecto con mezcla de Flemático Pacífico porque siempre está en el fondo cuando lo ven en las actividades que dirijo. No obstante, al fin un día descubrí que no era así, mientras visitaba a mi amiga Bonnie. Chuck y yo tenemos muchas similitudes con Bonnie y su esposo, Jack. La Personalidad de Bonnie es bastante parecida a la mía (aunque tiene una pizca más de Sanguínea Popular) y en Jack, al igual que en Chuck, predomina el Melancólico Perfecto (aunque su Personalidad secundaria es, a las claras, Flemático Pacífico).

Al comienzo de cada día de nuestra estadía, Bonnie le decía a Jack que ella y yo nos íbamos a pasear. Él le preguntaba cuándo pensábamos regresar, y Bonnie le daba alguna respuesta vaga como «dentro de tres horas». Cinco horas después, regresábamos con bolsas y bolsas de compras. Sin embargo, Jack nunca respondía con comentarios tales como: «¿Dónde han estado?» ni «Hace dos horas que las estoy esperando», ni «¿Por qué compraron tantas cosas?». No lo estresaba de ninguna manera que llegáramos más tarde de lo que dijimos. Me quedé en su casa durante tres días, y al final de mi estancia, me di cuenta de que ni una sola vez me metí en problemas.

En mi casa, siempre estoy en problemas. Siempre hay algo que hago mal y siempre tengo que disculparme por lo que hice. A Chuck no le importa si me tomo más tiempo del que digo, pero prefiere que lo llame por teléfono con antelación a fin de comentarle cualquier cambio de planes. Los días que pasé con Bonnie y Jack hicieron que me diera cuenta de que la Personalidad secundaria de Chuck no es, de ninguna manera, Flemático Pacífico, porque si lo fuera (como Jack) no le importaría a qué hora llego a casa. En cambio, la Personalidad secundaria de Chuck se definiría mejor como Colérico Poderoso.

Ahora bien, no te formes una impresión equivocada de Chuck: no me grita, no me golpea, ni me arroja cosas. No es que Chuck no apruebe mi conducta como una forma abierta de castigo; solo tengo la ligera sensación de que lo he desilusionado una vez más o que estoy equivocada. Como la aprobación es tan importante para el Sanguíneo Popular, este es un medio eficaz para alentarnos a hacer las cosas bien la próxima vez.

Un perfecto ejemplo de esto sucedió mientras escribía este capítulo. La hermana de Chuck venía de visita a Alburquerque. Antes de partir para el trabajo, conversamos para ponernos de acuerdo en cuanto a si debía quitarle tiempo a mi escritura para acompañarlo a buscarla. Chuck dijo que para ella sería muy importante, así que, debido a ese comentario, tomé la decisión de tomarme la tarde libre.

Estaba previsto que el avión de la hermana de Chuck llegara a la una y cuarenta y cinco de la tarde. Vivimos a treinta y cinco minutos del aeropuerto (si no hay tránsito) y la oficina de Chuck queda de paso, así que imaginé que si a la una estaba en la carretera, llegaría sin problemas. Llamé a Chuck poco antes de la una para decirle que estaba en camino. No le dije que necesitaba gasolina ni que tenía la intención de detenerme en la cafetería Starbucks que está frente a la gasolinera. A los cinco minutos de salir de casa, me di cuenta de que había olvidado algo importante, así que di la vuelta y regresé.

Con la idea de que todavía tenía tiempo de sobra, volví a casa, abrí la puerta, entré, apagué el sistema de seguridad, tomé lo que necesitaba, volví a programar la alarma, cerré la puerta y salí de nuevo. Por supuesto, pasé por alto poner al tanto a Chuck... y ahora se me había hecho tarde. Así que tomé la precaución de que mi detector de radares estuviera encendido y salí zumbando por la autopista. No eché gasolina (después de todo, podíamos ir en el auto de Chuck) ni me detuve en Starbucks (al fin y al cabo, podía tomarme un moca en el aeropuerto).

Llegué a la oficina de Chuck dentro de una hora razonable, pero descubrí que hablaba por teléfono. Entonces fui a la gasolinera y, cuando regresé, estaba listo. No tenía problemas, pero sabía que había llegado tarde. Si Chuck no hubiera estado hablando por teléfono cuando llegué, si hubiera estado parado esperándome, hubiera dicho algo así: «Ves, por esto pensé que debíamos vernos en el aeropuerto». Entonces, me hubiera metido en problemas.

¿Te diste cuenta de que en la historia que acabo de contar algo no salió bien? A la mañana siguiente, antes de dirigirse a la puerta para ir a trabajar, Chuck mencionó que había olvidado cerrar con llave la puerta el día anterior. Él y su hermana llegaron antes que yo a casa y se encontraron que había olvidado cerrar con llave la puerta. Tenía tanto apuro por regresar a la carretera para no llegar tarde, y para no meterme en problemas, que olvidé cerrar con llave la puerta. Así que me metí en problemas de todas maneras. *¡Huy!*

Cuando hablo acerca de este tema y menciono la idea de «meterse en problemas», las Sanguíneas Populares casadas con Coléricos Poderosos y Melancólicos Perfectos, siempre se sienten identificadas. Si la Personalidad secundaria de Chuck fuera Flemática Pacífica, no le importaría demasiado, y yo no estaría tan a menudo en problemas. Sin embargo, como entiendo la personalidad original de Chuck, sé que para él es importante mantener las cosas cerradas. Como lo sé, me doy cuenta que este asunto de cerrar es algo que puedo hacer para mostrarle que lo amo. La comprensión de las complejidades que le da esta Personalidad secundaria, la de Colérico Poderoso, me ayuda en mi relación con él.

Nichole me envió esta nota acerca de la importancia de comprender la Personalidad secundaria que tenemos:

Soy muy Colérica Poderosa (NNT), pero alguien cuya opinión respeto, me dijo que mi Personalidad secundaria era Sanguínea Popular. Una y otra vez, esta persona me dijo que era Sanguínea

Popular y que necesitaba aceptar esas características. Así que me agotaba tratando de encajar dentro del marco de esa Personalidad. Ahora me doy cuenta de que aunque tengo una pizca de rasgos de Sanguínea Popular, en realidad soy una Melancólica Perfecta. En cuanto me mudé para vivir sola, ¡pude permitir de verdad que aflorara mi Personalidad! Y he sentido una inmensa libertad al no tratar de ser alguien que no soy.

Si captas este nivel más profundo de comprensión, te ayudará en tus interacciones personales y en tu crecimiento personal. Es importante que comprendas estos conceptos y que reconozcas cuál es tu verdadera Personalidad secundaria.

Combinaciones naturales

Ciertas combinaciones de Personalidades van juntas con más naturalidad que otras. El cuadro de las «Necesidades emocionales» que está más adelante, ilustra algunos de los rasgos comunes entre las diversas combinaciones que hacen que vayan juntas en forma natural.

Sanguíneo Popular-Colérico Poderoso

Mencioné que tengo partes casi iguales de Sanguínea Popular y de Colérica Poderosa. Esta es una combinación común de Personalidades, ya que tanto la Sanguínea Popular como la Colérica Poderosa comparten rasgos complementarios que hacen que sean una mezcla lógica. Las dos son extravertidas, optimistas y a las dos las energiza la gente. La combinación de estos rasgos hace que tanto el Sanguíneo Popular como el Colérico Poderoso sean líderes naturales. Se sienten cómodos al estar en el frente (y a menudo se sienten incómodos al estar atascados detrás de escena) y la gente tiende a querer seguirlos de manera natural.

Aunque tener habilidades de líder es algo positivo, los que tenemos esta combinación de Personalidades en particular debemos tener cuidado de no sofocar a los que nos rodean. Si este libro estuviera impreso a color, usaría el color amarillo para representar al Sanguíneo Popular y el rojo para representar al Colérico Poderoso. Tanto el rojo como el amarillo son colores «cálidos» y, de la misma manera, tanto el Sanguíneo Popular como el Colérico Poderoso son calientes (y, al igual que el aire caliente, ¡se encuentran en lo alto del cuadro!). Una persona con esta combinación

Necesidades emocionales

SANGUÍNEO POPULAR	COLÉRICO PODEROSO
Atención	Lealtad
Afecto	Sensación de control
Aprobación	Reconocimiento por un buen trabajo
Aceptación	Logro

FLEMÁTICO PACÍFICO	MELANCÓLICO PERFECTO
Paz y quietud	Sensibilidad
Sensación de valor propio	Apoyo
Falta de estrés	Espacio
Respeto	Silencio

de rasgos es optimista y energética, al mezclar la naturaleza atractiva y amante de la diversión del Sanguíneo Popular con el dinamismo del aspecto Colérico Poderoso. Los tonos secundarios del Sanguíneo Popular bajan la intensidad del Colérico Poderoso.

Muchas veces, la gente se refiere a los que somos Coléricos Poderosos-Sanguíneos Populares como los conejitos de las pilas *Energizer*. Seguimos y seguimos. Estas son cualidades grandiosas, pero si funcionamos de acuerdo a nuestra debilidad, o incluso si solo nos relacionamos con los que tienen Personalidades diferentes, debemos tener cuidado de no excedernos y estar demasiado alto en la cima. Somos la mezcla superpotente de Personalidades de la cual dicen otros: «Con solo verte, me siento agotado». Es verdad que agotamos a los demás y también muchas veces nos preguntarán si tenemos el TDAH (trastorno por déficit de atención con hiperactividad), ya que toda esta energía hace que nos resulte difícil quedarnos quietos.

Nota aclaratoria: Cuando presento este material, descubro que a menudo las personas se confunden en cuanto a la idea de que «la gente nos da energía». La gente cuyos comportamientos se presentan de seguro en las esferas del Sanguíneo Popular-Colérico Poderoso, se me acercan y dicen: «No creo que tenga esa mezcla de Personalidad porque aunque me gusta la gente, también me gusta estar solo». Lo que quiere decir que «la gente te da energía» es que, mientras haya gente y actividades alrededor, tenemos energía. Cuando se detiene la acción, lo mismo sucede con nuestro nivel de energía. Chuck dice que tengo dos velocidades: encendida y apagada. Esto no significa que no me guste estar sola; después de todo un día de estar enseñando en un seminario, no hay nada que me guste tanto como disfrutar de un baño caliente. A pesar de eso, si hay alguna otra actividad a continuación, no quiero perdérmela.

Esto lo vi una noche personificado en Kathryn, que (como mi amiga Melancólica Perfecta Georgia) se encuentra en nuestro equipo de enseñanza. Estuvimos trabajado duro todo el día, interactuando con mucha gente, y todas estábamos cansadas. Luego de la sesión de la noche, Georgia estaba lista para irse a la cama. Por otra parte, Kathryn no se pudo resistir cuando un grupo de los asistentes anunciaron que irían a algún lugar a comer pastel y tomar café. Dio un salto ante la posibilidad de formar parte del grupo... ¡y de tener otra audiencia!

Además de los porcentajes evidentes del Perfil de la Personalidad, es fácil determinar si una persona es más Sanguínea Popular o más Colérica Poderosa fijándose si se inclina más a la gente y a las relaciones o al trabajo y a las obligaciones. Si está más orientada al trabajo y a las obligaciones, se dice que esa persona es Colérica Poderosa-Sanguínea Popular, en lugar de ser al revés.

Melancólico Perfecto-Flemático Pacífico

Esta es otra combinación lógica que se encuentra muchas veces en la gente. Tanto los Melancólicos Perfectos como los Flemáticos Pacíficos tienden a ser introvertidos, pesimistas (o «realistas», como le gusta decir a Chuck) y la soledad les da energía. En los dos casos, prefieren estar entre bastidores. Son esos a los que les gusta analizar lo que sucede en la vida. Debido a esto, tienden a ser más profundos que la mayoría de las otras Personalidades.

En la rueda de color, estas Personalidades las representarían los colores fríos: el azul para los Melancólicos Perfectos y el verde para los Flemáticos Pacíficos, ya que son profundos y calmados, como el lago de una montaña. Su naturaleza más fresca, hace que casi siempre sea más fácil estar a su lado, ya que son apacibles y menos exigentes.

Una persona con esta combinación es agradable y lleva a cabo lo que sea necesario. El Flemático Pacífico atenúa la naturaleza quisquillosa del Melancólico Perfecto, y la concentración del Melancólico Perfecto en las tareas mantiene en movimiento al Flemático Pacífico.

Cuando Craig, una combinación de Flemático Pacífico con Melancólico Perfecto, vino a trabajar en CLASS, solo pensaba estar un año. Cuando se fue, había estado con nosotros durante siete años. Craig dirigía nuestro departamento de servicio de oradores. Era una persona agradable y sin complicaciones. Los clientes que llamaban a nuestra oficina en busca de oradores, siempre elogiaban a Craig, ya que era muy agradable trabajar con él. En la oficina, se amoldaba y parecía no importarle la atmósfera femenina que predominaba. Si era necesario hacer algo que estuviera fuera del ámbito de su trabajo, o que hasta le resultara una distracción, Craig se lanzaba con alegría y lo hacía. De todas formas, al final de cada día, Craig limpiaba su escritorio y dejaba todo impecable y ordenado. La Personalidad primaria Flemática Pacífica de Craig hacía que fuera un placer estar a su lado, en tanto que la secundaria Melancólica Perfecta lo hacía eficiente y productivo en su trabajo.

Así como el Sanguíneo Popular-Colérico Poderoso debe tener cuidado de no abrumar a la gente al vivir en sus extremos, el Melancólico Perfecto-Flemático Pacífico también debe tener precaución. Como los que tienen esta combinación de Personalidades se encuentran dentro del campo de la gente mesurada, deben tener cuidado de no ser demasiado apacibles como para deslizarse hacia el clásico modo del teleadicto, que nunca se levanta y que no hace nada. Cuando el Melancólico Perfecto-Flemático Pacífico pone en acción sus puntos fuertes, puede lograr mucho sin ofender a nadie.

Colérico Poderoso-Melancólico Perfecto

A los que tienen la combinación de Coléricos Poderosos-Melancólicos Perfectos me gusta llamarlos la gente favorita de todos los Estados Unidos. El común denominador para la gente con esta combinación es su concentración en el trabajo o en las obligaciones. Son decididos, organizados y con metas específicas. Cuando alguien tiene tanto su Personalidad primaria como secundaria en este lado del cuadro basado en la producción, es la abeja obrera de la vida. Si quieres que algo se realice, lo hará la persona con esta combinación de Personalidades.

Mi hermana es así. Después que crió a sus hijos y que comenzó a trabajar conmigo en los seminarios de CLASS, me hizo mucho más fácil la vida. No le costó encargarse de la organización y no se ofendía con facilidad si alguien no estaba contento con su dirección. Al tenerla en el equipo, había muchas cosas por las que ya no tenía que preocuparme. Ahora, si alguien viene a mí con un problema, solo le digo: «No te preocupes, Lauren lo arreglará». Puedo vivir feliz como Sanguínea Popular cuando Lauren está cerca, porque puedo confiar en que se encargará de que se haga el trabajo (Colérica Poderosa) y que se haga bien (Melancólica Perfecta).

Como tanto la Personalidad primaria como la secundaria de esta persona tienen en común el factor de la producción, deberá cuidarse de que el trabajo no se vuelva tan importante como para que la gente quede aplastada durante el proceso en que se trata de alcanzar la meta. Jean, una combinación de Colérica Poderosa-Melancólica Perfecta, lo afirma. Me dijo: «Siempre tengo que decirme: "La gente es más importante que los papeles de trabajo y las metas"». Aun con su tendencia total a las metas específicas, el Colérico Poderoso-Melancólico Perfecto debe recordar que el resto de la gente y su cooperación son esenciales para alcanzar las metas. Por lo tanto, si eres Colérico Poderoso-Melancólico Perfecto, debes ser consciente de que no necesitas controlarlo todo ni arreglarlo todo. No olvides darle lugar a la gracia y de aplicarla con liberalidad a las cosas que no son como te gustaría que fueran.

Nota aclaratoria: Debido a que el Colérico Poderoso y el Melancólico Perfecto son organizados, a menudo las personas se confunden en cuanto a cuál es su Personalidad. Es importante recordar que ambas Personalidades son organizadas. Sin embargo, la diferencia se encuentra en cómo y por qué se organizan. Los Coléricos Poderosos organizan las cosas de manera rápida en sus cabezas para ayudar en la producción; creen que las cosas andan mejor y que pueden hacer sus tareas con mayor rapidez si se organiza todo. Mi hermana, que es más Colérica Poderosa que Melancólica Perfecta, se encuentra con una situación, la analiza enseguida y luego sabe de inmediato lo que se debe hacer para resolver el problema. Por otra parte, los Melancólicos Perfectos organizan para tener paz interior. Duermen mejor si saben que las medias miran todas para el mismo lado en el cajón o, en el caso de mi hogar, si todas las motocicletas miran hacia el mismo lado: las de la fila del frente inclinadas hacia la izquierda y las de la fila de atrás hacia la derecha (Chuck colecciona motocicletas antiguas). Los Melancólicos Perfectos también necesitan más tiempo para analizar las cosas y tienden a organizar en papel.

Para determinar si una persona con esta combinación de Colérico Poderoso y Melancólico Perfecto es más de una Personalidad que de la otra, observa si es más extravertida o más introvertida. Si le gusta ser líder y ser el centro de la atención, es probable que la Personalidad predominante sea la de Colérico Poderoso. Si esta persona prefiere permanecer en el fondo, es probable que la Personalidad predominante sea la de Melancólico Perfecto.

Flemático Pacífico-Sanguíneo Popular

Mientras que la combinación de Colérico Poderoso-Melancólico Perfecto genera a la persona favorita de los Estados Unidos, el Flemático Pacífico-Sanguíneo Popular es el favorito de todo el mundo. La gente con esta combinación de Personalidades tiene la naturaleza agradable del Flemático Pacífico y la energía y el entusiasmo del Sanguíneo Popular. Como tienen en común los elementos «jugar» y «gente», a menudo son ocurrentes y divertidos, y casi nunca se quieren imponer.

La gente con esta combinación no tiene metas específicas. Lo más probable es que nunca sean gerentes generales de una gran empresa, pero no les importa. Es más, no pueden comprender por qué a alguien le puede gustar tener tanto estrés. Como les quieren en el ámbito universal, los demás desean ayudarlos. A decir verdad, los que tienen esta combinación casi siempre superan en la vida los éxitos de los Coléricos Poderosos-Melancólicos Perfectos, porque la gente quiere abrirles las puertas.

Wendy es una Flemática Pacífica-Sanguínea Popular. Es muy difícil que se disguste. Todos la aman y es tan divertido estar con ella que la invitan a todas las fiestas. La gente siempre le trae regalos (parece que quieren inundarla de regalos «porque sí»). Cuando estás en su presencia, te sientes aceptado por completo y libre para ser tú mismo. Wendy también se siente cómoda consigo misma, lo suficiente como para reírse de sí misma. La parte que tiene de Sanguínea Popular la hace divertida, mientras que el lado Flemático Pacífico le lleva a todos una sensación de calma. ¡Wendy va por la vida con calma y se divierte más que cualquier otro!

Una vez más, sabrás si una persona es más Flemática Pacífica o más Sanguínea Popular según sea más extravertida o más introvertida. A Wendy se le describiría como Sanguínea Popular-Flemática Pacífica, ya que claramente es más extravertida.

Aunque parece que la gente con esta combinación de rasgos es maravillosa, también tiene razones para tener precaución. Como tienden a concentrarse en la gente y en el juego, los Flemáticos Pacíficos-Sanguíneos Populares casi siempre dejan inconclusos los proyectos. Su parte Sanguínea Popular comienza proyectos con gran entusiasmo, pero entonces la parte Flemática Pacífica puede hacerse ver al dejar de lado el proyecto con facilidad y no volver a tocarlo nunca más.

Cuando hablo y enseño acerca de este concepto, digo: «Esta es la persona favorita de todos... a menos que sea tu yerno. Si tu princesita se casó con un hombre que, según tu parecer, carece de motivación y por eso no gana lo suficiente como para cuidar de tu hija, no será tu persona favorita». La sociedad perdona más a las mujeres con este patrón de Personalidad que a los hombres. Sea cual sea el sexo, los que tienen la combinación Flemático Pacífico-Sanguíneo Popular deben tener cuidado de esforzarse en el aspecto de la motivación y el logro, no sea que lleguen a la edad madura y se den cuenta de que nunca lograron nada en sus vidas.

El siguiente cuadro «Combinaciones naturales» muestra algunas de las características de las combinaciones naturales de Personalidades de las que ya hablamos. Fíjate que con cada combinación de Personalidades, la combinación opuesta en el cuadro tendrá advertencias opuestas por completo. Por ejemplo, los Sanguíneos Populares-Coléricos Poderosos deben bajar el tono y la velocidad (no sea que se vuelvan estridentes y dominantes), en tanto que los Melancólicos Perfectos-Flemáticos Pacíficos deben tener cuidado de no ser demasiado inactivos. De manera similar, los Coléricos Poderosos-Melancólicos Perfectos deben tener cuidado de no pasar por encima de la gente para lograr un proyecto, ¡mientras que los Flemáticos Pacíficos-Sanguíneos Populares deben esforzarse por trabajar!

Combinaciones opuestas

Cada una de las combinaciones de las que hablamos en la primera mitad de este capítulo poseen elementos comunes que las hacen funcionar bien cuando van juntas. A continuación, veremos combinaciones que son opuestas la una de la otra en el cuadro. Al estudiar estas combinaciones opuestas, será importante recordar que ninguna de ellas es una combinación *natural*. En cambio, se producen como resultado del *aprendizaje* de ciertas conductas que hace la gente y que les permite funcionar en su entorno.

Algunas veces, luego de leer un libro, de escuchar a un orador o de hacerse el Perfil de la Personalidad, la gente cree que es una combinación

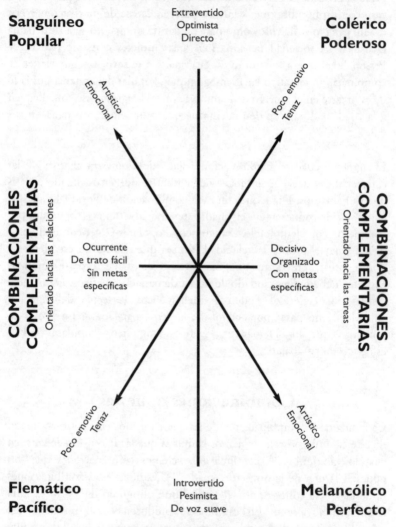

COMBINACIONES NATURALES

Sanguíneo Popular

Extravertido
Optimista
Directo

Colérico Poderoso

Artístico
Emocional

Poco emotivo
Tenaz

COMBINACIONES COMPLEMENTARIAS

Orientado hacia las relaciones

COMBINACIONES COMPLEMENTARIAS

Orientado hacia las tareas

Ocurrente
De trato fácil
Sin metas
específicas

Decisivo
Organizado
Con metas
específicas

Poco emotivo
Tenaz

Artístico
Emocional

Flemático Pacífico

Introvertido
Pesimista
De voz suave

Melancólico Perfecto

COMBINACIONES NATURALES

de Sanguíneo Popular-Melancólico Perfecto, o bien de Colérico Poderoso-Flemático Pacífico. Esto confunde a la gente porque los dos tipos de Personalidades parecen ser diametralmente opuestos. Es verdad, son Personalidades opuestas, pero hay muchas personas que parecen funcionar tanto como Melancólicos Perfectos-Sanguíneos Populares o como Coléricos Poderosos-Flemáticos Pacíficos. Sin embargo, en las décadas que enseñamos estos conceptos, no hemos encontrado a nadie que sea una combinación *natural* de estos opuestos.

Colérico Poderoso-Melancólico Perfecto

Organización

Como mencioné antes, tanto el Colérico Poderoso como el Melancólico Perfecto son organizados, pero la diferencia se encuentra en los estilos de organización y su motivación para ser organizados. Así es, las diferencias son sutiles, pero necesitamos comprenderlas a fin de lograr evaluar de manera adecuada los tipos de Personalidades. Por ejemplo, como soy una Sanguínea Popular-Colérica Poderosa, no soy organizada por naturaleza. Sin embargo, dirijo un negocio, así que tengo que aprender a organizarme y a sacar el máximo provecho de mi tiempo.

Si no comprendiera que tanto el Colérico Poderoso como el Melancólico Perfecto son organizados, podría decidir que debo tener muchos rasgos de Melancólica Perfecta. No obstante, para determinar si esta evaluación es acertada, tendría que mirar cuáles son las razones y motivos de ser organizada. Los Melancólicos Perfectos tienden a organizarse de manera sistemática por el puro gozo de saber que sus camisas miran todas para el mismo lado en el armario y que su vida está en orden. Por otra parte, los Coléricos Poderosos organizan de manera funcional y sin pensarlo mucho; además, solo organizan lo necesario para funcionar con eficiencia.

Para un Colérico Poderoso, la organización es el resultado de la necesidad práctica y de la preparación. No es una necesidad innata, como lo es para el Melancólico Perfecto. La clave es fijarse en la forma natural de ser de una persona, en lugar de fijarse en la forma en que se ha preparado. En mi caso, debido a que soy organizada solo porque debo tener orden para dirigir un negocio, soy más Colérica Poderosa que Melancólica Perfecta.

Sanguíneo Popular-Melancólico Perfecto

Emociones

Tanto el Sanguíneo Popular como el Melancólico Perfecto son emotivos: los dos lloran con facilidad. La diferencia es lo que mueve al llanto a estos tipos diferentes de Personalidades. Como a los Sanguíneos Populares les gusta que todos los quieran, llorarán si alguien les dice cosas crueles o maliciosas. Como sus emociones están a flor de piel, también llorarán ante las cosas que tocan los sentimientos, como anuncios publicitarios emotivos.

Los Melancólicos Perfectos, por otra parte, se conmueven por las injusticias profundas de la vida. Si un Sanguíneo Popular y un Melancólico Perfecto vieran juntos la televisión y pusieran un canal en el que se pasa un documental acerca de la gente que muere de hambre en un país lejano, el Sanguíneo Popular reaccionaría diciendo: «¡Puf! Cambia de canal. ¡No quiero ver eso!». Sin embargo, el Melancólico Perfecto se sentiría conmovido, casi atrapado, por el drama en la pantalla y hasta tal vez rompería a llorar ante la tragedia del sufrimiento y la pérdida de la vida.

Creatividad

Tanto los Sanguíneos Populares como los Melancólicos Perfectos son creativos también, pero este talento artístico adquiere formas muy diferentes. Los Sanguíneos Populares están repletos de ideas creativas (que en su mayoría nunca ponen en práctica), enseguida preparan un proyecto y pierden el interés si lleva demasiado tiempo. Casi todas las Sanguíneas Populares tienen armarios y garajes llenos de proyectos artesanales a medio hacer, porque perdieron el interés en los mismos. Pueden pasar por la fase del macramé, la decoración con papel, el bordado y la de estarcir, pero nunca perseveran en ninguna en particular.

En comparación, los Melancólicos Perfectos tienden a gravitar hacia una habilidad y a trabajar hasta dominarla. Es probable que también tengan proyectos sin terminar, pero estos quedarán incompletos no por falta de interés, sino debido a la necesidad del Melancólico Perfecto de tener el tiempo para hacerlos a la perfección.

Música

Con relación a esta discusión de las artes, tanto el Sanguíneo Popular como el Melancólico Perfecto pueden tener inclinaciones musicales. Una vez más, la diferencia está en la manera en que se desarrolla este talento. A los Sanguíneos Populares les interesa más la actuación, mientras que los Melancólicos Perfectos se concentran más en la perfección.

Vi la representación de esta diferencia un día cuando visitaba la casa de mi hermana. Mi sobrino mayor, Randy, es el pianista de la familia, y cuando llegué, justo se encontraba en la sala practicando su lección de piano. De fondo, oímos cómo tocaba y volvía a tocar cada porción de la pieza, hasta que la tocó a la perfección. Cuando finalizó el tiempo requerido para la práctica de piano, salió de la habitación y, por el momento, todo quedó en silencio.

A los pocos minutos, oímos que comenzaba la misma pieza musical, pero esta vez sonaba de manera diferente. Lauren y yo nos miramos sin entender, y fuimos de puntillas hasta la puerta, donde nos encontramos a mi sobrino de seis años, Jonathan, sentado en la banqueta del piano que acababa de dejar su hermano mayor. Jonathan todavía no había tomado lecciones de piano, pero era musical por naturaleza. Estuvo mirando a su hermano mientras estudiaba su tarea, y cuando Randy se fue, él saltó a la banqueta para tocar la misma pieza. No la tocaba a la perfección (aunque se podía entender que era la misma), pero parecía que Jonathan no lo sabía o no le importaba.

Seguimos espiando por la puerta durante toda la interpretación de Jonathan. Casi estallamos de risa cuando, luego de terminar la porción de la pieza que decidió tocar, se bajó de la banqueta e hizo una reverencia frente a la sala vacía. Aquel día, se hizo evidente que Randy quería la perfección, pero Jonathan quería actuar. Ambos siguieron participando de programas musicales a lo largo de toda la escuela. En la actualidad, Randy es un músico profesional. A Jonathan todavía le sigue apasionando la música, pero no es su profesión.

Una vez, mientras hablaba acerca de las Personalidades, conté esta historia acerca de mis sobrinos. Después que acabé, la muchacha que cantaba en la actividad se me acercó y dijo: «Ahora entiendo por qué mis amigos que cantan se sienten tan molestos si se equivocan en una nota. Siempre pensé que la audiencia no se daría cuenta de cuál nota se suponía que cantáramos. Ahora veo que soy Sanguínea Popular, que me preocupa más la actuación y el aplauso que viene a continuación, mientras que ellos son Melancólicos Perfectos y apuntan a la perfección.

Confío en que, al igual que esta cantante Sanguínea Popular, en algunos momentos hayas lanzado un «¡Ajá!» con respecto a la combinación Sanguíneo Popular-Melancólico Perfecto.

Colérico Poderoso-Flemático Pacífico
Con metas específicas

El otro malentendido común tiene que ver con la combinación del Colérico Poderoso y el Flemático Pacífico. A menudo, me encuentro con que las esposas les atribuyen esta aparente combinación a los hombres, porque mientras sus esposos son los «jefes» en el trabajo (Colérico Poderoso), una vez que llegan a casa no hacen nada en lo absoluto (Flemático Pacífico). Sin embargo, aunque en la superficie parezca que estos esposos tienen esta combinación, nunca he encontrado a uno que la tenga de verdad.

Con lo que me encuentro a menudo es con que estos hombres son Flemáticos Pacíficos, tal vez con algún rasgo de Melancólicos Perfectos. Como nuestra sociedad no honra a los hombres delicados, han aprendido a adoptar una imagen dura, de macho Colérico Poderoso. Esto solo puede confundirnos, pero lo que es peor, la mayoría de estos hombres ha estado en la fuerza laboral durante muchos años y los han *empujado* hacia arriba en los escalafones de la empresa. Presta atención en el énfasis que hago en la palabra «empujados». Estos hombres no estaban desesperados para que los ascendieran, pero debido a su naturaleza constante y a las habilidades que son típicas de los Flemáticos Pacíficos, los han ascendido una y otra vez, sacándolos muchas veces del lugar en el que se sienten cómodos.

Del mismo modo, es probable que a muchos de estos hombres los hayan enviado a cursos de capacitación en ventas, a los talleres de liderazgo de Dale Carnegie y a otros seminarios de administración. A través de estas sesiones de preparación, *aprendieron* a ser los gerentes que debían llegar a ser. Aprendieron a disciplinar a los empleados y a despedirlos si es necesario. Aunque estas actividades están fuera por completo de lo que hace sentir cómodo a un Flemático Pacífico, como seres humanos inteligentes, se han adaptado y han cumplido con los requisitos que requiere el trabajo. No obstante, como la gerencia a tal escala no les surge con naturalidad, ni les resulta fácil, llegan a casa exhaustos de luchar todo el día por ser alguien que no son.

Una vez en casa, se acomodan en su sillón, encienden la televisión y se desconectan del mundo. No quieren que nada ni nadie los moleste. Como Flemáticos Pacíficos-Melancólicos Perfectos que son en verdad, necesitan soledad para recargar las baterías. Mientras tanto, la esposa observa y se pregunta cómo es posible que este hombre que dirige una empresa multimillonaria todo el día, pueda ser tan teleadicto en la casa.

Entonces, estos esposos no son Coléricos Poderosos-Flemáticos Pacíficos, sino más bien, Flemáticos Pacíficos que han quedado exhaustos. Han aprendido a ser rudos y fuertes. Eso no significa necesariamente que tengan algún problema profundo; por lo general, solo se trata de no comprender bien cómo son en realidad los Flemáticos Pacíficos y los Coléricos Poderosos.

Control

También puede darse el caso de que los esposos en estas situaciones sean Coléricos Poderosos que han aprendido a adoptar conductas de Flemáticos Pacíficos para sobrevivir. Esto sucede muchas veces cuando el esposo y la esposa son Coléricos Poderosos, al menos en un cincuenta por ciento. En casos como estos, los cónyuges tienen dos opciones: Pueden luchar por tener el control o uno de los dos puede acordar ser la persona dominante en ciertas situaciones.

La mayoría de los matrimonios no comienza con una clara comprensión de estos conceptos, así que es común que la gente caiga en un patrón que evite el conflicto constante. Como la mujer es por tradición el ama de casa y el hombre es por tradición el que trabaja fuera, casi siempre él se ocupa de los aspectos financieros de la familia, mientras que la esposa se ocupa de la familia en sí. Esto tiene mucho sentido si piensas en que los Coléricos Poderosos tienen una regla tácita: «Si no puedo ganar, no jugaré el partido». Cuando el esposo regresa a casa del trabajo, en lugar de pelear con la esposa, solo se da por vencido, se retrae a su propio mundo y parece un Flemático Pacífico.

Liderazgo

Otro caso de confusión de Personalidades se puede dar cuando un Flemático Pacífico piensa que es Colérico Poderoso, como sucedió con un pastor que nos escribió a la oficina. Aunque este pastor sabía que tenía los rasgos pacíficos del Flemático Pacífico, también era el líder de una exitosa congregación. Sin embargo, cuando analizamos su vida con mayor profundidad, descubrimos que en realidad era un Flemático Pacífico-Melancólico Perfecto. Como pastor, había aprendido las habilidades del liderazgo que no le surgían con naturalidad. Al leer libros, asistir a seminarios, observar modelos de funciones y, por supuesto, al buscar la dirección del Espíritu Santo, este pastor se había convertido en un líder eficiente. Aun así, eso no quería decir que se hubiera convertido en Colérico Poderoso; solo quería decir que había desarrollado habilidades que no eran naturales para su Personalidad.

A pesar de que en esto no hay absolutos, si un hombre manifiesta la combinación de Flemático Pacífico-Colérico Poderoso, lo más probable es que sea un Flemático Pacífico que ha aprendido las conductas del Colérico Poderoso para sobrevivir en los negocios. Es común que un individuo como este haya permanecido en el mismo trabajo durante muchos años, y que haya madurado y crecido dentro de esa posición. En cambio, un verdadero Colérico Poderoso tiene casi siempre su propia empresa o ha cambiado de trabajo con frecuencia.

Uno de los beneficios que recibes si comprendes tu tipo de Personalidad es ser consciente de tus campos naturales de virtudes y, a la vez, de los que tendrás que aprender. Yo tuve que aprender a ser organizada, pero esa organización no me hace una Melancólica Perfecta. No soy más que una Sanguínea Popular-Colérica Poderosa que ha aprendido a sobreponerse a algunas de mis debilidades y se ha esforzado por alcanzar habilidades que no son naturales. El pastor en la historia anterior no es un Colérico Poderoso. Es un Flemático Pacífico-Melancólico Perfecto que ha aprendido a ser un líder eficiente al alcanzar las habilidades que no son naturales en él.

¿Estos ejemplos te aclararon cualquier confusión que quizá tuvieras con respecto a tu Personalidad o a la de alguien cercano a ti? En la mayoría de los casos, es probable que la confusión se resuelva con una mirada más atenta a las motivaciones que se encuentran detrás de ciertas conductas. Con todo, si te parece que los ejemplos que di no te parecen similares a tu caso, te aliento a que busques con mayor profundidad lo que llamamos una «máscara de Personalidad».

Enmascaramiento

Las conductas aprendidas son una señal de crecimiento y madurez. Una conducta aprendida surge porque la gente, en algún momento de su vida, se da cuenta de que tiene una necesidad y entonces se pone en marcha para suplirla. Toma la decisión consciente de adquirir una habilidad o una conducta que la convertirá en una persona mejor.

En cambio, una máscara representa una conducta que la gente adopta de manera inconsciente para sobrevivir. Por lo general, esto sucede durante la niñez, muchas veces para hacer felices a los padres o para lograr que los padres los quieran más. Sin embargo, el problema que existe con las máscaras de la Personalidad es que crean una lucha interna. La gente tal vez sea consciente de esta batalla interna, pero como la máscara es subconsciente, no comprende la fuente de su lucha, ni sabe qué hacer al respecto. En definitiva, esto causa fatiga, genera estrés y puede conducir a enfermedades.

A menudo vemos personas que viven con máscaras en su Personalidad y con todo parecen tener éxito. Entonces, ¿por qué las máscaras representan un problema? Porque no es saludable que la gente gaste grandes cantidades de energía emocional tratando de ser alguien que no es. Y cuanto mayores sean, más difícil les resulta mantener la máscara en su lugar. Por lo general, alrededor de los cuarenta años la gente que ha adoptado estas máscaras de la Personalidad comienza a cansarse y a manifestar enfermedades relacionadas con el estrés. Saben que algo anda mal, pero no pueden imaginarse a qué se debe. Imagina la libertad que significa para estas personas descubrir quiénes son en realidad y darse cuenta de que no necesitan usar más la máscara. Estos individuos me han contado que siempre se sintieron como si tuvieran una doble personalidad, como el Dr. Jekyll y el Sr. Hyde.

Sanguíneo Popular-Melancólico Perfecto
(Personalidad real: Sanguíneo Popular / Máscara: Melancólico Perfecto)

Esta es la situación de enmascaramiento más frecuente que veo. Como a los Sanguíneos Populares les encanta que los amen y procuran con urgencia la aprobación, son más propensos que cualquier otra Personalidad a ponerse máscaras. Estas necesidades innatas hacen que los Sanguíneos Populares sean los que generen dependencias malsanas en la vida. Dicen de manera inconsciente: *Si de esta manera te gusto más, cambiaré.*

Lo típico es que una Sanguínea Popular se enmascare como Melancólica Perfecta. Aunque sabe que tiene los puntos fuertes y débiles de la Sanguínea Popular, cuando se hace el perfil de la Personalidad o revisa el cuadro que muestra los puntos fuertes y los débiles de todas las Personalidades, descubre que tiene muchos de los rasgos del Melancólico Perfecto; en particular, es «temperamental», «perfeccionista» y «depresiva».

Sin embargo, estas emociones negativas no provienen de su verdadera Personalidad. Su depresión y sus cambios de ánimo surgen de la sensación que tiene de que nunca está a la altura de las circunstancias y de que no es lo bastante buena, y el perfeccionismo aflora de su intento de vivir de acuerdo a las normas.

Errores en la crianza

La Personalidad predominante de mi amiga Cindy es Sanguínea Popular. Sin embargo, creció en un estricto hogar religioso, y su padre, un Melancólico Perfecto-Colérico Poderoso, era el pastor de la iglesia. Como Sanguínea Popular, Cindy quería la aprobación de su padre y que le dijera que era maravillosa. Aunque sin palabras, Cindy aprendió desde temprana edad que la única manera en que su padre le afirmaría era si se sentaba en el primer banco de la iglesia, no se reía, ni hablaba y se portaba, en esencia, como una Melancólica Perfecta. Por lo tanto, sin ser consciente de lo que hacía, comenzó a adoptar esa Personalidad.

Un día, la familia de Cindy regresaba en su auto de la iglesia a casa y ella jugueteaba con su hermana en el asiento trasero. Su padre se dio vuelta, la señaló con el dedo y le dijo: «En la vida cristiana no hay lugar para la frivolidad». En el subconsciente, Cindy entendió que su forma de ser no le disgustaba solo a su padre, sino también a Dios. Entonces, para hacerse aceptable, comenzó a tomar cada vez más rasgos que le adjudicaríamos a un Melancólico Perfecto.

Cuando conocí a Cindy de adulta, su perfil mostraba que era una Sanguínea Popular-Melancólica Perfecta. Sin embargo, aunque esa era la forma en que funcionaba, no era la manera en que la hizo Dios. Su verdadera Personalidad había quedado enmascarada como reacción a su entorno. No actuaba de acuerdo a su verdadera Personalidad, porque creía que no podía ser ella misma y aun así que la amaran.

En el caso de Cindy, el enmascaramiento de la Personalidad fue el resultado de errores simples de crianza. Si alguien le hubiera preguntado si había sido maltratada en la niñez, hubiera dicho que no, ya que provenía de un «buen hogar cristiano» y sus padres tenían buenas intenciones. Los padres no eran alcohólicos, no fue víctima de abuso sexual y nadie la golpeó. Como la causa quizá sea difícil de señalar, y el móvil de los errores fuera inocente, las mujeres con este tipo de máscara casi siempre tienen dificultad para aceptar que son verdaderas Sanguíneas Populares.

Abuso sexual y emocional

Si los errores inocentes y el abuso emocional de menor grado pueden crear una máscara de Melancólico Perfecto en alguien que es Sanguíneo Popular por naturaleza, puedes imaginar lo que darían lugar hechos más severos como el incesto. En mi experiencia, he visto que los niños Sanguíneos Populares son los que sufren más a menudo el acoso sexual, ya que su naturaleza lista, alegre y precoz hace que no pasen inadvertidos, muchas veces para la gente equivocada. Casi siempre el autor del abuso les hace pensar que son especiales porque reciben mucha atención.

Esto fue lo que le sucedió a mi amiga Dee Dee. Si la conocieras, puedes pensar que es una Melancólica Perfecta. Es hermosa y siempre está impecable, y aunque tiene confianza en sí misma, no se abre paso hacia delante. Sin embargo, le cuesta organizarse y, muchas veces, tiene demasiados compromisos y llega tarde, rasgos que se le adjudican al Sanguíneo Popular.

El padrastro de Dee Dee comenzó a tener relaciones sexuales con ella cuando estaba cerca de la pubertad. Mientras crecía, él pudo seguir adelante con la farsa y continuó el abuso diciéndole que aquel era su momento «especial». Comenzó a darle píldoras anticonceptivas (le dijo que eran para el acné) y continuó teniendo relaciones con ella hasta que la muchacha se marchó de la casa y fue lo bastante fuerte como para rechazarlo.

Dee Dee siempre sintió que si tan solo podía ser lo suficiente buena o silenciosa, pasaría inadvertida ante su padrastro. Cuando se hizo el Perfil de la Personalidad, marcó tanto puntos fuertes como débiles en la categoría de Sanguínea Popular, pero solo marcó puntos débiles en la categoría de Melancólica Perfecta, lo cual me resultó una pista de que había un problema, de que en algún lugar del camino se había producido un enmascaramiento. En la actualidad, a pesar de que Dee Dee sabe que es una Sanguínea Popular y ya no lucha contra la depresión ni los sentimientos de ineptitud, todavía practica muchos de los hábitos que adoptó durante su juventud para sobrevivir.

La adaptación al cónyuge

Aunque casi siempre una máscara tiene sus orígenes en la niñez, muchas veces el Sanguíneo Popular que lleva una máscara puede comenzar a usarla cuando ya es adulto y, por lo general, sin darse cuenta. La mayoría de las veces, esto sucede cuando una Sanguínea Popular se casa con un Colérico Poderoso-Melancólico Perfecto.

Al principio, el Colérico Poderoso-Melancólico Perfecto se siente atraído hacia la personalidad chispeante de ella y al hecho de que podía levantarle el ánimo. Sin embargo, a los pocos años de matrimonio, pronto se cansa de su conversación constante y de su costumbre de llegar tarde. Trata de moderarla y de hacerla entrar en un orden. Ella quiere agradarlo, así que trata de adoptar las conductas que piensa que lo harán feliz. De manera inconsciente, siente que no la puede amar ni aceptar tal como es. Como resultado, se retrae, deja de ver a sus amigas y modera su Personalidad.

Sin diversión en su vida, se deprime. Luego de años de vivir así, toma un Perfil de la Personalidad y marca algunos de los rasgos Sanguíneos Populares, en especial, los puntos débiles, ya que su esposo le ha dejado en claro que los tiene, pero también marca «insegura», «deprimida» y «temperamental» en la columna del Melancólico Perfecto.

Para el Sanguíneo Popular que usa una máscara dolorosa de Melancólico Perfecto, casi siempre la solución es tan fácil que solo basta con preguntarle: «¿Cuándo terminó la diversión?». Para la mujer que se encuentra en este lugar, esta sola pregunta puede hacerle llorar al recordar cómo era la vida cuando era divertida y no estaba deprimida todo el tiempo.

Según la profundidad del dolor, la cura para los errores de los padres en la crianza puede ser tan sencilla que solo hace falta que la mujer se dé cuenta: *Papá no vive aquí. Soy adulta. Ya no tengo que vivir para hacerlo feliz.* Si la máscara es el resultado de años de abuso sexual, es probable que se necesite la terapia psicológica a fin de que una mujer vuelva a descubrir a la niñita feliz que tiene dentro. Si se debe al matrimonio con un hombre exigente, lo mejor que puede suceder es que el esposo vea lo que ha hecho, vuelva sobre sus pasos y comience a valorar a la muchacha de la que se enamoró. Es lamentable que, a menos que suceda un milagro, no es factible que ocurra esta última opción, así que si esta es tu situación, busca la forma de devolverle la diversión a tu vida. Ve a almorzar con tus amigas, toma lecciones de tenis, aprende a patinar o haz cualquier otra cosa que te dé un alivio saludable en la vida. Sin alguna solución saludable, esto puede conducir con facilidad a una aventura amorosa.

Melancólico Perfecto-Sanguíneo Popular
(Personalidad real: Melancólico Perfecto / Máscara: Sanguíneo Popular)

Las personas que son verdaderas Melancólicas Perfectas, pero que piensan que son Sanguíneos Populares, se ponen la máscara de un payaso porque piensan que ser divertido les traerá popularidad o lo hacen para enmascarar el dolor de una mala situación en el hogar. En el Perfil de la Personalidad, casi siempre estas personas marcan tanto los puntos fuertes como los débiles del Melancólico Perfecto, pero solo parecen tener los puntos fuertes del Sanguíneo Popular, como ser sociable, divertido y popular. Estas personas no han adquirido los rasgos del Sanguíneo Popular de ser indisciplinado, inconstante o desordenado.

En busca de la popularidad

He oído de situaciones en las que la madre de un niño está muy enferma (quizá hasta con una enfermedad terminal) y el padre, en su lucha por hacer que la familia siga adelante, que su esposa esté feliz y por ganarse la vida, le dice a su hijo que vaya y le levante el ánimo a la madre. Cuando el niño entra en la habitación, su madre le sonríe y, como él quiere que se ponga bien, se esfuerza por levantarle el ánimo. Hasta es posible que aprenda números graciosos o que represente escenas sacadas de programas de la televisión. Aprende a ser un payaso. Cuando llega a la vida adulta, piensa que es gracioso y trata de comportarse de manera cómica, pero no parece natural. Cuenta chistes o se burla de la gente. Los demás se ríen por amabilidad, pero no saben cómo reaccionar, preguntándose a menudo si lo hace en serio.

El mismo enmascaramiento puede darse cuando un Melancólico Perfecto tiene un hermano Sanguíneo Popular que quieren y elogian todos (en especial, si uno de los padres parece favorecer al Sanguíneo Popular). El Melancólico Perfecto ve que su hermano recibe más elogios y atención. Muchas veces, en este caso, uno de los padres hará comentarios de este tipo: «¿Por qué no te pareces más a tu hermano? ¡Necesitas aprender a ser más divertido!». Entonces, a partir de este rechazo implícito por su forma de ser, el Melancólico Perfecto se esfuerza por tratar de copiar las conductas de su hermano Sanguíneo Popular. Cuando esta persona es adulta y la gente interactúa con él, los demás ven que su humor no da buen resultado. No saben por qué, pero no quieren estar con esta persona.

Encubrimiento del dolor

Algunas veces, la máscara de payaso del Sanguíneo Popular se usa para esconder el dolor. Si la vida en el hogar es un desastre, el Melancólico Perfecto quiere separarse del caos y finge que no le importa. En este caso, la Personalidad secundaria del Melancólico Perfecto es a menudo la de

Colérico Poderoso, mientras tenga la fuerza y el empuje para tratar de solucionar el problema.

Nancy, una de nuestras Instructoras Certificadas en Personalidad, descubrió que esto era cierto en su vida. Todo el que la conoce hoy, le adjudica las cualidades de una Melancólica Perfecta-Colérica Poderosa, pero en su niñez era el payaso de la clase. Los padres de Nancy se divorciaron antes de que ella cumpliera los cinco años, y su padre no formó parte activa de su niñez. Su madre, una alcohólica, en el mejor de los casos, fue una mamá con dedicación parcial. Me contó:

> Al no contar con el beneficio de la crianza de mis padres, me convertí en el payaso, la comedianta y la reina de la actuación de la clase a lo largo de la escuela primaria y de los años adolescentes. Era muy conversadora y a menudo interrumpía la clase en una lucha constante por captar la atención de mis maestros. Tenía sed de atención y aprobación, y si mi personalidad entretenida no lo conseguía, me comportaba mal a fin de obtener lo que necesitaba. Cuando jugaba con mis amigas, dirigía los juegos del vecindario y era la estrella, siempre la heroína. Me aseguraba que los padres de mis amigas vinieran a ver nuestras producciones, así podía recibir el elogio que tanto ansiaba. En mi hogar, mi tarea era entretener a mi madre deprimida con la esperanza de poder levantarle el ánimo y evitar que bebiera.

La forma de supervivencia de Nancy en un hogar disfuncional era convertirse en un payaso. Como ha aprendido acerca de las Personalidades y de cómo aceptar quién es en realidad, Nancy ha hecho las paces con la manera en que la hizo Dios. Y aunque puede incorporar a su vida los puntos fuertes aprendidos del Sanguíneo Popular, ya no vive en una farsa.

Si te parece que tienes esta Personalidad Sanguínea Popular-Melancólica Perfecta, lo único que tienes que hacer es aceptar al Melancólico Perfecto que eres mientras mantienes algunos de los puntos fuertes que adquiriste cuando tratabas de ser un Sanguíneo Popular. Una vez que te sientes libre para ser el Melancólico Perfecto, descubrirás que te sientes más cómodo como eres y que los demás se sienten más cómodos cuando están cerca de ti.

Flemático Pacífico-Colérico Poderoso
(Personalidad real: Flemático Pacífico / Máscara: Colérico Poderoso)

Es más probable que la persona Flemática Pacífica que usa la máscara de un Colérico Poderoso sea un hombre que una mujer, aunque los dos pueden hacerlo. Por lo general, un enmascaramiento así se produce cuando un padre Colérico Poderoso intenta hacer que su hijo callado y pasivo sea «más hombre». Aunque casi siempre lo que el padre se propone es alentar, el mensaje que le transmite al niño es que no es aceptable tal como es. Entonces, el hijo trata de ser lo que papá quiere que sea.

Otro caso de este enmascaramiento puede tener lugar cuando un Flemático Pacífico tiene que asumir el papel de ser «el hombre de la casa», porque ya no está su padre. Esto fue lo que le sucedió a un hombre que asistía a nuestro seminario y que tenía tanto cualidades de Flemático Pacífico como de Colérico Poderoso. Sus padres se divorciaron cuando tenía seis años y, al irse su padre, su madre le dijo que ahora él tenía que ser el hombre de la casa. En resumidas cuentas, esperaba que fuera un Colérico Poderoso y lo celebraba cuando se ocupaba de ella. Pocos años después, vino a vivir con ellos un nuevo hombre de la casa, y el niño se sintió relevado de su papel de Colérico Poderoso. El nuevo hombre captó la atención de la madre y el hijo se sintió solo y rechazado. Sin embargo, luego de algunos años más, el nuevo hombre se fue y su madre volvió a poner a su hijo en el papel de hombre de la casa. Esto sucedió varias veces en la vida del muchacho, hasta que creció y estuvo en condiciones de irse de la casa.

No es de extrañar que como adulto, este hombre se viera con los rasgos de un Flemático Pacífico-Colérico Poderoso. Una vez que reconoció quién era en realidad, fue como si le hubieran quitado un gran peso de encima. Tenía la libertad de ser él mismo, a pesar de que ni siquiera se había dado cuenta de que había estado tratando de ser alguien que no era.

Colérico Poderoso-Flemático Pacífico
(Personalidad real: Colérico Poderoso / Máscara: Flemático Pacífico)

La fuerza inherente de los Coléricos Poderosos hace que sean menos propensos a ponerse una máscara. No son tan doblegables como las otras Personalidades. No obstante, si se ponen una máscara, a menudo se debe a algo que en sus vidas está fuera de control. Como mencioné antes, los Coléricos Poderosos tienen una regla tácita: «Si no puedo ganar, no jugaré el partido». Esta manera de pensar hace que, de manera inconsciente, se cierren si ven que no pueden ganar, lo que hace que parezcan Flemáticos Pacíficos.

Recuerdo cuando mis padres comenzaron a enseñar estos conceptos y mi padre creó el Perfil de la Personalidad. Su madre (mi abuela) lo tomó y se declaró Flemática Pacífica, pero todo el que la conocía la describía como una Colérica Poderosa. Recuerdo el impacto que recibió mi madre cuando escuchó la declaración de la abuelita Littauer: «¿Flemática Pacífica? ¿Qué piensas tú que es un Flemático Pacífico?». La abuela dijo que era una pacificadora, que era sumisa y diplomática, cualidades que poseía. Sin embargo, también era controladora, no paraba nunca y cuando entraba en una habitación, todos los ojos se posaban en ella. Todos la veíamos como Colérica Poderosa, pero ella se veía como Flemática Pacífica.

Al analizar con más detenimiento, era muy fácil ver cuándo y por qué se puso esta máscara. Su padre y su madre eran Coléricos Poderosos. Su padre era un Melancólico Perfecto-Colérico Poderoso y su madre era una Sanguínea Popular-Colérica Poderosa. Como sus padres tenían en común la Personalidad Colérica Poderosa, disfrutaban de unas buenas pruebas emocionales de fuerza, y la infancia de mi abuela estuvo llena de constantes discusiones. Se convirtió en una pacificadora. Tiempo después, trabajó para sus padres en el negocio familiar. A su tiempo, decidieron con quién se casaría y, más tarde, usaban su ayuda económica para ejercer control sobre las decisiones que tomaba en la vida. Mis bisabuelos formaban una fuerza tan formidable, que mi abuela no tuvo otra opción más que representar el papel de Flemática Pacífica, a pesar de que en aquel entonces no tenía ni idea de estos conceptos.

Cuando la abuelita Littauer se analizó, pudo ver de verdad a una Flemática Pacífica. Sin embargo, nunca conocí una presencia más imponente. Había representado su vida como Flemática Pacífica-Colérica Poderosa, pero cuando la valorabas un poco más profundo, podías ver que la Flemática Pacífica no era más que una máscara que se puso para sobrevivir en su familia.

¿Llevas una máscara?

Si tu Perfil de la Personalidad, o tu comprensión general del asunto, indican que tienes una combinación de Personalidades conformada por cualquiera de estas combinaciones opuestas, busca más profundo en tu vida. ¿Cuál consideras la verdadera? ¿Con alguno de estos casos anteriores recuerdas algo en tu vida? Aunque es probable que hoy logres funcionar bien con esta doble Personalidad, serás más feliz y te sentirás más saludable cuando tengas la libertad de ser de la manera en que te creó Dios. Solo que no tires el agua del baño con bebé y todo; mantén algunas de esas buenas cualidades que has adquirido (aunque ahora serán conductas conscientes y aprendidas). ¡Puedes crecer y madurar!

CAPÍTULO 5

NECESIDADES
EMOCIONALES

La mayoría de nosotros crecimos teniendo en mente lo que se llama la Regla de Oro: «Así que en todo traten ustedes a los demás tal y como quieren que ellos los traten a ustedes» (Mateo 7:12). Aunque es una gran exhortación en su contexto original (como cimiento de la bondad y la misericordia activas), su intención nunca fue ponerla como cimiento de nuestras relaciones personales. Como ya confirmamos, hay gente que es diferente a nosotros, y casi todos vivimos y trabajamos con estas personas diferentes. Así como sus Personalidades son diferentes, lo mismo sucede con sus necesidades emocionales. En lugar de hacerles a los demás lo que queremos, necesitamos darles lo que quieren y necesitan.

Piensa en alguien con el que te gustaría tener una mejor relación. Quizá se trate de tu cónyuge, un amigo o un compañero de trabajo. En cualquiera de los casos, puedes usar los conceptos de las Personalidades para ver mejoras inmediatas en tu relación, aun cuando esa persona nunca participe de este programa. Una vez que logras identificar la Personalidad de las personas con las que vives y trabajas, y ajustas tus expectativas a las suyas, estás listo para lo que importa en realidad: satisfacer sus necesidades emocionales.

Como cada Personalidad tiene diferentes necesidades emocionales, te costará un poco de esfuerzo salir de ti mismo y de lo que quieres, a fin de mirar a la otra persona y cambiar la manera en que la abordas. Sin embargo, aquí es donde se producirá el verdadero crecimiento en las relaciones. Una vez que «captas» este concepto, descubrirás que puedes aplicarlo a todas tus relaciones, no solo a las que tienes con los que tienes relaciones más profundas. ¿Por qué no dejar todos los días una sonrisa en el rostro del empleado de la tienda de comestibles que ves cada día? ¿Y en el cartero que va a tu oficina o en la maestra de tu hijo?

Aunque quizá no seas consciente de que tienes necesidades emocionales, estas necesidades se encuentran en la esencia de tu ser. No son tan solo deseos, sino que también forman parte intrínseca de la persona que eres. Si estas necesidades no se satisfacen de formas saludables, procurarás satisfacerlas de otras maneras.

Al revisar las necesidades emocionales de cada Personalidad, piensa en la gente con la que interactúas todos los días. Piensa también en tu propia Personalidad, tanto en la primaria como la secundaria. ¿Qué necesitas? ¿Satisfaces esas necesidades de maneras saludables? Si no es así, ¿qué cambios puedes hacer en tu vida para satisfacer esas necesidades?

Sanguíneo Popular
Atención • Afecto • Aprobación • Aceptación

Los que tenemos la Personalidad Sanguínea Popular venimos con una necesidad intrínseca de atención, afecto, aprobación y aceptación. Somos los más propensos a comportarnos de tal manera que casi les exigimos a los demás que nos den lo que queremos. Este era el caso de la hija de Cheri, Annemarie.

Cuando tenía cerca de tres años, me trajo un dibujo que acababa de hacer. Después de leer los últimos libros de psicología infantil que advertían acerca de lo malo de los elogios, miré su dibujo y dije: «¡Vaya! Usaste muchos colores. ¿Cómo te sentiste cuando dibujabas esto?». Me miró con absoluto disgusto y se fue murmurando: «¡Se suponía que debías decir que es hermoso!».

Mi esposo Melancólico Perfecto hace lo mismo conmigo cuando desfilo delante de él con alguna ropa nueva. Se esfuerza tanto por evitar el elogio indebido, desde el punto de vista psicológico, que dice: «Tu figura complementa muy bien la tela... el vestido está bien de por sí, pero en realidad tú eres la que hace resaltar la ropa...». Lo detengo y digo: «En realidad, ¡no hay problema si solo dices que me veo fabulosa!».

Atención

Para nosotros los Sanguíneos Populares, uno de los mayores temores que tenemos es ser como todos los demás y pasar inadvertidos. Nos gusta la atención y queremos que nos vean. Por eso nos vestimos como nos vestimos y hablamos en voz alta. Queremos atención.

Mi madre me cuenta que en mi niñez, cuando leía un libro (como uno de los del Dr. Seuss), siempre quería contarle lo leído. Por supuesto, ella se sabía el libro casi de memoria, pero como niña no lo comprendía. La seguía por la casa tratando de contarle todo acerca del libro. Hoy en día, me dice: «Hubiera podido leer el libro más rápido», pero sabía que esa no era la cuestión. La cuestión era que yo quería (y necesitaba) su atención. Como se daba cuenta, dejaba de hacer lo que estaba haciendo, me miraba a los ojos y me pedía que le hablara acerca del libro (o acerca de cualquier otra cosa que quisiera que me escuchara). Una vez que recibía la atención que buscaba, yo volvía a actuar de manera feliz y ella podía volver a lo que estaba haciendo.

Si los Sanguíneos Populares no obtienen la atención de manera saludable, la obtendrán de otras maneras (tal vez, hasta de maneras destructivas). Muchas veces, las maestras lo ven en sus estudiantes. Si no pueden recibir atención por ser buenos, se portarán mal. Andrea, una Instructora Certificada en Personalidades, descubrió que esto era lo que le sucedía a uno de sus estudiantes. Me contó esta historia:

> Tenía una estudiante llamada Jasmine en mi clase de cuarto grado. Era llamativa en su actitud y manera de vestir, muy ruidosa y lo más encantadora posible, conductas que mostraban a las claras que era una Sanguínea Popular. Cuando las cosas andaban bien en casa, sacaba buenas notas, escuchaba mis instrucciones y era divertido estar a su lado. Sin embargo, cuando las cosas no andaban bien en su casa, todo cambiaba.
>
> Cuando la madre de Jasmine conseguía un nuevo novio o estaba ocupada con el trabajo, lo sabía de inmediato. Jasmine comenzaba a dedicar su tiempo a arrojar cosas en el salón, a gritarme o a arruinar su pupitre al hacer cosas como derramar un envase de pegamento en su bandeja de lápices. Cuando llamaba a su mamá, esta era muy cortante y a menudo me decía que era mi problema encargarme de Jasmine y que ella estaba muy ocupada con el trabajo.

Pasé un año sufriendo por esta niña. Pocos años después, vi a Jasmine en la cadena comercial Wal-Mart y la llamé por su nombre. Me preguntó cómo recordaba su nombre. Lo primero que pensé fue: *¿Cómo podría olvidarlo?* Es muy difícil que una maestra olvide a un estudiante Sanguíneo Popular. Cuando pasas unos años repitiendo una y otra vez el nombre de un niño, ¡es difícil olvidar su nombre!

Si en tu vida hay Sanguíneos Populares, debes darte cuenta que quieren que les prestes atención. Hazles comentarios acerca de su ropa, ríete de sus bromas y deja que te cuenten la versión larga. Si haces de esto un hábito, cuando no tengas tiempo para escucharlos debido a que tienes que entregar un trabajo a tiempo, no tendrán problema en perdonarte, ya que sabrán de sobra que son encantadores para ti.

Afecto y aprobación

A los Sanguíneos Populares les gusta que los amen. Aquí se encuentra la raíz de su lenguaje corporal en el que tocan a los demás. Si no los abrazas, se acercarán y te abrazarán. Si el afecto no se encuentra en los ámbitos saludables, los Sanguíneos Populares lo encontrarán en alguna otra parte. No quiere decir que a propósito tomen malas decisiones para llenar esta necesidad, pero como estas necesidades emocionales forman parte de su forma de ser, los Sanguíneos Populares harán de manera inconsciente lo posible para verlas satisfechas. Los Sanguíneos Populares pueden llegar a vender su alma por un abrazo.

Un ejemplo es el caso de Nikki, y de miles de jovencitas como ella. El hogar de su infancia era inestable y la dejaba carente de afecto. Tenía quince años cuando encontró placer en los brazos de un muchacho. Cuando llegó a los dieciséis, estaba encinta. Una vez que el novio supo que estaba embarazada, no quiso tener nada que ver con ella y cortó todo contacto con ella y con el bebé. Con el corazón traspasado, volvió a buscar afecto de la única manera que conocía: en los brazos de los muchachos. A los diecinueve años, Nikki quedó embarazada de nuevo.

La historia de Nikki tiene un final positivo. Se dirigió a un hogar para madres solteras, donde la ayudaron a obtener su título del instituto y la anotaron en un programa donde le enseñaron computación. Se ha esforzado mucho por recomponer su vida y ha encontrado la fuerza para conseguir un empleo, a fin de terminar un programa de un año de tecnología farmacéutica en la universidad local y sostener a sus hijos con su único ingreso monetario.

Un aspecto secundario del afecto es la aprobación. Los Sanguíneos Populares no quieren hacer nada específico, como trabajar, para obtener la aprobación de la gente; lo único que quieren es que la gente los toque, los abrace y les diga que son maravillosos.

Aceptación

En la mayoría de las vidas de los que somos Sanguíneos Populares hay personas que siempre tratan de mejorarnos, darnos forma y hacernos mejores. Sin embargo, en lugar de que la gente siempre haga planes para nuestras vidas, lo que en realidad necesitamos es que nos acepten tal como somos. Lo interesante es que una vez que la gente no trata más de hacernos de nuevo y nos da el elogio y la aprobación que tanto anhelamos, estamos mucho más predispuestos a hacerlos felices y a cambiar. Aun así, primero necesitamos sentirnos aceptados.

Al recordar sus años de adolescente, Kathleen, una Instructora Certificada en Personalidad, se da cuenta que el cheque de pago por su trabajo, una rareza en esa época, le compró la aceptación de la «pandilla». Me contó:

A finales de los años 60, muy pocas adolescentes tenían sus propios autos. No obstante, como mi padre y mi madre trabajaban, y vivíamos fuera de la ciudad, yo tenía que tener un auto para ir a mi trabajo. Ahora me doy cuenta de que el «grupo popular» me invitó a salir justo en la época en que adquirí ese auto.

Todos los días, luego de la escuela, trabajaba en el café local hasta cerrar a las ocho de la noche. Luego, los viernes por la noche, después del trabajo, iba a recoger a todas las muchachas. La pasábamos muy bien y me encantaba sentirme aceptada. Como ninguna de las otras contribuía con la gasolina, a menudo gastaba casi todo el cheque de pago semanal los viernes por la noche, mientras íbamos y veníamos por las calles, pero era tan bueno sentirme aceptada en su grupo, que no me importaba el costo.

Ahora que comprendo las Personalidades y sus correspondientes necesidades emocionales, me doy cuenta de que la pasaba bien con solo cambiar mi cheque semanal por aceptación. Sé de algunas muchachas que los viernes por la noche se vestían con ropas de colores llamativos y que cambiaban su dignidad por atención y aceptación en el asiento de atrás del auto de algún muchacho.

Colérico Poderoso
Lealtad • *Sensación de control*
• *Reconocimiento por un buen trabajo* • *Logro*

Los que tenemos la Personalidad Colérica Poderosa, venimos con una necesidad intrínseca de lealtad por parte de las tropas, en función de apoyo, control, reconocimiento, valoración y logro, ya que tenemos una lista mental de cosas para hacer mayor que la de ningún otro.

Lealtad

Los Coléricos Poderosos son líderes naturales y pondrán las manos sobre el fuego por los de su equipo. Sin embargo, como están en las líneas del frente, si miran hacia atrás y ven que retrocede alguno que pensaban que estaba de su parte, se sentirán traicionados y, como resultado, pueden cortar por completo la relación.

Según sea el nivel de madurez, los Coléricos Poderosos pueden atacar, cortar relaciones o extender gracia. Los Coléricos Poderosos inmaduros (los que ponen en acción sus debilidades) traicionados, atacarán a los llamados integrantes del equipo o amigos e intentarán destruirlos. La reacción instintiva de la mayoría de los Coléricos Poderosos es irse a su casa, pensando en que la otra persona es la que perdió. En el caso de los Coléricos Poderosos de alto rendimiento (los que ponen en acción sus puntos fuertes), cuando se enfrentan a una situación en la que se sienten traicionados, tratarán de ver el punto de vista del otro, conscientes de que hay muy poca gente decidida a ganarles. Estos Coléricos Poderosos ofrecerán perdón y una solución.

Clayton es un ejemplo del Colérico Poderoso inmaduro que se siente traicionado. Cuando sus hijos adolescentes cometían errores, Clayton los menospreciaba y los echaba de la casa, aun cuando él hizo muchas de las mismas cosas en su adolescencia. Cada vez que su esposa, Gail, trataba de defenderlos o de ayudarlos, él se sentía traicionado y luego la atacaba de palabras por estar de parte de los hijos.

Gail, por otra parte, es una Melancólica Perfecta. Como resultado de la situación en el hogar, luchaba contra la depresión y, al final, la medicaron. Cuando su actitud se tornó más positiva y se sintió más fuerte, afrontó a Clayton. Él no sabía cómo manejar la falta de pasividad de ella y sintió que perdía el control que tenía sobre su esposa. Entonces, atacaba a Gail y la acusaba de que no lo amaba y de que tenía una aventura amorosa.

Con el paso de los años, Clayton le ha dicho una y otra vez a Gail que él es así y que nunca cambiará. Es una lástima ver a alguien que destruya las relaciones en lugar de restaurarlas. No obstante, esto puede suceder cuando un Colérico Poderoso inmaduro percibe deslealtad.

¿Cómo puedes mostrarles tu lealtad a los Coléricos Poderosos que tienes en tu vida? Recuerda, los Coléricos Poderosos se concentran en lo externo y observan el panorama general. Debido a la necesidad que tienen de ver que las cosas crecen y progresan, la mejor manera de mostrarles lealtad es dándoles tu apoyo activo.

Teníamos un vecino al que le gustaba venir a visitar a mi esposo porque le agradaba probar fuerzas de palabras. Aunque era Colérico Poderoso, su Personalidad secundaria era la de Melancólico Perfecto y no podía hacer muchas tareas a la vez. Podía conversar o trabajar, pero no podía hacer ambas cosas a la vez. Como su objetivo al venir a visitarnos era discutir, hablaba. Yo observaba mientras seguía a mi esposo por el jardín y hablaba mientras mi esposo juntaba hojas. Nunca se le ocurrió tomar un rastrillo y conversar mientras trabajaban en el jardín. Aunque mi esposo disfrutaba del rápido intercambio de ideas, le daba pavor cuando veía que este vecino venía por la acera.

Para un Colérico Poderoso, la acción física es el mejor indicativo de apoyo leal. A los Coléricos Poderosos los saca de sus casillas ver que otros parecen no ver lo que es necesario hacer. Por lo tanto, si te encuentras en una relación con un Colérico Poderoso, ¡remángate y pon manos a la obra!

Sensación de control

El control es uno de los mayores problemas para los Coléricos Poderosos. Esta necesidad innata de tener el control se ve con claridad hasta en su niñez. La maestra de preescolar de mi hermana Colérica Poderosa le dijo a mi madre: «Nunca debo preocuparme si un día tengo que faltar. Sé que Lauren puede ocupar mi lugar».

Por cierto, los Coléricos Poderosos pequeños necesitan tener esta sensación de control en sus vidas. Tomemos a Garrett, por ejemplo, que incluso a los dos años necesitaba tener el control de algo. Sin embargo, como era el menor de cinco varones, su habilidad natural de estar al frente de las cosas casi siempre se veía sofocada bajo el peso de los hermanos mayores. Su madre cuenta:

Nuestros hijos mayores eran casi adolescentes cuando Garrett tenía dos años, lo cual generaba un dilema interesante cuando todos tenían que viajar en la misma camioneta. Como ya había criado a dos hijos con algo de Coléricos Poderosos en sus Personalidades, sabía que debía darle algo de control a este «pequeño general» antes de que comenzara a tomar el control de su mundo de maneras inadecuadas. Entonces, lo puse a cargo de la brigada de cinturones de seguridad. La tarea de Garrett era controlar el cinturón de seguridad de cada uno de sus hermanos para asegurarse de que estuviera bien sujeto, antes de que yo pusiera en marcha la camioneta. Él tiraba de cada cinturón de seguridad y obtenía un gruñido de inconformidad de cada hermano. Cuando estaba satisfecho de que todo estaba como debía, se abrochaba su cinturón en su pequeña silla de seguridad y me daba la señal de que podíamos partir. Al darle una tarea importante, tenía una sensación de control sobre sus hermanos, que eran todos mayores y más poderosos que él.

Si tienes a un Colérico Poderoso en tu vida, en especial a un niño, busca maneras saludables en las que pueda tener una sensación de control. Busca cosas adecuadas de las que se pueda encargar.

Los Coléricos Poderosos tienen una necesidad intrínseca de tener la razón. Cuando tienen razón, tratan a los demás con prepotencia, ya que los hace sentir poderosos y, por consiguiente, les da el control. En todos los años que llevo dando seminarios, los Coléricos Poderosos son los únicos que vienen con regularidad a desafiar mi mensaje o a preguntarme si he pensado en una perspectiva en particular. Como comprendo que estos individuos son Coléricos Poderosos que necesitan el control, les pregunto qué es lo que saben y así les doy una oportunidad de expresarme su experiencia. A los Coléricos Poderosos les gusta una buena prueba de fuerza emocional. Si no eres consciente de esta realidad cuando te relacionas con ellos, lucharán hasta tumbarte al suelo, y tú quedarás herido y ellos quedarán triunfantes... y con el control.

Los Coléricos Poderosos buscarán para sus pruebas de fuerza verbales a oponentes valiosos que estén a su altura en cuanto al modo de pensar, mientras que los Coléricos Poderosos que ponen en acción sus debilidades, buscarán a personas con menos fuerza a las cuales puedan derrotar.

Reconocimiento por un buen trabajo

Como los Coléricos Poderosos son las abejitas trabajadoras de la vida, trabajan con mayor ahínco durante más tiempo y de manera más veloz que cualquier otro. Están dispuestos a hacerlo todo, pero necesitan reconocimiento por todo el trabajo que hacen (¡aun cuando trabajen más que los demás!). Les gusta encabezar el reparto y se sentirán heridos si su trabajo pasa inadvertido.

Una amiga mía estaba a cargo de la obra de teatro de su hija que estaba en cuarto grado. Uno de los padres se ofreció a construir la escenografía. Como esta mujer sabía que era bueno para estas cosas, aceptó su ofrecimiento. Construyó escenografías maravillosas y la obra fue un gran éxito. Sin embargo, cuando mi amiga miró los programas, se dio cuenta de que el nombre de este hombre no se encontraba en la lista de agradecimientos especiales. Se sintió muy mal por esta omisión y trató de disculparse ante este padre que tanto trabajó. Él se mostró educado pero frío ante los esfuerzos de mi amiga de mejorar la situación. Más tarde, aquel año, le preguntó a este hombre si estaría dispuesto otra vez a ayudar con la feria ambulante al aire libre. Se negó.

Los Coléricos Poderosos necesitan reconocimiento por sus esfuerzos, y si no lo obtienen, es probable que no estén dispuestos a incluirte por segunda vez en su lista de cosas para hacer. Hasta los niños Coléricos Poderosos quieren tener reconocimiento por todo el trabajo que hacen. Christy Largent, una de nuestras Instructoras Certificadas en Personalidad, me contó esta historia:

> Un viernes por la noche, mi sobrina, Aubrey, de cinco años, pasó la noche con nosotros. El sábado por la mañana, nos levantamos y la ayudamos para que tendiera su cama en la habitación de huéspedes. Pusimos el edredón y lo mullimos, y colocamos las almohadas en su lugar a la perfección. En cuanto terminamos de hacer la cama, corrió a toda velocidad a la cocina donde mi

esposo, Tom, preparaba el desayuno para nosotras. «Tom, Tom», dijo con emoción, «¡ven a ver mi trabajo!»

¡De la boca de los bebés! ¿Acaso todos los Coléricos Poderosos no piden esto a gritos desde su interior? Hasta no superar los cinco años o algo más, no pueden decirlo en voz alta y de manera educada, pero en su interior gritan: «¡Ven a ver mi trabajo!».

Una de las mejores maneras de mejorar tu relación con un Colérico Poderoso es decirle algo así: «No sé cómo puedes hacer todo lo que haces» o «Este lugar se caería a pedazos si no fuera por ti». Verás cómo se animan debido al placer que les producen tales comentarios.

Logro

Como el agua para el pez, así es el logro para el Colérico Poderoso. No pueden vivir sin logros en sus vidas. Al final del día, los Coléricos Poderosos enumeran sus logros, ya sea en su cabeza para darse una palmadita en la espalda, o se los enumeran a los que le rodean para poder recibir el necesitado «¡Felicitaciones!».

Mientras escribía este libro, todavía tenía que vivir mi vida cotidiana. Seguía con mis responsabilidades diarias. Tenía interrupciones como le sucede a cualquier persona. Mientras escribía esta sección, me volví muy irritable. Tenía muchas cosas sobre el tapete que debían hacerse de inmediato, pero sabía que si no trabajaba en el libro, no lo terminaría para la fecha de entrega. Me sentía estresada y requerida por todas partes. Quería trabajar en el libro, pero tenía que terminar con estas otras cosas antes de que pudiera volver a escribir. Por fin, logré completar todas estas otras tareas y pude volver a escribir este capítulo. A pesar de que enseño este material, me asombré al ver cómo mejoraba mi humor cuando tachaba algunos puntos en mi lista mental de cosas por hacer.

La semana anterior, tuve una clase de día similar. Al final del día, estaba tan contenta conmigo misma, y con todo lo logrado, que les envié a mis amigos y a los que me ayudaron con este libro el siguiente correo electrónico:

Tema: El día típico de un Colérico

¡Santo cielo! Tuve un excepcional día Colérico. Esta mañana me arreglaron el horno y, luego, vino el camión del agua y llenó la cisterna con trece mil doscientos cuarenta y nueve litros de agua.

Después llegaron los muchachos de la bomba y trabajaron toda la tarde para llevar el agua a la casita... con éxito. Vino el chofer de la grúa y se llevó el auto deportivo rojo al mecánico. Este viene en camino para traer el inservible auto deportivo azul.

Les envié el contrato de arrendamiento a mis nuevos inquilinos en Carlsbad. Hablé con el banco para ver si nos dan un crédito a fin de comprar las dos hectáreas que están junto a nuestra propiedad. He trabajado para finalizar las instrucciones de trabajo para el personal de la oficina; y las tengo casi terminadas y los demás están de acuerdo. He estado escribiéndoles correos electrónicos al personal de GCWC, recibiendo correos de su parte y hemos hecho grandes avances. Además, acabo de terminar las portadas para el Club de Comunicadores de CLASS. ¡Qué día!

Ahora, solo tengo que esperar que el auto deportivo azul llegue a casa, debo pensar lo que cocinaré para la cena para luego ir a la tienda de comestibles, aun cuando ahora mismo hay una gran tormenta con granizo que tiene a mi perro escondido en el armario. Todo esto sería maravilloso si mi meta del día no hubiera sido trabajar en *Tu personalidad original*. Sin embargo, ese era mi objetivo. Espero cumplirlo pronto.

De manera adecuada, recibí muchas «¡Felicitaciones!» como respuesta y estuve en condiciones de continuar progresando a buen ritmo con el libro.

Además de escuchar cómo los Coléricos Poderosos hablan de todo lo que hicieron, no es poco común oírlos quejarse diciendo que no tienen tiempo para perder. Tienen las mismas veinticuatro horas que todos los demás, pero su lista de cosas por hacer contiene más de lo que es humanamente posible alcanzar. Como a menudo se presionan hasta quedar exhaustos, los Coléricos Poderosos muchas veces estallan contra sus familias, amigos y compañeros de trabajo. Suponen que no pudieron hacer todo lo que se proponían debido a las interrupciones. Como resultado, los Coléricos Poderosos necesitan a menudo revisar la realidad para bajar sus metas y ponerlas dentro de límites razonables.

Melancólico Perfecto
Sensibilidad • Apoyo • Espacio • Silencio

Los que tienen la Personalidad Melancólica Perfecta vienen con una necesidad intrínseca de que los que los rodean sean sensibles a sus sentimientos. Poseen una profunda necesidad de que los comprendan y apoyen, pero también necesitan espacio para recargar las baterías y espacio para sentir su dolor. La cabeza les da vueltas cuando hay demasiado ruido. Los Melancólicos Perfectos deben tener un tiempo de tranquilidad para sentirse en paz consigo mismos y con el mundo que los rodea.

Sensibilidad

Cuando Chuck anda deprimido (y de verdad es obvio cuando se trata de los Melancólicos Perfectos porque una nube negra les acompaña), mi reacción natural es la de tratar de levantarle el ánimo. Eso es lo quiero que hagan los demás conmigo. Quiero que me solucionen los problemas y que los mejoren, ¡que me compren helado y me hagan sonreír! Sin embargo, como entiendo la Personalidad de mi esposo, sé que eso no es lo que necesita.

Un día, hace muchos años, volví a casa del trabajo y enseguida sentí que había algo que no marchaba bien. Parecía que una gran nube negra llenaba la sala. Cuando vi a Chuck, le pregunté qué sucedía. «Nada», me contestó. Como entiendo a la perfección el idioma «Melancólico Perfecto», sabía que esto quería decir que de seguro algo andaba mal.

Así que me aparté de mi respuesta natural y apliqué lo que enseño: Al darme cuenta de que Chuck necesitaba sensibilidad (necesitaba que me sintiera dolida cuando se sentía dolido y que llorara cuando él lloraba), fui más despacio, me senté y me concentré en él. Me aquieté y empecé a hablar en un tono de voz más suave. Le pregunté de nuevo qué sucedía. Una vez que pudo determinar que yo estaba interesada de verdad, a diferencia de pasar al vuelo y hacer la pregunta retórica «¿Cómo estás?», me contó lo que lo tenía deprimido. «Me transfirieron a Mission Valley», dijo.

A esta altura de nuestras vidas, Chuck trabajaba en Oceanside, una ciudad donde se encontraba una base de la Marina, para el Servicio Social del Condado de San Diego. Trabajaba en un centro temporal y tenía un viejo escritorio de metal. El entorno era tal, que había colocado una cerradura en el cajón de su escritorio para asegurar sus artículos de valor, incluyendo un teléfono inalámbrico con auriculares de su pertenencia. A diferencia de este lugar, Mission Valley tenía edificios altos y con oficinas de vidrio, diversos restaurantes y dos centros comerciales con las tiendas Nordstrom y Neiman Marcus.

Al conocer esta información de trasfondo, mi reacción natural hubiera sido tratar de levantarle el ánimo: «¡Eso es grandioso! Siempre detestaste Oceanside. Tomaré el tren hasta Mission Valley y me reuniré contigo para cenar. Podemos ir al teatro». Sabía que esta reacción era la equivocada, pero no estaba segura de cuál sería la reacción segura. Así que respiré hondo y pregunté: «¿Qué necesitas de mí en este momento?».

Me sorprendí cuando Chuck dijo: «No me digas que todo estará bien. No trates de arreglar las cosas». Una vez más, respiré hondo y traté de ser sensible a su trasfondo. Chuck acababa de graduarse de la universidad. Este era su primer empleo. Hacía dos meses que estaba en este empleo y ahora lo transferían. Fui más lejos en mis pensamientos. Los padres de Chuck se separaron y él vivió con su padre. Un día, al regresar a casa del instituto, encontró a su padre muerto sobre el sofá. Antes de conocernos, Chuck tuvo un matrimonio fugaz. Su esposa lo abandonó y se volvió a casar en cuanto se firmaron los papeles del divorcio. Armé el rompecabezas y dije con suavidad: «Apuesto a que te sientes rechazado en este momento». Su respuesta fue afirmativa y luego tuvimos una conversación positiva y adulta.

Lo cierto es que todo lo que hubiera podido decir para levantarle el ánimo a mi esposo hubiera estado bien, pero el momento no era el adecuado. Chuck necesitaba que fuera sensible en cuanto a cómo se sentía. Si tienes a un Melancólico Perfecto en tu vida y sabes que pasa por un tiempo difícil, detente a considerar los pensamientos y sentimientos de esa persona antes de responder. En el caso del Melancólico Perfecto, el momento oportuno es todo. Piensa antes de hablar y di solo lo adecuado en el momento. Cuando el Melancólico Perfecto logra franquearse y contar cómo se siente, puedes sentirte tentado a espetar: «¡Eso es lo más absurdo que escuchara jamás!». Entonces, lo único que conseguirás es que esa persona se retraiga más y se cierre como una ostra la próxima vez que le preguntes qué le sucede.

Si eres un Melancólico Perfecto y tu amigo, compañero de trabajo o cónyuge trata de ayudarte haciéndote las preguntas indebidas, responde con sinceridad. Los Sanguíneos Populares y los Coléricos Poderosos que ponen en acción sus puntos fuertes comprenderán y adaptarán su enfoque, de modo tal que sepas que se preocupan por ti. Sin embargo, alguien que no entienda las Personalidades, o que ponga en acción sus puntos débiles, se dará por vencido y ni siquiera se molestará en preguntarte la próxima vez.

Apoyo

Piensa en el Melancólico Perfecto como si fuera un puente. Sin los apoyos que van debajo, se caería el puente. De la misma manera, sin el apoyo de la gente que se preocupa, los Melancólicos Perfectos se deprimen. Y entonces se derrumban.

Aprendí una gran lección de una tía cuyo esposo, mi tío, se encuentra en un puesto muy alto y está acostumbrado a querer que las cosas se hagan a su manera. A pesar de que mi tía también había alcanzado renombre por sí misma, me contó: «Cuando estoy a su lado, miro mi trabajo como que sujeta el reflector sobre él».

Me gusta la imagen visual que crean esas palabras y las he adoptado en mi enfoque cuando estoy con Chuck, tanto en forma personal como pública. No es que él quiera estar bajo el reflector, es solo que con nuestra mezcla de Personalidades, para mí sería fácil estar siempre en el centro de atención y para él sería fácil deslizarse siempre a un segundo plano. Cuando no estamos juntos, me prestan atención en abundancia, así que al estar juntos, me esfuerzo por apoyarlo. Me concentro en lo que sucede en su vida. Si estamos en público, sin hacer ruido, dirijo la conversación lejos de mí y hacia los temas relacionados con sus campos de pericia, haciendo que la gente sepa cuánto talento tiene y lo orgullosa que estoy de él.

Espacio

Después de asistir al curso sobre Personalidades, Andrea descubrió que una de las necesidades emocionales de los Melancólicos Perfectos es el espacio. Cuando pensó en la distribución de su casa, se percató que su esposo Melancólico Perfecto no tenía un espacio que fuera todo suyo. Entonces, decidió sacar sus proyectos y las cosas de los niños de la oficina que tenían todos en común, para llevarlos a algún otro lugar de la casa. Decidió que este era un pequeño sacrificio que estaba dispuesta a hacer por su esposo. Cuando le ofreció el espacio de la oficina, enseguida vio el alivio en su rostro. La sola idea de tener un espacio para sí, que pudiera organizar, en el que pudiera sentarse a solas y que pudiera decorar a su gusto lo convirtió en una persona diferente y más relajada.

David es un Melancólico Perfecto que satisface su necesidad de espacio de una manera diferente por completo. Es un político atareado que trabaja todo el tiempo con personas. Sus días están llenos de tomas de decisiones, conversaciones con los medios y con sus propios electores, y funciones sociales que debe atender. Por lo tanto, a su esposa, que entiende las Personalidades, no le sorprendió que cada fin de semana no hubiera nada que le encantara más que andar por el campo durante horas, sobre su veloz motocicleta italiana. Regresa a casa feliz, con las baterías recargadas y con nueva energía.

¿En tu vida hay un Melancólico Perfecto que necesita espacio? ¿Hay algo que puedas hacer para ayudarlo a tener ese espacio? ¿Eres tú un Melancólico Perfecto? ¿Hay algunos cambios que puedas hacer en tu vida para tener el espacio que necesitas?

Silencio

Al ser una Sanguínea Popular, para Teresa era un disfrute escuchar sus programas de radio favoritos y conversar con sus vecinos mientras trabajaba en el jardín del frente. Disfrutaba de su existencia hasta que un día, Phil, su esposo Melancólico Perfecto y programador de computadoras, llegó y anunció que había hecho los arreglos para trabajar desde casa. Cuando comenzó a pasar cada día en la casa con Teresa, no podía creer lo ruidosa que era su esposa.

Enseguida le puso fin a la ruidosa radio al ir y comprarle a Teresa un par de auriculares inalámbricos y estéreos. La acusó de ahuyentar a los vecinos de manera «monstruosa» y le dijo que diera unos pasos hacia atrás. Hasta le preguntó si podía pasar la aspiradora mientras no estaba en casa de modo que pudiera evitar el ruido. Se compró unos tapones para los oídos, que usaba mientras trabajaba, ¡porque no podía soportar el ruido proveniente de la computadora! Así es, el silencio es una necesidad imprescindible que debe satisfacer el Melancólico Perfecto.

Cuando Kathleen comenzó a dar seminarios financieros, no se daba cuenta de que era una manera de satisfacer sus necesidades... y las de su esposo. Como Sanguínea Popular, le encantaba la atención, la aprobación, la aceptación y el reconocimiento que recibía de las audiencias. Descubrió que le encantaba ser el centro de atención y que todos los participantes la valoraran como la experta. Kathleen dijo: «Hacía "buenos amigos nuevos" en casi todas las clases. Muchas veces, los participantes me abrazaban al marcharse. *¡Y me pagaban por hacer esto!* ¡Qué negocio!».

A Kathleen le encantaba este papel que acababa de encontrar, pero luego descubrió otro beneficio: Cuando llegaba a casa, estaba exhausta y hasta su boca estaba cansada. Por consiguiente, no tenía en funcionamiento la boca frente a su esposo, y comenzaron a disfrutar de las noches silenciosas que pasaban juntos. Karen escribe:

> Ahora que comprendo la necesidad que tiene mi esposo de silencio, ya no me siento abatida cuando no me hace preguntas acerca de los detalles de mi día. En el pasado, me escandalizaba y quedaba consternada cuando me preguntaba cómo me iba con la clase y, si le respondía: «Muy bien», su respuesta era: «Qué bueno». ¿Cómo era posible que no quisiera conocer los detalles de mi grandiosa clase? Era porque tuvo que lidiar con gente todo el día y necesitaba el silencio. Todo lo que quería era que nos sentáramos juntos y viéramos un programa del canal Discovery acerca de las ruinas mayas. Ahora, lo acepto. Si mi día fue demasiado grandioso como para no contárselo a alguien, luego de descansar un rato, ¡llamo a una amiga Sanguínea!

Flemático Pacífico
Paz y quietud • *Sensación de valor propio* • *Falta de estrés* • *Respeto*

Los que tienen la Personalidad Flemática Pacífica están diseñados con una necesidad de entornos pacíficos y silenciosos, con una sensación de valor propio y un estilo de vida que reduzca el estrés e incremente el respeto.

Paz y quietud
Para Marilyn, las Personalidades no eran más que un estudio interesante y una manera en que podía usar etiquetas para describir un conjunto de rasgos específicos. Solo cuando fue a nuestro curso de capacitación para ser una Instructora Certificada en Personalidad, se dio cuenta de que las Personalidades van más allá de una etiqueta y un estudio: están relacionadas con todo lo que tiene que ver con las relaciones. Para ella, el ejemplo más claro que tenía de esto era la relación con su hija. Dejaré que Marilyn cuente su historia:

Desde que nació, nuestra hija Meredith ha sido una niña relajada y sin complicaciones, que según lo que sé ahora, son los rasgos de la Personalidad Flemática Pacífica. Cuando era bebé, podía estar sentada durante largos períodos solo mirando a su alrededor. Para mi Personalidad Sanguínea Popular, estos períodos eran demasiado largos. Cuando la ponía en el asiento del auto, no hacía ningún alboroto. Miraba fuera de la ventana y hacía comentarios acerca de los árboles o de cualquier otra cosa que viera. Meredith nunca se quejaba por nada.

Meredith ahora está en la secundaria. Como para mí es importante ser popular, siempre he tratado de presionarla para que traiga amigas a pasar el fin de semana. A mediados de semana, comenzaba a intentar de que planeara para el fin de semana y para que invitara amigas a pasar la noche. A cada momento trataba de que sonriera, riera y actuara con interés. Por fin, consentía y traía a algunas muchachas. Cada vez que se iban, decía: «¿Para qué hay que traer amigas? Lo único que hacen es dar vueltas contigo y no me prestan ninguna atención».

Durante años he tenido conocimiento de las Personalida-des, pero cuando asistí al curso sobre Personalidades, empecé a comprender que ella tenía razón. A mí me encantaba tener a todas estas muchachas en mi casa. Me resultaban muy entretenidas. Cuando las amigas de Meredith se iban, le decía cómo tendría que haber actuado, qué hubiera tenido que hacer, etc.

Cuando regresé a casa, después de la conferencia de instrucción en Personalidades, me senté con Meredith y le pedí que me perdonara. Le dije que ahora me daba cuenta de que había estado tratando de arreglar su vida y sus circunstancias, y que había tratado de que encajara en mi molde, en la manera en que yo había disfrutado mis años de adolescencia. Entonces, las cosas empezaron a cambiar de verdad. Una mañana, después de transcurridas algunas semanas y mientras íbamos hacia la escuela, Meredith me miró y me dijo: «Mamá, gracias por devolverme mi vida». Me sentí abrumada. Me dijo cuánto apreciaba que le diera espacio y tiempo sin actividad.

Antes de esta epifanía, pensé, y con vergüenza admito que le *dije* muchas veces, que era holgazana. Ahora comprendía que *necesitaba* quietud y descanso, sobre todo después de una larga semana difícil y acelerada en la escuela. Veo que tiene que gastar tanta energía para hacer todas las cosas, que necesita paz y quietud para relajarse.

Cuando al fin comprendí que Meredith disfrutaba de estar a solas, dejé de hacer planes para que sus amigas vinieran a dormir. Me resultó difícil, porque cuando era adolescente, nunca quería estar sola, y todavía no quiero estarlo durante mucho tiempo. Sin embargo, ahora dejo que Meredith decida cuándo quiere compañía.

Sensación de valor propio

Si vives o trabajas con un Flemático Pacífico, y no tienes la misma Personalidad, la siguiente ilustración te puede ayudar a entender por qué es tan importante para esta persona sentir que tiene valor.

Imagina a cuatro hijos en una familia, en la que cada cual tiene una de las cuatro Personalidades diferentes. El niño Sanguíneo Popular va a la escuela. Cuando regresa a casa, anuncia (como dijera una vez mi sobrino): «Soy el chico más popular de la clase. En la escuela, no hacen una fiesta sin invitarme primero a mí porque saben que, si no voy, ¡no habrá ninguna diversión!». A un niño como este, los padres deben prestarle la atención y la aprobación que necesitan los Sanguíneos Populares. Deben decirle: «Todos te quieren; *eres* el niño más popular en la escuela».

Luego, tenemos a la hija Colérica Poderosa. Regresa de la escuela y dice: «¿Adivina qué, mamá? ¡La maestra me eligió como la encargada del aula!». ¿Qué debería decir mamá? «Escogieron a la persona indicada. Tienes un gran potencial para el liderazgo. Es probable que algún día seas presidenta de los Estados Unidos».

El hijo Melancólico Perfecto es, por supuesto, el hijo «perfecto». Tiende la cama antes de irse por la mañana (como lo hizo siempre mi hermanito, Fred) y luego va a la escuela, donde su maestra le dice: «Mi tarea como maestra sería mucho más fácil si todos mis estudiantes fueran como tú». Este hijo regresa a casa y hace la tarea como se espera que la haga. Su madre dice: «Eres el hijo perfecto... desearía que todos mis hijos fueran como tú».

Entonces tenemos a la hija Flemática Pacífica. No tendió la cama antes de irse, ni recogió sus juguetes y no la eligieron para nada en la escuela. Regresa a casa y se dirige al refrigerador y luego al televisor. Tienes que regañarla para que haga la tarea. Es probable que esta niña crezca y se convierta en alguien que se pierde en los recovecos del sistema toda la vida. A este tipo de hija, los padres deberían infundirle la sensación de que tiene valor; de otra forma, es probable que no la tenga en la vida. Necesitará sentir que sus padres la valoran, no por lo que hace ni por lo que produce, sino por lo que es.

Falta de estrés

Cuando Cheri era una flamante profesora, llevó a tres de sus estudiantes del instituto a tomar un helado en señal de gratitud por haberla ayudado en la clase. Aunque los tres estudiantes dijeron a las claras lo que querían, a una de las muchachas le dieron un gusto que no pidió. Las otras dos menearon la cabeza con conocimiento de causa y dijeron: «Esto siempre le sucede a Susan».

Cheri le preguntó qué pidió, con la intención de comprarle lo que deseaba desde el principio. Como Sanguínea Popular-Colérica Poderosa, no escuchó a Susan que rogaba en voz baja: «¡No lo haga! ¡No lo haga! ¡No importa!». Cheri se dirigió a la caja de pago, devolvió la cucharada de helado que no correspondía y pidió el sabor adecuado.

Cheri se sentía triunfante y así le trajo el helado apropiado a Susan. Con todo, la acción de Cheri llevó a la Flemática Pacífica Susan a un estado de completa ansiedad... casi de pánico. Una y otra vez, repetía: «Lo hubiera comido. No importaba». Estuvo abatida durante el viaje de vuelta a la escuela. Cheri podía estar segura de que, en realidad, Susan hubiera preferido comer el helado equivocado, antes que «causar problemas» al pedir lo que quería.

Respeto

Los Flemáticos Pacíficos son las personas para todos los públicos. En la escuela, no reciben grandes premios por su buen rendimiento, ni tampoco se portan mal. Por esta razón, los Flemáticos Pacíficos necesitan respeto más que las otras Personalidades. Lo que resulta más difícil en cuanto a darles respeto a los Flemáticos Pacíficos es que las otras Personalidades, los Coléricos Poderosos, en especial, conectan el respeto a la producción o a los trabajos. Sin embargo, los Flemáticos Pacíficos necesitan respeto solo por lo que son.

Entonces, ¿cómo podemos mostrarles respeto a los Flemáticos Pacíficos los que tenemos más impulso? Se los mostraremos si dejamos de lado nuestro programa y hacemos algo que sabemos que es importante para esa persona. Tal vez esto signifique sentarse en el sofá con el Flemático Pacífico, sin tareas múltiples, a fin de ver un partido de pelota que no nos interesa. También podríamos hacerlo al tratar de sacar algo de tiempo de nuestra agenda para sentarnos y ver una película. No es complicado, pero los que no somos Flemáticos Pacíficos necesitamos que nos recuerden que debemos hacerlo. Te lo ilustraré.

La Personalidad primaria de mi amiga Melody es Flemática Pacífica. Solíamos ser vecinas en California, y aun cuando hacía años que no vivíamos una junto a la otra, habíamos permanecido en contacto. Cuando ella y su esposo compraron una nueva casa en Reno, me ofrecí para ir a ayudarla a decorar y acomodarlo todo. Acepté un compromiso para dar una conferencia en la zona, por la que me pagaban el boleto de avión, pero no mucho más. Esto era importante, ya que le había dicho a Melody que, en realidad, hacía este viaje solo por ella, en lugar de tratar de buscarle un lugarcito en medio de una gira de conferencias sin respiro.

Podía quedarme con Melody tres días. Durante ese tiempo, desempacamos todas sus cajas de la cocina, arreglamos los armarios, creamos adornos artísticos en el espacio que estaba encima de los armarios y fuimos de compras en busca de artículos decorativos y para organizar que se necesitaban para terminar con la habitación. Años después, me contó que todo estaba justo donde lo puse yo. Melody sabía que tenía una agenda muy apretada, y el hecho de que me tomara tiempo libre solo para ella, le mostraba que era *valiosa*.

Escucha a los Flemáticos Pacíficos que hay en tu vida. ¿Qué te han estado pidiendo en silencio que hagas? Ponlo como prioridad. Los Flemáticos Pacíficos no son exigentes, así que es probable que tengas que hacer un poco de trabajo de detective para saber lo que necesitan y quieren. Aun así, cuando hagas con alegría lo que les resulta importante, sentirán que los valoras y respetas. Además, no necesitas consentirles sus deseos a menudo; con hacerlo tan solo una vez al mes, les mostrarás que te preocupas por ellos.

Cómo reconoces y satisfaces las necesidades emocionales

Al leer las descripciones de las distintas necesidades emocionales que acompañan a cada Personalidad, confío en que te encontraras asintiendo al captar las tuyas. Las explicaciones e historias que se incluyeron con cada descripción se eligieron no solo para ayudarte a descubrir tus propias necesidades intrínsecas, sino también para ayudarte en las relaciones con los demás.

Cómo reconoces y satisfaces las necesidades emocionales de otros

La próxima vez que estés con alguien y sientas que hay una reacción negativa, en lugar de darle un sermón a esa persona, actúa con madurez: Haz un alto y recuerda el cuadro de las necesidades emocionales (hasta sería bueno que lo copiaras y lo pegaras en el espejo del baño o en la pared junto a tu computadora), y pregúntate: *¿Qué puedo darle a esta persona en este mismo momento que la ayude a reducir esta reacción negativa?* Toma una o dos necesidades emocionales y súplelas. Al principio, esto quizá te parezca mal, hasta manipulador, pero hazlo de todas maneras.

Es asombroso lo rápido que puede pasar una relación llena de reacciones negativas a una relación limpia, cuando les das a los demás lo que *necesitan* en lugar de lo que tú quieres darles: enojo, condenación, un dedo acusador en la cara o, en el mejor de los casos, una mirada asesina. Una de las herramientas más poderosas que puedes tener en tu caja de herramientas para «arreglar la relación con un amigo» es suplir de manera apropiada las necesidades emocionales.

Cómo reconocemos nuestras propias necesidades emocionales

Cuando comprendes tus cualidades innatas, puedes comenzar a entender y a satisfacer las necesidades emocionales inherentes a cada Personalidad. Así como el aire, la comida y el agua son esenciales para tu bienestar físico, estas necesidades son esenciales para tu bienestar emocional. Y recuerda, no son antojos, son *necesidades*.

Como mencioné antes, nuestras Personalidades vienen con su propio conjunto exclusivo de necesidades que nos predisponen a ciertas conductas. Cuando estas necesidades no se satisfacen de manera adecuada, somos más propensos a hacer cualquier cosa para aliviar el dolor o el anhelo que se produce debido a estas necesidades insatisfechas. Sin embargo, al comprender los porqués de nuestra conducta, nuestras principales necesidades emocionales, podemos cambiar una conducta destructiva por una saludable, cuyo resultado será la satisfacción de nuestras verdaderas necesidades emocionales.

La «Lista de control para el bienestar emocional» que veremos en la siguiente página, enumera algunas conductas clásicas que deberían ser banderas rojas para indicar que no se satisfacen algunas necesidades emocionales.

Lista de control para el bienestar emocional

SANGUÍNEO POPULAR	COLÉRICO PODEROSO
Conversación excesiva y compulsiva	Se translimita y usurpa la autoridad
Uso de la relación sexual como	Debate cada punto y nunca se
sustituto del afecto	equivoca
Extralimitado: demasiadas actividades	Necesita reconocimiento por todo
Comer (en especial dulces)	lo que hace
para medicar el dolor	Tiene arranques de ira

FLEMÁTICO PACÍFICO	MELANCÓLICO PERFECTO
Mentiroso compulsivo	Preocupación o temor obsesivos
Se marcha («Luces encendidas, no hay	Demasiado sensible
nadie en casa»)	Comportamiento solitario
Enfermedad o dolor físico	Trastornos alimenticios,
Se vuelve pasivo: lo intimidan o	como la anorexia y la bulimia
maltratan con facilidad	

Esta lista no significa que solo las Personalidades especificadas tengan las tendencias marcadas, solo que algunas conductas representan más un problema para algunas Personalidades que para otras. Cuando no se satisfacen nuestras necesidades emocionales, comienza un pánico interno que nos impulsa a tener conductas que pueden ser dañinas para nosotros. Para bien o para mal, tendemos a aferrarnos a conductas que nos hacen sentir como si recibiéramos aire otra vez, siendo que en realidad algunas de ellas nos chupan la sangre y nos quitan la vida. En muchos círculos, a esto se le llama comportamiento disfuncional.

Al solucionar nuestras necesidades emocionales, podemos calmar el pánico interno. Esta calma, o paz, es esencial para una vida saludable. ¿Por qué? Porque es casi imposible trabajar sobre los puntos fuertes y débiles personales (el mejoramiento personal a través del propio esfuerzo y la modificación de conductas) hasta que primero no satisfagamos nuestras necesidades emocionales. Como casi siempre somos una mezcla de Personalidades, también es muy importante conocer nuestra Personalidad secundaria, porque estas necesidades emocionales secundarias deben satisfacerse de la misma manera que las primarias. Por ejemplo, como Sanguínea Popular-Colérica Poderosa, mi necesidad de tener el control puede ser tan fuerte como la de recibir aprobación. Ambas necesidades son importantes para mí.

La importancia de reconocer las necesidades emocionales

Cuando no reconocemos nuestras necesidades emocionales, el resultado es el desastre. Te contaré la historia de Cassandra para ilustrar este punto. Cassandra fue la menor de dos hermanas, con cinco años de diferencia entre ambas. Su hermana mayor era una Melancólica Perfecta y encajaba muy bien con su madre Melancólica Perfecta. Cassandra vino con una Personalidad Colérica Poderosa-Sanguínea Popular que no era conveniente en absoluto para el estilo de su madre. Muchas veces le decían «siéntate quieta» o «no seas tan ruidosa», y le preguntaban: «¿Por qué no puedes jugar en silencio como tu hermana?». Con el tiempo, Cassandra pensó que, para obtener la atención, la aprobación y la aceptación que anhelaba, necesitaba aplastar su lado Sanguíneo Popular y convertirse en una Melancólica Perfecta a fin de agradar a su madre. Con el paso del tiempo, esto se convirtió en un estilo de vida para Cassandra... y terminó en una Personalidad aplastada. Cassandra dice:

> De adulta, me di por vencida y me conformé con ser una Melancólica Perfecta de segunda mano, aunque no era consciente de lo que hacía. Aunque lo aceptaba en forma mental, mi cuerpo y mi espíritu no eran felices con esta decisión. Comencé a tener problemas de presión alta. Solía comer dulces para medicar el problema. Luego de la muerte de mi padre, no solo sufrí por la pérdida de mi padre, sino también por la pérdida de la única persona a la que me parecía más en la familia, la que satisfacía mis necesidades emocionales. Sabía que nunca recibiría la misma aceptación de mi madre, que la que había recibido de mi padre.

El lado Sanguíneo Popular de Cassandra se marchitó cuando no se satisficieron sus necesidades emocionales. A medida que Cassandra aprendía más acerca de las personalidades, comenzó a notar cuáles eran las necesidades emocionales que la hacían sentir bien. A pesar de que se sentaba quieta y se volvía silenciosa, no le gustaban las necesidades del Melancólico Perfecto de sensibilidad, espacio y silencio. Mientras más trataba de sentirse bien y suplir sus necesidades, más insignificante y sin valor se sentía.

Un día, la madre de Cassandra oyó que le ayudaba a una amiga a recoger una cosecha. Le gustaba la idea de ser agricultora, pero su madre se horrorizó por el empleo temporal que Cassandra aceptó para ayudar a una amiga. No pensaba que fuera un empleo propio de una dama ni adecuado para su hija. Desesperada (y en total confusión), la madre de Cassandra la miró y le dijo: «¡Eres tan inconformista!». A Cassandra le encantó esta observación. Por primera vez, su madre la veía tal como ella era. Al final, Cassandra liberó su lado Sanguíneo Popular y esto le permitió recuperar su salud.

Nos sentimos bien cuando estamos bajo la piel de nuestra Personalidad... cuando, como hizo Ricitos de Oro en la casa de los Tres Osos, probamos diferentes cosas para descubrir cuál nos gusta de verdad. Es importante saber quiénes somos, de manera que podamos alimentar nuestras almas con los nutrientes adecuados o, como me gusta decir, para que podamos satisfacer nuestras necesidades emocionales. Busca momentos que revelen la verdadera Personalidad que posees.

Cómo le «robamos» necesidades emocionales a otros

Al ser conscientes de las necesidades emocionales de cada Personalidad y de cómo satisfacer esas necesidades a otros, podemos vigilar nuestra propia salud emocional al observar nuestras conductas. Cuando le «robamos» a otros nuestras necesidades emocionales, mostramos que no todo anda bien en nuestra vida. Usaré una historia para explicar lo que quiero decir.

Kathryn es una Colérica Poderosa. Su niñez temprana estuvo llena de tragedias, las cuales le produjeron un trauma. Como resultado, se vio privada de su necesidad emocional de tener el control y esto le produjo un pánico interno. Para compensar, la tendencia a ser mandona se convirtió en un comportamiento adquirido. Le decía a todo el mundo lo que debía hacer y blandía su dedo en la cara de todos. Los adultos que la rodeaban trataron de corregir su conducta, pero nadie comprendía su necesidad emocional de tener esa sensación de control en su vida. Por lo tanto, su comportamiento continuó.

De adulta, se extralimitaba a cada momento, lo que trajo como consecuencia que la sacaran de varios comités y clubes. Como casi siempre sus motivaciones eran buenas, le resultaba difícil ver el error en sus conductas. Desesperada, oró pidiendo ayuda. Pronto, encontró la información acerca de las Personalidades y comenzó a aplicar este conocimiento a su vida. Poco a poco, volvió su salud emocional. Descubrió algo asombroso acerca de las funciones de su alma: ¡Se recuperaban si les daban una oportunidad!

Ahora bien, cuando Kathryn se pesca agitando su huesudo dedo en la cara de alguien, o cuando intenta con demasiada frecuencia hacer alarde de su duro trabajo para recibir un «¡Felicitaciones!», da un paso atrás y analiza lo que sucede en su vida. Se pregunta: *¿Tengo obligaciones que superan mis recursos? ¿Estas circunstancias están fuera de mi control?* Al utilizar sus necesidades emocionales como una lista de control, Kathryn ha aprendido a corregir su rumbo antes de que sus conductas se tornen destructivas.

Tú puedes hacer lo mismo. Cuando eres consciente de que estos extremos de la Personalidad se manifiestan en tu vida, permite que sean una bandera roja que te diga que algo necesita un ajuste. Luego, revisa tu vida de modo que veas de dónde vienen los problemas y qué necesidades emocionales no se satisfacen. En cuanto compruebes dónde está el problema, puedes dar pasos para corregirlo.

Antes mencioné que me sentí frustrada mientras escribía este libro. Los síntomas duraron poco y no alcanzaron el nivel de ira. Sin embargo, de seguro estaba irritable, lo cual es una bandera roja para mí. ¿Qué andaba mal? ¿Cuáles necesidades primarias o secundarias de mi Personalidad no se satisfacían? ¡Misión cumplida! En cuanto estuve en condiciones de marcar como realizadas algunas cosas de mi lista mental, la irritabilidad se fue y pude volver a mi forma de ser feliz y productiva.

Necesitamos asumir la responsabilidad por nuestro bienestar

Es de vital importancia que asumamos la responsabilidad por nuestro bienestar, que hagamos un balance de nuestra vida para ver si se satisfacen nuestras necesidades. Si no lo hacemos, renunciamos a esa responsabilidad y la dejamos en manos de otros. Cuando dejamos nuestra salud emocional al cuidado de los que nos rodean, corremos el riesgo de convertirnos en víctimas.

Sandy cree que si hubiera comprendido su Personalidad y hubiera usado ese conocimiento para tomar control de su propia salud emocional, no hubiera sido una víctima de abuso en su niñez. Esta es su historia:

> Mientras crecía, nunca recibí de mi padre el afecto que necesitaba. Como no era el varoncito deseado, tenía poco valor para él. A lo largo de toda mi infancia, me enfrenté a esta clase de rechazo. Cuando llegué a la adolescencia, estaba muy lastimada.
>
> Un día, en el instituto, había un muchacho en mi clase de matemática que pensaba que yo era lo máximo. Me admiraba porque era lista (mi padre siempre me hacía ver cuánto más listo era mi hermano, a pesar de que yo estaba por encima de él en mi clase) y me decía sin cesar lo hermosa que era. Aunque no me llamaba mucho la atención la forma de ser de este muchacho (reprobaba las clases y era un alborotador), me prestó atención y me hizo sentir bien conmigo misma, algo que necesitaba mi Personalidad Sanguínea Popular. Entonces, comencé a andar con él. En menos de seis meses, la relación se convirtió en una droga para mí. Todo lo que recibía de él o el afecto que obtenía no eran suficientes. A pesar de lo que sabía como una chica buena que iba a la iglesia, tuve relaciones sexuales con él. Deseaba el afecto con tanta desesperación que fui en contra de lo que sabía que era bueno.
>
> Esto continuó durante unos seis meses, hasta que tuve algunos ejemplos positivos que surgieron en mi grupo de jóvenes y me mostraron que no necesitaba esta clase de persona en mi vida. Algunas mujeres comenzaron a guiarme y mostrarme una atención positiva, y pude romper la relación luego de un campamento de verano para jóvenes. No volví a tener relaciones sexuales hasta que me casé, pero creo que eso no hubiera sido posible si al final no se hubiera satisfecho mi necesidad de afecto de algunas maneras positivas.

La historia de Sandy es parecida a la de muchísimos hombres y mujeres. Sin embargo, tuvo la bendición de no sufrir más consecuencias nefastas como resultado de satisfacer sus necesidades de maneras malsanas. No todas las historias similares tienen un final tan feliz.

Usa el conocimiento de las necesidades de la Personalidad para tomar el control de tu propia salud emocional. Al dedicar el tiempo para controlar cómo se manejan tus necesidades emocionales, tienes el potencial de llevar una vida sana y feliz en el aspecto emocional.

CAPÍTULO 6

MATRIMONIO

Toda relación requiere dedicación: dos buenas amigas del instituto, un empleador y un antiguo empleado, un esposo y una esposa, todos deben invertir en la relación para que dure a través de los años. Casi todo el que haya tenido cualquier tipo de relación durante mucho tiempo puede mencionar numerosas ocasiones en las que salieron a relucir asperezas y en las que cualquiera de los dos hubiera podido apartarse o renunciar, pero en su lugar decidieron esforzarse por resolver las diferencias.

Sin embargo, casi todos nosotros no consideramos que en el matrimonio se deba actuar de la misma manera. Esperamos que esa sensación del amor que nos hace ruborizar cubra las diferencias en el matrimonio, diferencias que aceptaríamos y esperaríamos en cualquier otra relación. Aunque todas las relaciones requieren dedicación y esfuerzo, casi todas pueden salir adelante, sobre todo cuando las dos partes están dispuestas a hacer lo requerido para lograrlo. Incluso si una sola de las partes está dispuesta a hacer cambios, se pueden lograr mejoras notables.

Cuando hablamos de relaciones, lo cierto es que la mayoría nos sentimos atraídos a personas que son lo opuesto a nosotros. Cuando miramos el matrimonio, creo que Dios quiso que esto fuera así. Cuando funcionamos de acuerdo con nuestros puntos fuertes, las diversas habilidades, emociones y puntos de vista que un esposo y una esposa llevan al matrimonio, crean equilibrio y perspectiva. Los dos se vuelven uno de verdad y así se complementan diversas habilidades. En los campos en que soy fuerte o capaz, mi esposo es débil o menos capaz; asimismo, en los campos en que él sobresale, yo necesito ayuda. Cuando nos comprendemos el uno al otro, cuando comprendemos las diversas capacidades y puntos fuertes y débiles opuestos de cada uno, podemos sacar ventaja de estas diferencias. Juntos, podemos lograr el crecimiento personal y el equilibrio en cada uno. Sin esta comprensión de nuestras Personalidades y de cómo podemos complementarnos el uno al otro, pasaremos del estado de «atracción» al estado de «ataque».

Los polos opuestos se atraen

Como desde pequeña crecí con estos conceptos de las Personalidades, comprendía muy bien la idea de que los polos opuestos se atraen. Cuando asistía a los seminarios y conferencias en los que mi madre enseñaba los conceptos de las Personalidades, muchas veces escuchaba a la gente decir: «¿Con qué tipo de Personalidad debería casarme si quiero ser feliz?». Su respuesta irónica era: «Si quieres ser feliz, ¡no te cases con nadie!».

Al haber visto las luchas entre polos opuestos en el matrimonio de mis propios padres, y luego de escuchar muchas preguntas afligidas de los que se encontraban en situaciones similares, decidí salir con hombres que fueran similares a mí. Salí con hombres que eran fuertes emprendedores, a menudo con vendedores extravertidos o empresarios con empuje. Por lo general, eran mayores que yo y tenían solidez financiera (o al menos, parecía que la tenían), y casi siempre eran Coléricos Poderosos, algunos con rasgos de Sanguíneos Populares y otros con rasgos de Melancólicos Perfectos. Sin embargo, aunque estas citas me trajeron muchos buenos momentos y algunas joyas bonitas, nunca me enamoré de ninguno de estos hombres... hasta que conocí a Chuck.

Chuck no encajaba en mi perfil. A pesar de mis mejores esfuerzos por salir con hombres más parecidos a mí, la Personalidad de Chuck era opuesta a la mía. Tenía solo tres años más que yo; él tenía veintisiete y yo veinticuatro. Se graduó de la universidad con el título de productor de películas, y cuando nos conocimos, hacía películas para la Fuerza Aérea. Chuck era un artista de alma, sin ningún trasfondo de negocios, ni impulso empresarial.

Nos casamos a los cinco meses de conocernos. ¡Se acabó el esfuerzo por tratar de rebatir que los polos opuestos se atraen!

Al volver la vista atrás a los veintitrés años de nuestro matrimonio, estoy muy agradecida que comprendiera nuestras Personalidades. Cuando Chuck y yo funcionamos de acuerdo con nuestros puntos débiles, se enfrenta casi siempre mi parte de Sanguínea Popular y la suya de Melancólico Perfecto y, a la vez, las partes Coléricas Poderosas que compartimos luchan por tener el control. Sin embargo, cuando comprendemos la Personalidad de cada uno y vivimos de acuerdo con nuestros puntos fuertes, mi parte Sanguínea Popular lo anima a él y su parte Melancólica Perfecta me proporciona una base sólida. La parte Colérica Poderosa que tenemos en común implica que cada uno quiere «ir» y «hacer», y decidimos quién tiene el control basándonos en nuestras capacidades individuales, en el tiempo disponible y en las prioridades de cada uno. Hemos aprendido a hacer que nuestro matrimonio resulte... ¡y mira que se requiere esfuerzo!

LAS EXPECTATIVAS DEL DÍA DE SAN VALENTÍN
SHERYL VASSO, ICP

Una de mis alumnas era recién casada y tenía un gran entusiasmo ante la celebración del día de San Valentín con su flamante esposo. Una semana antes, me contaba lo entusiasmada que estaba porque su esposo le había preparado una sorpresa especial para este día. No cabía dentro de sí y, como una típica Sanguínea Popular, su preparación para la velada fue comprarse un vistoso vestido que, según su descripción, tenía varios tonos de rosa y rojo, y lentejuelas (¡con zapatos que hacían juego!). Le dije que no veía la hora de que llegara la semana próxima para que me contara de su velada.

A la semana siguiente, mi estudiante Sanguínea Popular regresó a clase con su entusiasmo muy decaído. Cuando le pregunté por su sorpresa de San Valentín, dijo: «¡Fue horrible!».

Aunque mi Personalidad predominante es la de Melancólica Perfecta y mi estudiante es una Sanguínea Popular, no estaba segura de qué tipo de Personalidad tenía su esposo. No obstante, enseguida concluí que era un Melancólico Perfecto cuando mi alumna me contó lo sucedido en el día de San Valentín.

La sorpresa que le preparó su esposo era una cena encantadora, romántica, a la luz de las velas en su casa, ¡para ellos dos solos! Mientras

(continúa en la siguiente página)

me contaba acerca de la noche, yo respondía con «oh» y «ah», al pensar en lo romántica y privada que sería semejante velada. Mi alumna no disfrutó de la soledad romántica y yo no podía entender el porqué.

Después de todo, a mí me hubiera encantado tener una cena de San Valentín como esa. Entonces, le pregunté si tuvo que preparar la cena. ¡No! Si tuvo que lavar los platos. ¡No! ¡Su esposo lo hizo todo!

Sin comprender, le pregunté por qué estaba tan desilusionada. Me dijo: «¡Nadie pudo ver mi vestido ni mis zapatos nuevos! Quería salir a celebrar afuera, como la mayoría de la gente, y luego regresar a casa para la soledad romántica».

Si todavía eres soltero y te identificas con la pregunta «¿Con cuál Personalidad debería casarme si quiero ser feliz?», presta especial atención a lo que diré, en particular, si piensas comenzar un segundo o tercer matrimonio o si tienes más de veinticinco años y nunca te has casado. Esta información es relevante, porque si eres joven y te casas por primera vez, no importa cuántos libros leas ni cuán decidido estés, lo más probable es que te cases por amor («Me produce cosquilleos en el estómago»). No obstante, si eres mayor, es posible que hayas visto que muchos de tus amigos han tenido matrimonios difíciles y divorcios terribles, y han jurado no cometer los mismos errores. Por lo general, si piensas en un segundo o tercer matrimonio, se debe a que tu matrimonio o matrimonios anteriores no resultaron. En cualquiera de los casos, tienes más probabilidades de tomar una decisión basada en el intelecto. Si estuviste casado y el matrimonio no resultó, es probable que el hecho de que tu cónyuge fuera opuesto a ti representara un papel importante en las «diferencias irreconciliables». Como resultado, ahora buscas a alguien que sea más parecido a ti o diferente a la última persona con la que estuviste, lo cual, en esencia, te augura el mismo desenlace.

Cuando hablo con parejas en mis conferencias, descubro que prácticamente la única vez que encuentro a un esposo y una esposa con la mismísima mezcla de Personalidades, es cuando se trata de un segundo o tercer matrimonio (al menos, en el caso de alguno de los dos) o cuando se casaron tarde en la vida. Por naturaleza, nos sentimos atraídos hacia los que son lo opuesto a nosotros.

No obstante, si estás buscando y quieres tomar una decisión basada en lo intelectual, en lugar de basarla en las emociones, esto es lo que debes hacer: Cásate con alguien con el que tengas «un cuadrado en común».

Un cuadrado en común

Aunque cada matrimonio requiere esfuerzo, ciertas combinaciones tienden a marchar con más facilidad, mientras otras requieren más esfuerzo. He visto que los matrimonios que requieren la menor cantidad de esfuerzo son los que tienen lo que llamamos un cuadrado en común. Recuerda que cada cuadrado en el cuadro de la Personalidad (véase la página 16) representa una de las cuatro Personalidades. A pesar de que por naturaleza nos atrae alguien que posee una Personalidad opuesta a la nuestra, los matrimonios en los que las parejas tienen en común un cuadrado que se superpone, muchas veces funcionan con mayor facilidad y requieren menos trabajo. El cuadrado en común les da a ambos algo en común.

Cuando se comparte el cuadrado Sanguíneo Popular

Mi amiga Melody es Flemática Pacífica con algo de Sanguínea Popular. Su esposo es una combinación de Colérico Poderoso y Sanguíneo Popular. Juntos, comparten el cuadrado de Sanguíneos Populares. Cuando Melody me pidió que le explicara cómo funciona esto en su matrimonio, le dije que, como los dos tienen la misma mirada optimista y amante de la diversión del Sanguíneo Popular, no es probable que tengan ningún problema serio en el matrimonio. El hecho de divertirse juntos les permite pasar por alto muchos otros problemas. Sin embargo, como ninguno de los dos tiene ninguna cantidad real de Melancólico Perfecto, es probable que nunca tengan en orden sus finanzas. Describí el siguiente panorama de un día en su matrimonio:

Tienes un mal día en el trabajo. Entras y miras a Mark con esos grandes ojos y dices: «Mark, tuve un día malo. Salgamos a cenar y vayamos a ver una película divertida. Necesito levantarme el ánimo». Como saben que las finanzas han sido un campo de conflicto, los dos se preocupan por crear un presupuesto y por tratar de atenerse a él. Entonces Mark dice: «No podemos.

No entra en nuestro presupuesto». Tú le dices: «Pero yo *necesito* salir. Tenemos tarjetas de crédito. Vámonos». Como Mark también es Sanguíneo Popular, no quiere verte infeliz, así que accede. A través de los años, este panorama se repite con frecuencia, adquiriendo diferentes formas, y aunque no estén endeudados hasta el cuello, es probable que nunca progresen.

Melody me miró con los ojos muy abiertos. ¡El panorama que le había creado era certísimo! Le dije que lo bueno que tiene su combinación es que nunca se preocuparán de verdad por el éxito financiero que tengan, ya que la seguridad de una abultada cuenta de ahorro no les resulta un problema. (Por supuesto, cuando hablamos de la familia política, ¡es otra historia!).

Cuando vivíamos cerca de Mark y Melody, siempre la pasábamos bien. Venían a nuestra casa a cenar o salíamos a cenar fuera. Luego de una velada con ellos, siempre comentábamos que nos divertimos mucho. Como los dos tienen una parte de Sanguíneos Populares, nos levantaban el ánimo. Las parejas que tienen en común el cuadrado de los Sanguíneos Populares son muy divertidas. ¡No quieres ofrecer una fiesta sin su presencia!

Cuando se comparte el cuadrado Colérico Poderoso

En este caso, tomémonos a Chuck y a mí como ejemplo. Como mencioné, soy casi mitad Sanguínea Popular y mitad Colérica Poderosa, y Chuck es en gran parte Melancólico Perfecto con algo de Colérico Poderoso. Somos opuestos, pues soy Sanguínea Popular y él Melancólico Perfecto, pero compartimos los rasgos de Coléricos Poderosos. El beneficio que nos trae es que ninguno de los dos quiere descansar jamás. Cualquier fin de semana, los dos queremos lograr más de lo humanamente posible. Los dos tenemos nuestras listas mentales y vemos el fin de semana como una oportunidad para lograr las cosas que no podemos hacer durante la semana de trabajo. Al tener el cuadrado Colérico Poderoso en común, la característica de nuestro matrimonio es la acción. Vemos las vacaciones como oportunidades para ver y hacer nuevas cosas, no para descansar.

Cuando se comparte el cuadrado Melancólico Perfecto

Chuck y yo conocimos a una pareja que tenían en común el cuadrado Melancólico Perfecto. Vivían al lado de nuestra casa, justo antes de comprarse la casa de sus sueños. La esposa era Colérica Poderosa y Melancólica Perfecta, en tanto que el esposo era Melancólico Perfecto y Flemático Pacífico.

Al revés de las parejas que tienen en común el cuadrado Sanguíneo Popular, los que comparten el rasgo de Melancólicos Perfectos son la representación del éxito. Por lo general, poseen una buena educación, conducen los autos adecuados y tienen casas grandes. Cuentan con fondos de jubilación y sus futuros están planificados por completo.

Cuando solíamos ir a la casa de esta pareja para algún acto social, siempre la pasábamos muy bien. Al marcharnos, Chuck y yo nos decíamos: «Estuvo bueno». Y así fue. No nos íbamos estallando de entusiasmo, danzando, ni conversando acerca de cómo nos divertimos a lo loco.

El hogar Melancólico Perfecto no es de esa clase. Las parejas que tienen en común el cuadrado Melancólico Perfecto son agradables y placenteras, pero «diversión» y «entusiasmo» no son las primeras palabras que usarías para describirlas.

Cuando se comparte el cuadrado Flemático Pacífico

Mi amiga Brenda es una Flemática Pacífica que se casó con un hombre que también es cerca de un cincuenta por ciento Flemático Pacífico. En su hogar, la comodidad es una prioridad. Valoran la armonía y la estabilidad. Si cae un invitado de manera imprevista, no se aterrorizan, ni guardan cosas dentro de los armarios con frenesí, en el intento de dar una buena impresión: la casa se ve como se ve, ya sea que sepan que viene gente o no. Están muy satisfechos el uno con el otro y con sus vidas, y no sienten la obligación de conquistar nada.

La casa de los que tienen en común el cuadrado Flemático Pacífico será un hogar muy agradable. Cuando los dos en un matrimonio tienen en común esta cualidad acogedora, todos se relajan a su lado. Esta pareja puede descubrir que tienen muchos proyectos sin terminar, pero como son un matrimonio Flemático Pacífico, no les importa.

El cuadro en la siguiente página «Tabla de equilibrio matrimonial» ilustra los activos y los pasivos de cada tipo de matrimonio con «un cuadrado en común».

Sin cuadrados en común

Los matrimonios que tienen un cuadrado en común funcionan más fácil debido a los rasgos en común. Esos en los que un cónyuge es Sanguíneo Popular y Flemático Pacífico, y el otro es Colérico Poderoso y Melancólico Perfecto tienen una ventaja similar: Cada uno es un poco extravertido y optimista, y algo introvertido y pesimista, de modo que tienen esas cualidades en común. Sin embargo, es probable que esta combinación necesite más esfuerzo que esas con un cuadrado en común.

Encuentro que el matrimonio que da más trabajo y que requiere más ajustes es aquel en el que un cónyuge es Sanguíneo Popular y Colérico Poderoso, y el otro es Flemático Pacífico y Melancólico Perfecto. Analiza de nuevo el cuadro del «Equilibrio matrimonial». Los dos cuadrados superiores representan a la persona extravertida y optimista (esa que se estimula por la gente). Cuando estas dos Personalidades se reúnen en una persona, el resultado es alguien cargado en exceso, muy nervioso y que abruma a otros. Los dos cuadrados inferiores representan a la gente más pesimista y solitaria: La gente los agota y se recuperan con la soledad. Cuando estas dos Personalidades se funden en una persona, esta puede caer con facilidad en el verdadero teleadicto, en alguien difícil de motivar y poner en movimiento.

Cuando estas dos personas se casan, no solo son opuestos, ¡sino que tampoco tienen en común ninguna parte del cuadrado! El matrimonio puede resultar, pero ambas partes tendrán que estar dispuestas a dedicar un esfuerzo extra para comprender la Personalidad del otro y satisfacer sus necesidades emocionales.

Hace muchos años, tenía una empleada llamada Janis. Cuando una amiga en común me habló de ella, la describió como mi «clon». Terminamos trabajando juntas durante muchos años y, antes de casarse, hasta vivió con nosotros durante algún tiempo. Janis, que era una combinación casi equivalente de Sanguínea Popular y Colérica Poderosa, se casó con Boyd, un Melancólico Perfecto y Flemático Pacífico que trabajaba en el negocio de su familia. A los que trabajábamos con Janis nos resultó difícil ver su adaptación durante el primer año de matrimonio.

Tabla de equilibrio matrimonial

SANGUÍNEO POPULAR EL MATRIMONIO «DIVERTIDO»		COLÉRICO PODEROSO EL MATRIMONIO «ACTIVO»	
Ventajas	**Desventajas**	**Ventajas**	**Desventajas**
Espontáneos	Carencia de planes	Con metas	Luchan por el
Emocionantes	y metas	específicas	control
Entusiastas	Inestables	Límites claros	Demasiado
Mantienen la	Insinuantes	Grandes logros	comprometido e
frescura en el	Desordenados	Respeto mutuo	impuntual
matrimonio	Nadie escucha	Dinámico	Sin tiempo para las
Flexibles	La relación se	Defiende las	relaciones
Transigentes	mantiene	causas	Dos carreras
Perdonadores	superficial	Padres firmes	amenazan el
Juegan con los	No echan raíces	Relación sexual	matrimonio
hijos	Límites	rápida	El matrimonio no
Relaciones	generacionales		es una prioridad
sexuales	confusos		Límites
creativas	Cuestiones		personales y
	financieras:		profesionales
	no tienen		confusos
	presupuesto, ni		Discuten con
	contabilidad, ni		gritos
	plan de jubilación		Temen compartir

FLEMÁTICO PACÍFICO EL MATRIMONIO «RELAJADO»		MELANCÓLICO PERFECTO EL MATRIMONIO «ORGANIZADO»	
Ventajas	**Desventajas**	**Ventajas**	**Desventajas**
Estables	Pocos logros	Hogar	Críticos
Agradables	Falta de	impecable	Peligro de crisis en
Contentos	planificación	Planes a largo	la mediana edad
Poca presión	Los hijos pueden	plazo	Deprimidos y
Satisfechos	tomar el control	Disciplina	pensativo
Modestos	Apagado	financiera	Llevan registro de
Falta de	El control es	Puntuales	las ofensas
dirección	pasivo-agresivo	Aprecian la	Refuerzo mutuo de
Pacientes con los	Falta de	educación	la negatividad
hijos	comunicación	Recuerdan fechas	Se atascan en las
La relación	Pérdida de la	importantes	rutinas
sexual es un	identidad	Dedicación	Quizá sean infieles
hecho especial	individual	mutua	Repiten
	Límites	Amoroso y	conductas de
	generacionales	protector con	inadaptación
	confusos	los hijos	Altas expectativas
	Temen al conflicto	Relación sexual	ponen gran carga
		romántica	en las relaciones

Janis y Boyd iban a la misma iglesia que Chuck y yo. Un domingo después del culto, algunos de nosotros teníamos programado salir a almorzar para celebrar un cumpleaños. El viernes, Janis y yo conversamos acerca de la fiesta y del regalo que compraríamos. Sabía que planeaba ir y llevar los regalos envueltos, pero cuando llegó el momento del almuerzo, Janis y Boyd no aparecieron. La fiesta siguió adelante sin ellos, pero sabía que Janis detestaba perderse una fiesta. El lunes, le pregunté por lo sucedido. Miró hacia abajo y me dijo con tristeza: «Boyd no deseaba ir».

Tuvo que aprender a hacer las cosas por su cuenta, que no era lo que esperaba de su matrimonio. Después de unos meses de casada, le pregunté a Janis si le gustaría acompañarme en un viaje. Mi padre tenía dos boletos que regalan a los viajeros frecuentes y que vencían a fin de año, así que me los ofreció. Quería visitar a mi pariente anciana favorita, la tía Jean, pero en ese momento, Chuck cursaba su posgrado y no podía ir a ninguna parte.

Cuando le pregunté a Janis si le gustaría ir conmigo, me respondió: «¡Sí, sí!», mientras saltaba de alegría. Para ella, viajar era una aventura, mientras que Boyd no veía la necesidad de ir a ninguna parte, ya que vivía en el paraíso y podía practicar *surf* todos los días. Le advertí a Janis que quizá no haríamos otra cosa más que estar sentadas en el sillón caqui de la tía Jean, y que debía conformarse con hacer solo eso. Dijo que no había problema; solo quería ir.

Nos sentamos en el sillón caqui y sacamos del sótano el árbol de Navidad plateado y se lo decoramos a la tía Jean. Además, también fuimos a Sturbridge Village. No fue unas vacaciones de ensueño, pero fue un viaje memorable para Janis.

Si se entusiasmó con sentarse en el sillón de la tía Jean en medio de Massachusetts, te puedes imaginar cuánto se entusiasmó cuando la compañía de Boyd los envió a la ciudad de Nueva York para la exposición anual de ventas. Boyd era una reproducción fiel de su padre, y los dos se habían encargado del *stand* de la feria por años. Te puedes imaginar el brillo que adquirió este viaje, cuando Janis trabajó en el *stand*. Tenía la adrenalina por las nubes con el solo hecho de ir a Nueva York, pero como si esto fuera poco, ¡todo el día se lo pasó hablando con la gente!

Al final de la jornada, estaba llena de energía. Quería ir a ver un espectáculo, a visitar la Estatua de la Libertad y a pasear por el metropolitano. Quería seguir y seguir. Sin embargo, Boyd y su papá estaban cansados. Estuvieron todo el día con gente y necesitaban soledad y espacio. Cuando Janis les presentaba opciones fascinantes para la noche, bostezaban y sugerían que pidieran una pizza a la habitación mientras veían televisión (muy lejos de la vida nocturna de Nueva York que esperaba Janis). Fue un ajuste difícil.

Janis y Boyd han tenido que esforzarse en su matrimonio. No obstante, como se aman, los dos son cristianos y comprenden las Personalidades, se han comprometido con su matrimonio y han logrado que resulte. Mientras escribo esto, llevan diecisiete años de casados y tienen tres hijos.

DIFERENCIAS RECONCILIABLES
SHERRI VILLARREAL, ICP

Estoy muy agradecida por Dan, mi valioso esposo Flemático Pacífico de hace treinta y tres años. Sin embargo, ese no fue siempre el caso. Los primeros diecisiete años de nuestro matrimonio fueron una batalla constante. Como soy Sanguínea Popular, me gustaba la diversión y la espontaneidad; él era reservado y solitario. A mí me daban energía las personas y las fiestas; a él lo agotaban. Me encantaba ser «el alma de la fiesta»; él se sentía incómodo y sospechaba de mi naturaleza coquetona. Estos no son más que algunos ejemplos breves de lo incompatibles que éramos.

A pesar de nuestras vastas diferencias, tuvimos dos hermosas hijas y juntos forjamos un hogar encantador, y él desarrolló una exitosa carrera en la que debía imponer el cumplimiento del deber. En lo profundo, estábamos seguros de que nos amábamos, pero nos parecía que casarnos con alguien tan diferente fue un terrible error. Con el consejo de un terapeuta secular, decidimos que nuestras diferencias eran irreconciliables y que era hora de terminar el matrimonio.

Por aquel entonces, escuché la disertación de Florence Littauer en Enfoque a la Familia. Me intrigó tanto su historia que enseguida compré su libro *Enriquece tu Personalidad,* y por primera vez empecé a comprender que tanto Dan como yo éramos creaciones exclusivas de Dios. Fue un gran alivio saber que había otros como yo (y como él) y que teníamos esperanza de aprender a vivir poniendo en acción nuestros puntos fuertes y minimizando nuestros puntos débiles. Decidimos que habíamos invertido demasiado como para tirarlo todo por la borda así porque sí, y nos comprometimos a poner el alma y el corazón para sanar nuestra familia. La travesía durante

(continúa en la siguiente página)

estos últimos quince años ha estado lejos de ser milagrosa. Con los recursos que recibimos mediante el estudio de las Personalidades, y con la piadosa dirección del Espíritu Santo, cada uno de nosotros inició una misión personal para convertirse en todo lo que Dios esperaba de nosotros. Nuestro matrimonio a punto de fracasar sanó y ahora tenemos la mejor de las relaciones.

Hemos aprendido a apreciar nuestras diferencias, y debido a que somos una mezcla de las cuatro Personalidades (Dan es Flemático Pacífico-Melancólico Perfecto, y yo soy Sanguínea Popular-Colérica Poderosa), sentimos que formamos el mejor equipo de todos. A medida que maduramos, Dios nos ha ayudado a atenuar nuestros puntos débiles y nos ha enseñado a actuar de manera más coherente poniendo en acción nuestros puntos fuertes, hasta el punto que hace tres años renunciamos a nuestros respectivos empleos y comenzamos nuestra propia consultoría comercial. Nos encantaba trabajar y viajar juntos, y al poco tiempo, compramos una propiedad en las montañas y trabajamos codo a codo durante seis meses para construir una encantadora casita cerca del lago. Además, ahora compramos y reacondicionamos propiedades para alquilar. Estamos juntos las veinticuatro horas del día, los siete días de la semana, unimos nuestras ideas y delegamos la responsabilidad de acuerdo con los puntos fuertes de nuestras Personalidades. Nos deleitamos sin cesar (¡y ya estamos en los cincuenta!) al encontrar muchos talentos y habilidades sin explotar que nunca hubiéramos explorado si no hubiéramos aprendido acerca de las Personalidades y de cómo optimizar nuestro potencial.

Somos una prueba viviente de que Dios sabía con exactitud lo que hacía cuando permitió que se atrajeran dos polos opuestos. Deseaba que las personas entre sí complementaran sus puntos fuertes y compensaran sus puntos débiles. A decir verdad, las posibilidades son ilimitadas cuando tomamos la decisión de no conformarnos con que la mediocridad sea una opción en nuestras relaciones o en nuestra vida.

Ahora bien, como Instructores Certificados en Personalidad, tenemos el honor de contarles estos conceptos a otros que luchan en diversos campos de sus vidas. Junto con la oración y el poder sanador del Espíritu Santo, el Perfil de la Personalidad ha sido el recurso más práctico que hemos usado en el ministerio debido a su potencial para cambiar vidas.

(continúa en la siguiente página)

Estoy muy agradecida por el ministerio de Fred, Florence y Marita Littauer. Nuestro objetivo es perpetuar su enseñanza y continuar alcanzando a otros con el mensaje de esperanza y sanidad que no solo salvó nuestro matrimonio, sino que también cambió nuestras vidas.

Luego de años de tener contacto solo a través de tarjetas de Navidad, llamé a Janis a fin de pedirle permiso para contar su historia en este libro. Por supuesto, como es una Sanguínea Popular, me dio carta blanca. Aun así, me dijo:

—¡Tengo que contarte el resto de la historia!

Debido a las responsabilidades propias de la maternidad, Janis no asistió durante diez años a la exposición comercial de la industria de su esposo. Luego de este largo intervalo, volvió a ir este año.

—Hemos madurado muchísimo —me contó—, y ahora Boyd entiende lo que necesito. Para darme una sorpresa, compró un paquete turístico que incluía varias opciones diferentes para las cuatro noches que estuvimos en Nueva York. Me dijo que podía escoger lo que quería hacer y que lo haría conmigo.

—¿Salieron todas las noches? —tuve que preguntarle.

—No —contestó—. Salimos dos y para la tercera noche estaba tan cansada que lo único que quería era cenar en el hotel.

¡De modo que ahora él está dispuesto a salir y ella está dispuesta a quedarse!

Así es, cada relación puede resultar, ¡pero cada relación requiere esfuerzo!

Necesidades emocionales en el matrimonio

La comprensión de las necesidades emocionales que forman parte de cada Personalidad es esencial en la relación matrimonial. Sin embargo, muchas parejas ni siquiera conocen las Personalidades, menos aun cómo apropiarse de su valor. Sin la comprensión de cómo suplir las necesidades emocionales del cónyuge, lo cual es difícil aun cuando se tenga una Personalidad en común, no debe sorprendernos que fracasen tantos matrimonios. De manera subconsciente, la mayoría de nosotros tenemos la tendencia a aplicar la arraigada regla de oro a nuestras relaciones, y así les damos a los demás lo que queremos nosotros. Sin siquiera pensarlo, y sin intenciones maliciosas, privamos a nuestro cónyuge de lo que necesita con exactitud.

Al igual que la satisfacción de las necesidades de alguien, la atención de las necesidades emocionales de nuestro cónyuge requerirá el suficiente cuidado de su persona y nuestra relación como salir de lo que nos resulta fácil y cómodo, considerando muy bien sus necesidades emocionales y después comportarnos y reaccionar de una manera apropiada. A fin de lograrlo, tendremos que aprender cómo amamos de manera distinta a la que necesitamos que nos amen.

Aquí tenemos la manera en que estas diferencias tienden a manifestarse en un matrimonio entre polos opuestos.

Matrimonio de Sanguíneo Popular-Melancólico Perfecto
Las necesidades del Sanguíneo Popular

Ya conoces las necesidades emocionales y comprendes que el Sanguíneo Popular necesita atención y aprobación, mientras que el objetivo del Melancólico Perfecto es la perfección. Por lo tanto, en un matrimonio entre un Sanguíneo Popular y un Melancólico Perfecto, ¿qué deben hacer los Sanguíneos Populares para conseguir la atención y la aprobación que desean de su cónyuge? Tendrán que ser perfectos. Por supuesto, nunca llegarán a ser lo bastante perfectos como para que el Melancólico Perfecto los elogie, estos sentirán que si les dan a los Sanguíneos Populares el elogio que necesitan, quizá piensen que lo que hicieron era lo suficiente bueno, cuando podía haber sido mejor.

Al no satisfacerse sus necesidades emocionales, los Sanguíneos Populares quedan predispuestos a satisfacerlas en alguna otra parte. Pueden volverse más ruidosos e incluso más extravertidos en su búsqueda de atención. Como este comportamiento no les gusta a los Melancólicos Perfectos, la brecha se ensancha ya que continúan reteniendo la aprobación. Algunos Sanguíneos Populares pueden llegar a extremos mayores al cambiar de trabajo o tener una aventura amorosa.

Este último desastre sucede cuando el Sanguíneo Popular se ha visto privado de la atención que tanto anhela. La primera persona del sexo opuesto que ofrezca cualquier tipo de aprobación («hoy te ves muy bien» o «eres muy divertido»), comienza a llenar el gran vacío en el Sanguíneo Popular que su cónyuge debería haber llenado. Al poco tiempo, se encuentra en una aventura amorosa que nunca tuvo la intención de iniciar.

Para evitarlo, el cónyuge Melancólico Perfecto debe darse cuenta de que gran parte del comportamiento indeseable del Sanguíneo Popular se reduciría con una dosis saludable y frecuente de elogio. El cónyuge Melancólico Perfecto debe darse cuenta de que el elogio, en lugar de hacer que el Sanguíneo Popular crea que su comportamiento es aceptable, lo estimulará a esforzarse cada vez más de modo que mengüe el comportamiento ofensivo del Melancólico Perfecto, al sustituirse por el incremento de la mejora de su desempeño. Todos ganan con la comprensión de las Personalidades.

COMPROMETIDA MEDIANTE UNA HOJA DE CÁLCULO
WENDY STEWART HAMILTON

No hubo nada que me preparara para el compromiso con mi esposo Melancólico Perfecto, Mike. Ah sí, me lo veía venir. Las numerosas insinuaciones como: «Si yo fuera a... no es que lo vaya a hacer ahora... si te preguntara, ¿qué dirías?», me llevaron a creer que en algún momento, mi príncipe entraría en razón y soltaría las palabras. Entonces, podría planear nuestra boda de manera oficial, que según su manera de pensar sería unos ocho meses después. Ocho meses para planificar una boda no es mucho tiempo para una Colérica Poderosa-Sanguínea Popular. Mucho antes de que me pidieran la mano en matrimonio, venía haciendo listas y revisándolas dos veces, bosquejando diseños de vestidos, la ubicación de las sillas, creando menús, diseñando nuestras invitaciones y dibujando la llave en forma de corazón para nuestras invitaciones.

El día de la propuesta llegó al fin, pero no fue como la había imaginado. Había pensado que recrearíamos la escena de nuestra primera cita, con una caminata a lo largo de la bahía de Corpus Christi después de una exquisita comida en *The Republic of Texas*, el afamado restaurante en lo alto del Omni. Me había imaginado cómo miraríamos embelesados las ostras flameadas y los solomillos, y veríamos las chispas del amor en el reflejo que las velas producían en las copas de cristal. Pensaba que sería maravilloso caminar hacia el Jardín de Rosas en el parque

(continúa en la siguiente página)

Heritage y detenernos bajo los enrejados: en ese momento, se arrodillaría, deslizaría un anillo en mi mano y me pediría que me casara con él. Bueno, no fue así.

La propuesta que recibí se pareció más a una reunión de negocios, en la que se ultimaban los detalles de la mayor transacción en la vida de Mike. En lugar de una cena y una caminata romántica, nos encontrábamos sentados en mi pequeño apartamento de dos habitaciones. Mike sacó una hoja de cálculos, en la cual dividió veinte diamantes con el   certificado del GIA [por sus siglas en inglés del Instituto Gemológico de América], de acuerdo con las cinco C: Color, Corte, Claridad, Costo y Quilates[1].

Todavía puedo oírlo: «Estas son mis tres elecciones principales. Este de aquí es mayor, pero tiene una ligera inclusión que afecta el brillo en general. Aquí tengo el gráfico ilustrado de dónde se encuentra la inclusión; fíjate que cuando la luz viene en esta dirección, en la punta de un ángulo, esta inclusión no permite que destelle aquí, aquí y aquí. Me gustó este; es perfecto y de la medida adecuada, pero el costo estaba fuera de los cálculos. Además, considerando el tamaño de la piedra, no lo vale en realidad. Bueno, este es el que escogí porque al usar estos cinco criterios, pasó al primer lugar como el mejor. Es perfecto en color, con una ligera opacidad azulada que no lo hace brillante en exceso. El corte es radiante, muy parecido al corte princesa que te gusta, pero con más de una cara para que refleje la luz y le dé ese destello y brillo que te gusta. La transparencia es perfecta. El tamaño es justo el de tres cuartos de quilate, y en conjunto es una buena elección».

Entonces, Mike se quedó allí sentado y mirándome con sus ojos brillantes. Yo estaba allí sentada y miraba de hito en hito los cinco documentos impresos de los diamantes, tratando de encontrarle sentido a lo que sucedía. Podía ver que su actitud optimista comenzaba a flaquear, mientras su cerebro daba vueltas con frenesí alrededor de los pasos planeados. Sin dudas, pensó: En el pasado, se lo he preguntado lo suficiente como para saber que diría sí, ¿entonces por qué no dice que sí? ¿No le gustó mi piedra? Sabía que hubiera tenido que escoger una mayor.

Mientras tanto, mi cerebro trataba de encontrar algún tipo de equilibrio entre el Jardín de Rosas soñado y la realidad de la hoja de

(continúa en la siguiente página)

cálculos. Estaba confundida. ¿Mike me pedía de verdad que me casara con él o este era otro ensayo de una propuesta de matrimonio? Al final, dije decepcionada: «¿Me pides que me case contigo? ¿Lo dices de verdad?».

Si en ese momento hubiera tenido una comprensión de las Personalidades, hubiera sabido que tenía que guardarme la parte «de verdad». Ahora, mi futuro maridito estaba aturdido. Había planeado esta propuesta de matrimonio hasta la más insignificante columna resaltada en sus hojas de cálculo. «Sí», dijo por último. «Pensé que querías casarte conmigo». (La última parte fue más una pregunta que una declaración). Ahora podía ver que Mike estaba a punto de tomar su maletín y salir corriendo.

Entonces, supe que esta era **la** propuesta de matrimonio, a pesar de que ni siquiera se acercaba a como la había soñado. De todas maneras, esta era la propuesta de matrimonio única y especial que me hacía. Acepté de buen grado y a las pocas semanas, luego de una cena, me colocó en el dedo el verdadero anillo, más hermoso de lo que hubiera imaginado jamás. Entonces, procedió a explicar cómo había diseñado el anillo: «La piedra está engarzada en platino, la más durable de todas las sustancias para hacer un anillo. La piedra central es la que pasó por el proceso de filtrado con absoluto éxito. Como puedes ver, es perfecta y brilla tal como te gusta. Parece de un quilate completo, pero en realidad es apenas un poco más de tres cuartos de quilate, estimado más o menos en 0,875 quilates. Por debajo de esta piedra central, hay un canal en el que se alternan diamantes y peridotos. Como nos casaremos en agosto y mi cumpleaños es en agosto, así no tendrás ningún problema en recordar cuándo es nuestro aniversario. Nos casaremos el día diez, y hay un total de diez piedras en el anillo».

Miré con fijeza a Mike y luego al anillo, cuya belleza solo podía requerir el tiempo, el trabajo y el esfuerzo que un Melancólico Perfecto estaba en condiciones de proporcionar. En ese momento, comprendí que, aunque su propuesta careció del estilo que pensaba que necesitaba, me dio una belleza y un brillo duradero. Y aunque hace cincuenta años que estamos casados, recordaré cuánto se preocupó entonces y cuánto se preocupa ahora, y cuánto quería asegurarse de que todo fuera como yo lo deseaba de verdad: que todo fuera perfecto.

Las necesidades del Melancólico Perfecto

Para los Melancólicos Perfectos, la mayor necesidad en el matrimonio es la sensibilidad y el espacio. Los Melancólicos Perfectos necesitan que su cónyuge Sanguíneo Popular sufra cuando ellos sufren y que llore cuando ellos lloran. También necesitan tiempo para sí mismos. Los Melancólicos Perfectos recargan las baterías en la soledad.

Sin la comprensión de las Personalidades y las necesidades emocionales que acompañan a cada una de ellas, el Sanguíneo Popular nunca le dará al Melancólico Perfecto lo que necesita. Repito, es natural que todos demos lo que deseamos que nos den. Para un Sanguíneo Popular, el silencio es una interferencia en la transmisión... ¡y esto no es bueno!

Cuando Chuck y yo íbamos juntos por la carretera al comienzo de nuestro matrimonio, siempre trataba de mantener un clima de bromas animadas. Cuando pienso en por qué tenía que hacerlo, descubro una razón típica que está a flor de piel en los Sanguíneos Populares: No quería que los desconocidos que pasaban en sus autos a nuestro lado, miraran hacia nuestro auto y nos vieran a los dos mirando por la ventanilla con una mirada en blanco o descontenta. Cada vez que pasaba junto a alguien que tenía esta expresión en su cara, siempre decía en forma irónica: «¡Vaya, parece que se están divirtiendo!». No quería que nadie mirara hacia nuestro auto y dijera eso de nosotros, así que hablaba. Sin embargo, tenía que haber aprendido que Chuck no tiene la misma necesidad que yo de actividad constante y ruido. Como Melancólico Perfecto, le gusta el silencio en realidad.

Como terapeuta matrimonial, a menudo Chuck ve situaciones como la nuestra: el conversador cónyuge Sanguíneo Popular casado con el Melancólico Perfecto silencioso y solitario. Como mencioné, Chuck cree que para estimular la armonía en esos matrimonios, debe decirle al Sanguíneo Popular que aprenda a «interpretar los silencios». Chuck me dice que esto también quiere decir que el Sanguíneo Popular necesita escuchar más música clásica. Así como Beethoven ponía momentos de silencio en sus obras, necesitamos aprender que lo que tenemos que decir tiene más impacto cuando sabemos en qué momentos debemos permanecer en silencio.

Ahora bien, cuando vamos a alguna parte en el auto, llevo libros y catálogos de compras, miro por las ventanillas o duermo: actividades que «interpretan los silencios». Si tengo algo en mente que me parece necesario que Chuck y yo lo conversemos, le pregunto: «¿Es un buen momento?». Por lo general, dice que sí, pero algunas veces dice que no. En cualquiera de los casos, acato su deseo. Cuando me he «portado bien» al quedarme callada, muchas veces señalo (con una gran sonrisa) que he estado interpretando el silencio, y le pregunto si se ha dado cuenta. Como me entiende, conoce la necesidad que tiene el Sanguíneo Popular de aprobación y me elogia de manera adecuada por mi silencio.

Los Melancólicos Perfectos también necesitan sensibilidad. Recuerda, de manera muy parecida a los que están en el ejército, operan en el ámbito de «lo que se necesita conocer». A diferencia de su cónyuge Sanguíneo Popular que saca sin cesar y a borbotones cualquier pensamiento que entre en su cabeza, los Melancólicos Perfectos son personas privadas. Tienden a retener los pensamientos en su interior y no revelan información íntima acerca de sí mismos, a menos que sientan que los escucharán de manera razonable. Sin embargo, aunque no siempre cuentan lo que piensan, creen que un cónyuge sensible y que se preocupa por ellos sabrá de manera intuitiva lo que sienten y actuarán en consecuencia.

Si el Melancólico Perfecto se casa con un Sanguíneo Popular superficial, hay poca esperanza de que esto llegue a suceder. En cambio, lo típico que sucede es que el Sanguíneo Popular sabe que algo anda mal, pero malinterpreta las claves no verbales. Como resultado, el cónyuge Sanguíneo Popular dirá en broma: «¿Qué te sucede?», con un tono que le muestra a las claras al cónyuge Melancólico Perfecto que no tiene mucho tiempo y que no le interesa en realidad. El Melancólico Perfecto, sintiéndose herido y sin recibir el consuelo y la compasión que buscaba, solo responderá: «Nada».

Cuando presento esta situación en mis seminarios, les pregunto a los Sanguíneos Populares presentes en el salón si pueden determinar cuándo su cónyuge Melancólico Perfecto tiene un mal día. Siempre responden de manera afirmativa. A continuación, les pregunto cómo responden, es decir, qué tratan de hacer para ayudarle. Siempre me dan una de estas dos respuestas: «trato de solucionarlo» o «trato de animarle». A lo cual pregunto: «¿Cuántas veces da resultado?». Como si lo hubieran estado ensayando para una parte coral hablada, gritan al unísono: «¡Nunca!».

Sin sus necesidades emocionales satisfechas, el Melancólico Perfecto procurará de manera inconsciente encontrar el consuelo y la comprensión en alguna otra parte. Todos hemos visto casos en los que un Melancólico Perfecto silencioso, absorto y atractivo está casado con una Sanguínea Popular bonita, inquieta y alentadora. Desde afuera, los observadores piensan que es bueno que tenga a alguien que lo levante y que hacen una pareja muy bonita. Entonces un día, la deja (y todo el prestigio y la posición social que quizá adquirieran en la iglesia o en la comunidad) por otra mujer... casi siempre una mujer que no tenga ninguno de los atributos físicos de su esposa.

Cuando vemos que sucede esto, no podemos menos que preguntarnos: «¿Por qué? ¿Cómo? ¿Qué le vio a esa mujer?». A menudo, se reduce al simple hecho de que la nueva mujer tiene tiempo para él y lo escucha. La esposa del Melancólico Perfecto hace tiempo que se dio por vencida tratando de levantarle el ánimo y se ha enfrascado en diversas actividades que le deparan el elogio que necesita y que le dejan poco tiempo para hacer que él sea una prioridad.

Matrimonio de Colérico Poderoso-Flemático Pacífico

Las necesidades del Colérico Poderoso

Como analizamos, los Coléricos Poderosos necesitan valoración y logros. Les hace falta lograr la terminación de una tarea por el bien de su autoestima e identidad. Al final del día, los Coléricos Poderosos repasan su lista mental para asegurarse de haber logrado más que cualquier otra persona conocida. Si suponen que lo hicieron, pueden dormir tranquilos. Y aunque casi siempre logran más que cualquier otra persona, también precisan que los demás los valoren por todo lo que hacen.

Debido a lo que ya comprendes, puedes imaginar lo que sucede cuando un Colérico Poderoso se casa con un Flemático Pacífico. La producción, o el logro, no tiene el mismo valor para los Flemáticos Pacíficos, porque valoran la paz, la armonía y la estabilidad. Les gusta tomarse vacaciones sin ningún programa en particular, y disfrutan del lujo de estar acostados en una playa, sin hacer otra cosa que leer un buen libro. Sabiendo esto, ¿cómo se sienten los Flemáticos Pacíficos con respecto a todo lo que producen sus cónyuges Coléricos Poderosos? ¿Cómo se sienten con respecto al torbellino de actividad de su cónyuge?

Cuando le pregunto a mis audiencias: «¿Qué desearían los Flemáticos Pacíficos que hicieran sus cónyuges Coléricos Poderosos?», la respuesta es siempre la misma: descansar o sentarse. Cuando pregunto: «¿Cómo lo hace sentir al Flemático Pacífico toda esta actividad?», la respuesta típica es «cansado» o «inútil». Los Flemáticos Pacíficos que no comprenden las Personalidades nunca reconocerán los logros de sus cónyuges Coléricos Poderosos de una manera positiva, porque todos estos logros los harán sentir peor con respecto a sí mismos. Lo único que desearían es que sus Coléricos Poderosos bajaran la velocidad.

La reacción de los Coléricos Poderosos muchas veces será pensar que si hacen más, sus cónyuges tendrán que darse cuenta. Entonces, tienden a volverse adictos al trabajo con la esperanza del reconocimiento. Por lo general, el mundo profesional sí toma nota de estos trabajadores; es más, el mundo laboral cuenta con que estos Coléricos Poderosos lleven una carga mucho más pesada de lo que les corresponde. Y debido a que el trabajo es casi siempre el lugar en el que a menudo reciben esta valoración que necesitan, les resulta cada vez más fácil pasar cada vez más horas allí, ensanchando sin cesar la brecha entre ellos y sus cónyuges.

Entonces, ¿qué debe hacer un Flemático Pacífico? En primer lugar, darse cuenta de que lo único que conseguirá con retener la necesitada valoración es que los Coléricos Poderosos trabajen más duro y hagan más cosas. El Colérico Poderoso no busca la competencia, solo las felicitaciones. Al igual que el Melancólico Perfecto, el Flemático Pacífico debe aprender también que los elogios no cuestan nada. Deben esforzarse por darse cuenta de los proyectos grandes así como de los pequeños que hace el Colérico Poderoso, y hacer comentarios favorables a su favor. De esta manera, se alcanzarán grandes logros en cuanto a que los Coléricos Poderosos abrevien sus listas de cosas para hacer y estén dispuestos a realizar algunas de las cosas que les importan a los Flemáticos Pacíficos.

Las necesidades del Flemático Pacífico

El Flemático Pacífico necesita respeto y una sensación de valor personal. Es lamentable, pero debido a que los Coléricos Poderosos respetan la producción, el logro y las tareas realizadas, sin una comprensión de las Personalidades, el Flemático Pacífico nunca producirá lo suficiente como para ganarse el respeto del Colérico Poderoso. A cambio, el Colérico Poderoso retendrá, de manera natural, el respeto a la espera de que el Flemático Pacífico logre algo que valore, ya que basa la aprobación en las tareas y la producción. En muchos casos, el Colérico Poderoso considerará que el Flemático Pacífico se encuentra en un déficit de producción. Incluso si ese cónyuge «inoperante» se vuelve activo de repente, nunca se recuperará de años de haber vivido al margen.

En la sociedad actual, el logro y las ganancias se valoran más que la paciencia y los valores tradicionales como la sencillez y la dulzura. Por esta razón, la Personalidad Flemática Pacífica no se fortalece en nuestra sociedad. Un Flemático Pacífico dijo una vez: «Prefiero ser feliz antes que exitoso». Sin perder un instante, su esposa Colérica Poderosa dijo: «¡Si tengo éxito, seré feliz!».

Como mencioné en el último capítulo, los hijos Flemáticos Pacíficos son los que casi siempre pasan inadvertidos. Entonces, vemos por qué se convierten en adultos que necesitan respeto y una sensación de valor personal, no por lo que hacen, sino solo por lo que son. Para los Coléricos Poderosos, este es un concepto difícil de captar, ya que sus valores se basan en la producción. Recuerdo a una Colérica Poderosa que me preguntó en un seminario: «¿Cómo puedo darle respeto y sensación de valor personal a mi esposo Flemático Pacífico cuando no hace nada?». Allí se encuentra el problema. Es probable que el Colérico Poderoso vea que su cónyuge no es digno de respeto ni de la sensación de valor propio, a menos que produzca algo que sea de valor *a los ojos del Colérico Poderoso*.

UN REFUGIO SEGURO
NANCY AUCLAIR, ICP

Luego de enseñar acerca de las Personalidades en un taller en mi iglesia, una mujer muy Colérica Poderosa cercana a los cuarenta años vino a mí llorando. Me contó que ahora se daba cuenta de que no le había dado a su esposo la seguridad de comunicar sus sentimientos, sus opiniones e incluso sus desacuerdos con ella.

Debido a que enseñaba este tema de las Personalidades en el entorno de la iglesia, estuve machacando el hecho de que se nos ordenaba amar a los demás como a nosotros mismos, y que al comprender la Personalidad y las necesidades de nuestro cónyuge, podemos aprender a responder a su Personalidad antes que reaccionar de acuerdo con la nuestra. Expliqué que los Coléricos Poderosos casi siempre se asocian con un Flemático Pacífico y que tienen la responsabilidad de no avasallarlo con su poder, pues si lo hacen, ese cónyuge no se sentirá cómodo para comunicarse. Hablé de manera específica acerca de la tendencia Colérica Poderosa de contradecir, corregir o controlar mediante la amenaza o el enojo. Cuando los Coléricos Poderosos contradicen, controlan y amenazan con enojarse, los Flemáticos Pacíficos, que ceden para llevarse bien, dejarán de comunicarse por el temor al conflicto, al desacuerdo o a los exabruptos.

(continúa en la siguiente página)

Este mensaje conmovió a esta mujer que había tenido luchas en su matrimonio. Después de escuchar la enseñanza, se dio cuenta de que no le había dado a su esposo la seguridad de hablar, y vino a decirme que los problemas en su matrimonio eran su culpa, ya que había actuado según sus tendencias Coléricas Poderosas. Junto con la hermana de esta mujer, oramos para que fuera a su casa y se disculpara con su esposo, pidiéndole que la perdonara e invitándolo a que le comunicara cuantas veces no tuviera el mismo parecer. Nos contó que durante la oración Dios le habló acerca del hecho de que su esposo siempre estaría de acuerdo con ella, que accedería a hacer algo o a ir a alguna parte, y luego se enojaría por haberlo hecho. Tenía la necesidad de poder decir que no. No veía la hora de ir a hablar con su esposo, pero le advertí que como era un Flemático Pacífico, no debía esperar que se emocionara ni que reconociera siquiera que existiera algo que debía perdonar.

Al día siguiente en la iglesia, esta mujer tenía una sonrisa de oreja a oreja. Ansiaba enterarme cómo le fue con su esposo. Me dijo que la escuchó y que tuvieron una velada grandiosa. No mostró ninguna emoción, pero como estaba preparada, no tuvo problemas.

Dios tenía un plan para esta mujer el día del taller: que aceptaría la comprensión de las Personalidades como un recurso para establecer un matrimonio mejor. Le llevó algunos meses deshacer los años de perjuicios en su relación, pero su esposo ahora la acompaña a la iglesia, y ella dice que su comunicación sigue mejorando a medida que le permite ser de la manera en que le creó Dios y decide responder de acuerdo con su Personalidad.

El Colérico Poderoso está tan lejos del Flemático Pacífico como el Este del Oeste. Debido a esto, el Colérico Poderoso debe pensar en japonés. En Japón, las preguntas casi siempre se plantean para permitir una respuesta positiva. No entras a un negocio y preguntas: «¿Tiene plátanos?», porque así se obliga al propietario a decir «No». En cambio, le preguntas: «¿No tiene plátanos hoy?», y así se permite que el vendedor diga sí en ambos casos: «Sí, tengo plátanos» o «Sí, usted tiene razón, hoy no tengo ningún plátano». Los Coléricos Poderosos procuran establecer absolutos, mientras que los Flemáticos Pacíficos prefieren ver infinitas variaciones en las tonalidades del gris.

Los Flemáticos Pacíficos se sentirán respetados y valorados cuando los Coléricos Poderosos de sus vidas se den cuenta de cuáles son sus cosas importantes, que hagan sugerencias con buen humor y que participen en esa actividad, aun cuando sea solo tomarse un descanso para ver una película o tener un picnic en el parque. Cuando hacemos cosas que son importantes para los Flemáticos Pacíficos, sin darle codazos ni hacer que se sientan culpables, se avanza mucho en el objetivo de satisfacer sus necesidades de respeto y valor personal.

Distínguete en el matrimonio

Después de leer este capítulo, confío en que comprendas mejor tu matrimonio (o tu futuro matrimonio). Una vez que reflexionas y aplicas lo aprendido, de seguro verás mejoras en tu relación matrimonial casi de la noche a la mañana. Aun si solo una parte comprende estos conceptos, pueden producirse cambios asombrosos cuando esa persona se preocupa lo suficiente como para dar el primer paso y distinguirse en el matrimonio.

Aunque crecí entendiendo las Personalidades, Chuck no las conocía en verdad cuando nos casamos. Aunque solo uno de nosotros entendía y empleaba los recursos de las Personalidades, nuestra relación recibió un impacto positivo. Ahora, Chuck usa estos conceptos a diario, tanto en su trabajo en el campo del cuidado de la salud, como en su práctica como terapeuta matrimonial y familiar. Si necesitas ver a un consejero profesional como Chuck, o a alguien que tenga preparación en estos conceptos, busca esa ayuda. Sin embargo, lo que es mejor, si aplicas estas verdades ahora, ¡es probable que nunca necesites un terapeuta!

Nota

1. Nota de la traductora: La palabra *quilates* en inglés es *carats*. A pesar de que no se escribe con «c», desde el punto de vista fonológico, tanto la «q» como la «c» tienen el mismo sonido en español.

CAPÍTULO 7

CRIANZA DE
LOS HIJOS

Florence Littauer con Kathryn Robbins

«¿Nació así?», preguntó una madre frustrada, durante el primer receso en uno de nuestros seminarios. «No se parece en nada a los demás. Prefiere jugar con la comida en lugar de comerla, y por más que me esfuerce por enseñarle a dibujar, no colorea dentro de las líneas».

Al decir «los demás», esta madre Melancólica Perfecta se refería a ella y a la hija del padre Flemático Pacífico. De algún modo, habían creado a esta niña despreocupada que no se tomaba la vida en serio. Esta madre estaba en campaña de corregir el daño que había en esta Sanguínea Popular, a fin de convertirla en la niña perfecta que se merecía esta madre Melancólica Perfecta. Nunca se le había ocurrido pensar que esta niña era diferente en realidad.

En el año 2000, los genetistas anunciaron la finalización de un estudio que muestra los rasgos que heredan las personas. Durante años, se aceptó que el color de los ojos, el color del cabello y la forma del cuerpo eran hereditarios. Sin embargo, el descubrimiento más apasionante fue que los hijos heredan su Personalidad. ¡Así *son*! El gran médico Hipócrates declaró este hecho hace siglos, pero ahora hay al fin una prueba académica.

¿Qué significa esto para nosotros como padres? En primer lugar, debemos determinar la Personalidad de cada hijo y luego educarlo en conformidad. La Escritura nos dice en Proverbios 22:6: «Instruye al niño en su camino, y aun cuando fuere viejo no se apartará de él» (RV-60). Aunque casi siempre se interpreta esta directiva como el desafío a criar a nuestros hijos en la fe cristiana, también allí se nos manda a los padres que comprendamos la Personalidad que Dios les ha dado y que los criemos de manera acorde.

Hace poco, tuve la oportunidad de asistir a la fiesta de cumpleaños de mi nieta, que se realizó en el jardín de infancia donde asiste, para celebrar sus tres años. Su madre, Kristy, y yo llegamos cargadas de magdalenas, bebidas y servilletas adornadas con los dibujos del hada Campanita. Sus amigos estaban afuera en el patio de juegos, así que los observábamos a través de la ventana. Sabíamos que nuestra pequeña Lianna Marita era una Colérica Poderosa, pues desde que tenía apenas seis meses, ya señalaba a su madre de una manera autoritaria.

Lianna es más alta que la mayoría de sus compañeros de clase, y aunque es delgada, no cabe duda que es resuelta y tiene la sartén por el mango. Mientras observábamos, la maestra les dijo que formaran una hilera para entrar al aula después del receso. De inmediato, Lianna asió la mano de una niñita de aspecto frágil con el cabello ralo y rojizo. La arrastró con ella, la hizo entrar con paso marcial al aula y luego la sentó junto a una de las mesas. Una vez hecho esto, se abrió paso hasta su mesa. Me incliné sobre ella y le dije: «Fue muy bueno de tu parte que le mostraras amabilidad a esa niña». Lianna dijo con total naturalidad: «Necesita ayuda», como si dijera: «Está incluido en el trabajo del día».

Lianna entonces le dijo al grupo que se sentara para que pudieran comer. Un pequeñito Flemático Pacífico se sentó en su lugar y entrelazó las manos delante de sí. Otro niño Colérico Poderoso les llamó la atención: «¡Hagan lo que les dice!». Me fijé en una niña Melancólica Perfecta que acomodaba las servilletas, pues algunas de las Campanitas estaban de cabeza.

Mientras todos se acomodaban, un niño Melancólico Perfecto dejó escapar un profundo sollozo y continuó llorando con fuertes estallidos de dolor emocional. «¿Está enfermo?», le pregunté a la maestra Colérica Poderosa. «No, llora todo el tiempo», dijo. «Solo hemos aprendido a pasarlo por alto y a seguir adelante».

A esa altura, la niña frágil con cabello ralo saltó y se paró en la silla, levantó las manos y gritó: «¡Mírenme! ¡Mírenme!». Llena de gozo y exhuberancia típicos de una Sanguínea Popular, por poco se cae de la silla, pero la maestra la asió y la sentó de vuelta en su silla.

Kristy y yo observábamos divertidas cómo los Coléricos Poderosos les decían a los demás que comieran de una vez, los Melancólicos Perfectos ordenaban, el pequeño y triste Melancólico Perfecto gemía, los Flemáticos Pacíficos comían en silencio y esperaban que les dieran instrucciones y la niña Sanguínea Popular gritaba: «¡Mírenme!». Qué combinación de personalidades de tres años. Así es, ya todos vienen empacados... ¡los diseñaron de esa manera!

Ahora que conoces tu Personalidad, puedes comenzar a pensar en la de tus hijos, tus nietos y tus alumnos. Una vez que identifiques la Personalidad, el siguiente paso es usar lo aprendido. Permite que la información salga de las páginas y se lleve a la práctica. La crianza de los hijos es una experiencia de aprendizaje para todos nosotros, pero cuando estamos dispuestos a usar nuestro conocimiento a fin de satisfacer sus necesidades emocionales, podemos tener una relación positiva con estos pequeñitos que a menudo son diferentes por completo de nosotros.

¿Qué clase de padre eres?

Muchas veces, puede darse el caso de que nos llevemos bien con un hijo, pero no con otro, sin tener idea del porqué existe un problema. Con frecuencia, el problema no es otra cosa más que un conflicto de Personalidades. Nuestra Personalidad establece el tono del enfoque que le damos a la crianza. Entonces, démosle un vistazo a la manifestación de cada estilo de Personalidad de los padres y después analicemos cómo responde y reacciona ese estilo frente a las diferentes Personalidades de nuestros hijos.

El padre Sanguíneo Popular

A los padres Sanguíneos Populares les encanta jugar y divertirse. Pueden volverse más viejos y más sabios, pero nunca dejan atrás el deleite de la niñez. En las fiestas de cumpleaños, es probable que no sepamos a quién le gusta más la fiesta, si al padre Sanguíneo Popular o al hijo. En tales situaciones, el hijo puede convertirse en la audiencia para los padres Sanguíneos Populares, lo cual quizá sea un problema si el hijo se cansa de que este padre le «robe» a sus amigos cuando los trae a casa.

Kathryn», directora para las Personalidades, me contó una vez que su segundo hijo, Ryan, no quería traer a su nueva novia a la casa para estar con ella. Cuando Kathryn le preguntó el porqué, Ryan le dijo: «Quiero gustarle a mi novia más de lo que le gustas tú. Así que, cuando esté seguro de que mi relación sea firme, la traeré por aquí».

Uno de los peores problemas que tienen los Sanguíneos Populares es la incapacidad para saber decir la hora. Esto hace que traten de hacer estimaciones y, como no son buenos en este sentido, el resultado es que siempre llegan tarde cuando llevan a los hijos a la escuela o se olvidan de irlos a buscar. Si el niño también es un Sanguíneo Popular, no habrá problema, porque encontrará nuevos amigos mientras espera (hasta que el personal de la escuela cierra las puertas y los dejan en el borde de la acera). ¡Entonces comienza la historia! Recuerda que a los Sanguíneos Populares les encanta recibir atención, de modo que al tener una razón real para atraer la atención hacia sí, las lágrimas comienzan a fluir. Hay perfectos desconocidos que ven a estos niños llorando y planean llevárselos a casa, mientras ensayan el sermón que les darán a estos padres negligentes.

Mi hermano Sanguíneo Popular, capellán en la Fuerza Aérea de los Estados Unidos, regresó a casa luego de un período de servicio de seis meses en Taiwán. Su esposa y sus seis hijos lo recibieron en el aeropuerto, tuvieron un reencuentro lleno de entusiasmo, retiraron el equipaje y se fueron a casa. Después que bajaron el equipaje de la camioneta familiar y de comenzar los preparativos para la cena, alguien preguntó: «¿Dónde está Jimmy?». La conversación cesó. Nadie sabía. Registraron la casa, pero no pudieron encontrarlo. «¡Seguro que lo dejamos en el aeropuerto!», exclamó alguien. Todos volvieron a apilarse en el auto y se dirigieron al aeropuerto, donde encontraron a Jimmy que subía y bajaba feliz por las escaleras mecánicas. Cuando le preguntaron si se asustó, contestó: «No, me divertí, y sabía que volverían».

Los niños Sanguíneos Populares se toman con calma la tardanza de sus padres. Sin embargo, no todos los niños reaccionan de la misma manera. Por ejemplo, en el caso de los Coléricos Poderosos, las palabras de despedida que le darían a estos padres errantes serían: «¡Esta vez no llegues tarde!». Cuando ese padre llegue tarde de nuevo, lo señalarán con el dedo y le exigirán que se les diga por qué, solo una vez, ese padre no puede llegar a tiempo.

Los niños Melancólicos Perfectos se preocupan pensando que algo les sucedió a sus padres y comienzan a elaborar escenas trágicas en su mente, solo para sentirse destrozados más tarde cuando descubren que

El padre Sanguíneo Popular

CON HIJO SANGUÍNEO POPULAR

Puntos fuertes
Tienen en común entusiasmo por la vida, sentido del humor y optimismo que puede unirlos.

Trampas a evitar
Como la organización no es un punto fuerte tanto para el hijo como para el padre, este debe hacer un esfuerzo extra por inculcarle el sentido de la disciplina y la responsabilidad. Los padres deben tener cuidado de no competir por ser el centro de atención del hijo Sanguíneo Popular, en particular cuando está con sus amigos durante los años de la adolescencia.

CON HIJO COLÉRICO PODEROSO

Puntos fuertes
Los padres y los hijos tienen en común una perspectiva optimista, y un padre Sanguíneo Popular es un buen «alentador» para el hijo Colérico Poderoso, al cual los elogios por los logros le sientan de maravilla.

Trampas a evitar
Estos niños lucharán por abrirse paso y el padre Sanguíneo Popular puede ceder solo para evitar el conflicto. Por ser padre, no quiere decir que siempre le caerás bien a tu obstinado hijo Colérico Poderoso, pero si no se establecen y se refuerzan los límites, es probable que cambien los papeles de padre e hijo.

CON HIJO FLEMÁTICO PACÍFICO

Puntos fuertes
Tienen en común una actitud relajada y les gusta el ingenio.

Trampas a evitar
No esperes que tu hijo Flemático Pacífico exprese entusiasmo por las cosas que a ti te parecen divertidas. Aliéntalo, pero de una manera amorosa y tranquila, pues quizá se retraiga si lo presionas. Los dos deben esforzarse en la organización, así que demuéstrale autodisciplina en tu vida.

CON HIJO MELANCÓLICO PERFECTO

Puntos fuertes
Tienen en común un espíritu creativo y una naturaleza artística. Aunque son muy diferentes en Personalidad, pueden disfrutar una relación muy complementaria si se esfuerzan por comprenderse el uno al otro.

Trampas a evitar
No esperes que estos niños sean tan expresivos y efusivos como tú. Guarda silencio y dedica el tiempo para escucharlos. Ofrece mucha reafirmación positiva y muchos elogios. Aliéntalos a perseguir lo que anhelan, y proporciónales espacio privado y silencio para reavivarse. Respeta su necesidad de ser apremiantes, de atenerse a las rutinas y a los planes.

sus padres los olvidaron. Mi hijo Fred podía poner una afligida y lastimosa mirada sin mucho esfuerzo, así que después que llegara tarde varias veces a buscarlo a la escuela, con lágrimas en los ojos llevó su caso al director. Enseguida, este me escribió una carta amenazante y sugirió que les pusiera freno a algunas de mis actividades cívicas para que pudiera llegar a la escuela a tiempo.

Con todo, por los hijos Flemáticos Pacíficos, ¡démosle gracias al Señor! No recurrirán al director, ni montarán un berrinche, ni tendrán una tragedia. Solo se sentarán y esperarán. Ni siquiera te dirán lo mala madre que eres... a menos que necesiten un favor.

El padre Colérico Poderoso

Como los padres Coléricos Poderosos se convierten de inmediato en comandantes y jefes en cualquier situación, tomar el control de la familia es algo que les resulta natural. Si estos padres ponen en acción sus puntos débiles, tal vez aplasten a sus hijos en el proceso de cumplir con su deber. No obstante, si deciden usar sus puntos fuertes, pueden darles un profundo sentido de seguridad, pues saben cómo encargarse de las situaciones y se puede confiar en ellos. Cheri cuenta esta historia:

> Cuando era adolescente, trabajaba en el laboratorio clínico de un centro médico importante cerca de mi casa, cuando una madre trajo a su hijo de cinco años para que le extrajeran sangre. A las claras, estaba asustado. Luego de entregarme el formulario para que lo procesara, la madre se sentó junto a su hijo, lo miró a los ojos y le dijo: «En unos minutos, te sacarán sangre. Eso quiere decir que tomarán una aguja filosa y la introducirán un poquito en tu brazo». A esta altura, podía ver que su hijo se encogía con temor. «Así es», continuó la madre, «dolerá, pero no demasiado. Puedes escoger entre llorar o no llorar; cualquiera de las dos cosas está bien».
>
> Cuando escuché esto, me quedé pasmada. En general, todos los padres que habían llegado al centro médico durante los dos años en los que había trabajado en el laboratorio, les mentían a sus hijos al asegurarles que no les dolería y, luego, ¡les exigían que no lloraran cuando comenzaba el inesperado dolor!
>
> «Aun así», prosiguió esta madre de manera dramática, «lo que no te querrás perder por nada es observar la jeringa que está arriba de la aguja, ya que luego del dolor, ¡podrás ver tu sangre!».

El padre Colérico Poderoso

CON HIJO SANGUÍNEO POPULAR	CON HIJO COLÉRICO PODEROSO
Puntos fuertes Tienen en común un enfoque optimista y disfrutan de la gente, pues los dos son extravertidos. Es probable que tu hijo Sanguíneo Popular siga tu liderazgo si le ofreces muchos elogios. **Trampas a evitar** No esperes que tus hijos Sanguíneos Populares tengan la misma intensidad hacia los logros que tú. Permíteles mucho tiempo para diversión o quizá procuren encontrarlo fuera de casa de maneras inaceptables.	**Puntos fuertes** Los dos poseen motivación propia y son personas extravertidas que tienen en común el amor por los logros. **Trampas a evitar** Si sus metas y gustos son muy diferentes, el conflicto es inevitable, a menos que valoren sus diferencias y escuchen con atención el punto de vista del otro. Establece reglas básicas para tratar los conflictos, las cuales quizá requieran que ambos tengan un «período de enfriamiento» antes de cualquier discusión. Enseña el arte de llegar a un arreglo al desarrollar tu mismo esa habilidad.
CON HIJO FLEMÁTICO PACÍFICO	CON HIJO MELANCÓLICO PERFECTO
Puntos fuertes Puede existir un equilibrio natural en estas relaciones con niños dispuestos a seguir la dirección del padre. Tu capacidad natural para organizar es algo que a tu hijo le sirve como un ejemplo. **Trampas a evitar** Aunque quizá parezca más fácil, no hagas todo por este hijo, ni tomes todas sus decisiones. Si el padre Colérico Poderoso no fomenta la responsabilidad, es probable que el hijo nunca «crezca» ni asuma el deber por su vida. Usa palabras amables para motivarlo. Ayúdalo a que se organice, pero no hagas el trabajo en su lugar. Crea una zona en la que pueda relajarse y tener «tiempo de inactividad».	**Puntos fuertes** Tu capacidad para motivar a otros puede sacar lo mejor de estos niños creativos, si tienes un enfoque calmado, positivo y alentador. **Trampas a evitar** No insistas en que este hijo se ponga en acción con rapidez y decisión. Dale tiempo para que medite las cosas. Permítele expresarse sin juzgarlo, pídele su opinión y después escucha antes de ofrecer tu propio consejo.

En ese momento, pensé que esta mujer estaba chiflada. Por experiencia, sabía que cuando los niños ven la sangre en la jeringa, se ponen como locos, ¡requiriendo a menudo dos o tres personas para que no se muevan!

Su hijo la miró con dudas, pero parecía tener una extraña calma. En unos minutos, los tres entramos a una pequeña salita, junto con el profesional que le sacaría sangre. Como era de esperar, el niño hizo un gesto de dolor cuando entró la aguja y comenzó a llorar un poquito. Sin embargo, cuando vio que la brillante sangre roja comenzaba a llenar la jeringa, las lágrimas cesaron de inmediato. Contuvo la respiración y, con una mirada de asombro, señaló la jeringa diciendo: «¡Mamá, mira! ¡Mira! ¡Mi sangre! ¡Es mi sangre!».

Cuando todo terminó y los dos se iban, durante todo el camino hacia el ascensor lo escuché que hablaba con entusiasmo acerca de que había visto su sangre.

Ten en cuenta que el objetivo de los padres Coléricos Poderosos es «hacerlo y listo». Muchas veces, hacen que el juego parezca un trabajo, porque para los Coléricos Poderosos, el trabajo es un juego. De ahí que el hogar Colérico Poderoso tenga a menudo un aire formal y acelerado, a menos que alguien monte una insurrección.

HOGAR, DULCE HOGAR
KAREN R. KILBY, ICP

Ya hacía mucho tiempo que David y yo teníamos el nido vacío. Pero entonces, empezamos a considerar la posibilidad de vivir juntos en Tejas con nuestro hijo, Michael, y su nueva esposa, Erin. En cuanto nuestro nieto de diez años, Tyler, viniera a quedarse con nosotros los fines de semana, ¡tendríamos un lleno total! Sabía que sería de suma importancia encontrar una casa que pudiera albergarnos a todos.

Necesitábamos una que no solo le diera espacio y privacidad a cada uno, sino que también permitiera que se expresaran las diferencias de nuestras Personalidades. Sabía que mi esposo, con su fuerte Personalidad de Colérico Poderoso, querría estar a cargo de todo. A Michael, con su

(continúa en la siguiente página)

naturaleza Flemática Pacífica sin complicaciones, le resultaría difícil renunciar a algo de su independencia. Erin, con su Personalidad extravertida y amante de la diversión de Sanguínea Popular, estaría ansiosa por hacer que las cosas salieran bien y que todos estuviéramos contentos. En cuanto a mí, sabía que con mi naturaleza Melancólica Perfecta querría que todo estuviera a la perfección en su lugar. Esperábamos que fuera una situación en la que todos saliéramos ganando, ya que así nos ayudábamos unos a otros en el aspecto financiero.

«¿De verdad te gusta vivir con tu nuera?», preguntaban los amigos al enterarse de que todos vivíamos juntos. «Yo no podría compartir mi casa con mi nuera, ¡aunque mi vida dependiera de ello!» La gente no podía creer que fuera a resultar. Lo que no sabía la gente era que Erin y yo estábamos «prevenidas y equipadas por anticipado», lo cual nos daba una ventaja. Mi entusiasmo por lo aprendido como Instructora Certificada en Personalidad era contagioso, y Erin estaba dispuesta a absorber todo lo que pudiera. Ahora, teníamos la oportunidad de ponerlo en práctica en nuestro propio laboratorio.

Erin y yo sabíamos que teníamos algo en común, ya que compartíamos el cuadrado de Coléricas Poderosas, pero a la vez nos dábamos cuenta de que podíamos complementarnos o estar en guerra debido a mi personalidad impecable y ordenada, y a su naturaleza despreocupada. En lugar de sentirnos ofendidas por nuestras diferencias, decidimos comprenderlas y valorarlas en cada una de nosotras.

La cocina era un área que hubiera podido ser una zona de guerra en potencia para dos mujeres con modos operativos opuestos por completo. Decidimos turnarnos para cocinar y limpiar, permitiendo así que cada una tuviera la libertad y el espacio que necesitaba. Gracias a este arreglo, pudimos compartir las habilidades culinarias creativas de cada una, y pudimos disfrutar de muchas comidas familiares juntos.

El respeto por el espacio individual de cada una fue la clave para vivir juntas en armonía. Erin sabía que el orden era primordial para mi bienestar, y yo sabía que ella necesitaba tener la libertad de que sus cosas estuvieran desorganizadas. Así que, al darles privacidad a Erin y Michael en la planta alta, las dos nos vimos favorecidas. Ella podía ser genuina,

(continúa en la siguiente página)

y yo descubrí que a un Melancólico Perfecto, esto de «si está fuera de la vista, está fuera de la mente», ¡le da verdaderos resultados!

Ahora que ya no vivimos en la misma casa, Erin y yo deseamos disfrutar la una de la compañía de la otra, cada vez que podemos. A decir verdad, creo que no nos preocuparíamos tanto la una por la otra si no hubiéramos compartido una casa y hubiéramos tenido la oportunidad de descubrirnos en el proceso.

La crianza de un hijo Colérico Poderoso puede ser difícil también. Suzy, una Instructora Certificada en Personalidad, escribe lo siguiente acerca de su hija Colérica Poderosa:

> Mi hija de doce años, Lauren, es la que está entre sus dos hermanos. Como su Personalidad Colérica Poderosa lucha por el control, trata de usurparme la autoridad a cada momento y mete la cuchara dándome ideas para disciplinar, cuando intento ocuparme de la mala conducta de sus hermanos. Le digo: «Cuando necesite tu ayuda, te lo diré».
>
> «Bueno, lo que haces con ellos no da resultado», responde en tono de broma. Me observa como un halcón, y si soy incoherente o trato de pasarles por alto algo en su conducta, se interesa demasiado.
>
> Sin embargo, cuando ella es la que recibe la disciplina, es otra historia. Cuando una vez la mandé a la cama por su conducta irrespetuosa, a la mañana siguiente me contó un sueño que tuvo: «Soñé que tenía a todo el mundo en mi mano, y entonces tú venías y me lo arrancabas». Este sí que es un sueño sincero, porque a cada instante luchamos por el control de la casa.

El padre Melancólico Perfecto

El padre Melancólico Perfecto es lo que todos los demás desearían ser: limpio, ordenado, organizado, puntual, detallista, talentoso, dedicado, musical, artístico, sensible, sincero y constante. Esto es fantástico, a menos que su hijo *no* sea limpio, ordenado, organizado, puntual, detallista, talentoso, dedicado, musical, artístico, sensible, sincero, ni constante.

Estar bajo la mirada crítica del padre Melancólico Perfecto puede ser doloroso.

Para los padres Melancólicos Perfectos, la crianza de los hijos es algo serio, y dedicarán sus vidas a criar hijos perfectos. Por supuesto, como no vivimos en un mundo perfecto, no todos los hijos responden de la manera en que desearían estos padres. Lynn es un ejemplo de una madre Melancólica Perfecta que trató de ser la madre perfecta. Nos cuenta la siguiente experiencia con su hija:

Sheridan, de cuatro años, rompió el envoltorio del paquete que contenía huevos de Pascua, un regalo de su madrina. Cada huevo contenía una figura que simbolizaba un aspecto del relato bíblico que va desde el viernes santo hasta el domingo de Pascua. En especial, le encantó el burrito, que representaba al animal sobre el cual Jesús entró en Jerusalén cuando la gente agitaba las hojas de palmera y gritaba: «¡Hosanna! ¡Viene Jesús!».

Como Sheridan es una Sanguínea Popular que le encanta la diversión, solo quería jugar y crear sus propias versiones surtidas de la historia de Pascua. Se divertía a lo grande. Por otra parte, yo que soy una Melancólica Perfecta aplicada, vi esto como una oportunidad maravillosa de enseñanza. Decidí leer unos pocos pasajes bíblicos detallados y asociados a cada juguete simbólico y después hacerle una prueba a Sheridan para comprobar lo que acababa de oír. Es lamentable, pero seguía inquieta y utilizando los juguetes, prefiriendo seguir inventando argumentos para sus historias y divirtiéndose.

Cada vez que le hacía una pregunta, Sheridan parecía absorta por completo. O bien no respondía o lo hacía con imprecisión. Luego de repetir las preguntas varias veces, al final me di por vencida, exasperada del todo. Sin embargo, en lugar de descargar mi enojo contra Sheridan mientras hablábamos acerca de la Biblia (lo que de seguro no parecía adecuado), sugerí que saliéramos a caminar. Pensé que a mí se me podían bajar los humos y que ella podría gastar algo de su inagotable energía.

A pesar de que cambió la escena, como soy tan perfeccionista, no pasó mucho tiempo antes de que tratara de inculcarle algo. Esta vez, cooperó y comenzó a responder de manera   apropiada, así que seguí adelante y le pregunté cuál era su parte favorita de la historia: «Sheridan, ¿qué gritaba la gente cuando Jesús entraba

El padre Melancólico Perfecto

CON HIJO SANGUÍNEO POPULAR

Puntos fuertes
Los padres Melancólicos Perfectos pueden ayudar a los hijos Sanguíneos Populares a desarrollar la necesitada capacidad para organizarse, y los hijos pueden aportar humor y diversión en la casa.

Trampas a evitar
Reconoce que sus Personalidades son opuestas por completo. Si no les permites a tus hijos diversión en casa, la buscarán en otra parte. Dado que eres organizado por naturaleza, los Sanguíneos Populares no lo son, así que ayúdalos a desarrollar la disciplina sin ser quisquilloso ni criticón. En su lugar, recompensa las tareas bien hechas con elogios y oportunidades para la diversión creativa. Permite algún desorden en un área designada. Alienta la participación en las artes, pero no esperes que tus hijos Sanguíneos Populares dominen cada habilidad a la perfección. Permíteles aprender solo por el gozo del aprendizaje, no para ser perfecto.

CON HIJO COLÉRICO PODEROSO

Puntos fuertes
Ambos tienen en común una habilidad natural para organizar y seguir un programa.

Trampas a evitar
¡Más te vale que este hijo esté de tu parte! Los hijos Coléricos Poderosos quieren recibir reconocimiento por su trabajo duro, así que no reserves tus elogios solo para las tareas realizadas «a la perfección» o tendrás una relación contradictoria. Sé flexible y ofréceles alternativas siempre que sean posibles, así siente que tienen el control en su vida.

CON HIJO FLEMÁTICO PACÍFICO

Puntos fuertes
Los dos pueden disfrutar de una atmósfera tranquila y sencilla.

Trampas a evitar
Estos niños necesitan una cuota alta de aliento que los padres Melancólicos Perfectos no están acostumbrados a ofrecer. Ten en cuenta que debes dedicarles el tiempo para guiarlos, a la vez que les ofreces muchos elogios y los alientas a explotar todo su potencial. No les permitas «desaparecer» ni arrinconarse solo porque son tranquilos.

CON HIJO MELANCÓLICO PERFECTO

Puntos fuertes
A los dos les gusta el orden, la limpieza, apegarse a un programa estricto y, muchas veces, los dos tienen un aprecio profundo por las artes.

Trampas a evitar
Reconoce que aunque tengas ideas definidas acerca de la manera adecuada en que se hacen las cosas, tus hijos también pueden tener ideas definidas, que quizá se parezcan o no a las tuyas. Aliéntalos en los intereses artísticos que escojan por su cuenta, no solo en los campos en que quieres que sobresalgan. No te ofendas por las rebeliones normales o, de lo contrario, es probable que los dos se retraigan el uno del otro. Debes perfeccionar tu propia capacidad para expresar los sentimientos, para ayudarles a estos hijos a hacer lo mismo. Tienen una profunda necesidad de comprensión.

en Jerusalén montado en el burrito?». Con entusiasmo gritó en respuesta: «¡Ah, Susana! ¡Viene Jesús!».

Estallé en una carcajada y le di un gran abrazo. Cuánto adoraba a esta feliz y despreocupada niñita. En ese momento, fue como si Dios me dijera: «Lynn, relájate. Es importante estudiar mi Palabra y llegar a conocerme a través de ella, pero también puedes divertirte. No tomes todo con tanta seriedad».

¡Estaba asombrada! Después de todo, Sheridan *había* prestado atención y, en esencia, había comprendido la historia, a pesar de que le había interrumpido el juego. Hasta había entendido la parte más importante: ¡alabar a Jesús a viva voz! Aprendí que, como madre Melancólica Perfecta, no solo debo hacer todo lo posible por enseñarle a Sheridan, sino que también debo permitir que asimile las verdades a su modo Sanguíneo Popular. Por el solo hecho de que esté jugando, no quiere decir que no esté escuchando. Y por el solo hecho de que yo esté enseñando, ¡no quiere decir que no pueda jugar!

El padre Flemático Pacífico

Los padres Flemáticos Pacíficos son mesurados, relajados y pacientes. No pelean ni discuten. Su naturaleza comprensiva los hace padres agradables y de trato fácil que les gustan a todos. Kathryn cuenta la siguiente historia acerca de su papá:

El comportamiento calmado de mi padre Flemático Pacífico era inconmovible, aun cuando todas mis calificaciones fueron *F* en el boletín del séptimo grado. Mi padre nunca levantaba la voz. Se sentaba con apariencia triste y sus ojos azules decían mucho. Luego, venían las palabras que temía escuchar: «No puedo creer que una hija mía quiera que este sea su boletín de calificaciones». El dolor de su desilusión se desprendía de cada palabra. En ese momento, hubiera preferido que me castigaran, en lugar de tener que sentarme y ver cómo había lastimado a mi padre con mis acciones. «Papá, ¡lo lamento tanto!», decía llorando. «Te prometo que mejoraré. ¡Lo prometo!»

Como era una hija Colérica Poderosa, necesitaba una meta que me ayudara a sentirme motivada. Mi padre me dio una: Por cada *A*, me pagaría cinco dólares; cada *B* valía tres dólares; la *C* era neutral; una *D* me costaría tres dólares, y por cada *F* tendría que pagarle cinco dólares[1]. Mi padre sabía cómo motivarme sin gritar, sin pegarme y sin insultos. Su fuerza aplicada con delicadeza, me volvía al buen camino. ¡Ni se imaginaba que tendría un gran golpe financiero cuando llegó el siguiente boletín con las calificaciones!

Aunque los padres Flemáticos Pacíficos son personas de trato fácil, algunos hijos los verán como un blanco fácil para tratar de que los dejen hacer cualquier cosa. Al ser demasiado tranquilos y aceptar siempre una postura de paz, esto les puede crear un problema mucho mayor que si hubieran lidiado con la situación desde el principio. Cassandra, una Instructora Certificada en Personalidad, explica cómo le sucedió esto a una amiga:

> El esposo de una amiga se fue durante varios meses por cuestiones de negocios y la dejó a ella en casa con sus dos hijos que estaban en segundo grado. Mi amiga es una Sanguínea Popular-Flemática Pacífica, mientras que su esposo es un Flemático Pacífico-Melancólico Perfecto. Al mejor estilo de los Flemáticos Pacíficos, ha aprendido a ser un Colérico Poderoso en los negocios. Es el ancla de la familia y el árbitro final en las disputas familiares.
>
> Cuando fui a visitar a mi amiga después que su esposo salió por un mes, una de sus hijas, una Colérica Poderosa, le daba instrucciones aun antes de irse hacia la escuela. Cuando fuimos a recoger a los niños a la hora de salida de la escuela, esta niña comenzó de nuevo en cuanto se subió al auto. Cuando mi amiga se bajó del auto para regresar a la escuela y recoger algunos papeles que necesitaba, la hija comenzó a decirme que su madre siempre llegaba tarde y que necesitaba que le dijeran qué hacer porque, de lo contrario, lo olvidaba. ¡A esta niña le parecía que debía recordarle siempre a su madre lo que tenía que hacer!
>
> Esta fue una lección personal y de primera mano para mí sobre cómo un niño Colérico Poderoso puede convertirse en un poderoso controlador cuando existe un vacío para llenar. Fieles a la naturaleza del Colérico Poderoso, se encargarán de la situación si el liderazgo es débil.

El padre Flemático Pacífico

CON HIJO SANGUÍNEO POPULAR

Puntos fuertes
Ambos tienen un buen sentido del humor y la pasan bien. A los padres les encanta entretener a sus hijos y ellos disfrutan esta atención.

Trampas a evitar
Debido a que ninguno de los padres posee una habilidad natural para la organización, deben cultivarla primero a fin de ser ejemplos a sus hijos. Desarrollen una serie de normas para la disciplina y aténganse a ellas, o los niños Sanguíneos Populares pueden utilizar sus encantos para librarse de las merecidas consecuencias y eludir la responsabilidad.

CON HIJO COLÉRICO PODEROSO

Puntos fuertes
Estas dos Personalidades pueden complementarse la una a la otra, ¡pero solo si el padre reservado por naturaleza establece el control desde el principio y cede aspectos de control solo cuando el hijo madure como para manejarlas de manera apropiada!

Trampas a evitar
Establece las normas apropiadas para la disciplina y atente a las mismas. A los hijos Coléricos Poderosos no les harás ningún favor si les permites dirigir la casa. Ofréceles muchas opciones cada vez que sea posible, de modo tal que puedan ejercer algún control sobre su vida. Elógialos y reconócelos por sus logros.

CON HIJO FLEMÁTICO PACÍFICO

Puntos fuertes
Los Flemáticos Pacíficos pueden disfrutar de una relación relajada y sin complicaciones.

Trampas a evitar
Evita caer en una rutina de falta de comunicación. Debes poner energía a estas relaciones o, de lo contrario, pueden dejar de existir. Los padres deben cultivar la autodisciplina para darles el ejemplo a los hijos. Motiva a tus hijos, ayúdalos para que establezcan metas y desarrolla pasos para alcanzarlas. Elógialos con frecuencia.

CON HIJO MELANCÓLICO PERFECTO

Puntos fuertes
Ninguno de los dos necesita demasiada «charla», así que estas dos Personalidades pueden disfrutar del solo hecho de «estar» en compañía del otro.

Trampas a evitar
Esta combinación puede resultar en una severa falta de comunicación si el padre callado por naturaleza no cumple con su papel de «sacar» al hijo retraído por naturaleza. Al sentirse incomprendidos, los hijos pueden retraerse aun más, mientras que los desalentados padres pueden darse por vencidos en el intento de comunicarse.

Para los padres Flemáticos Pacíficos que poseen límites, la paz y la tranquilidad que buscan viene con mayor rapidez. El padre de Kathryn era de esta clase de padres. Mientras que la madre Colérica Poderosa era la estricta y exigente de la casa, su padre Flemático Pacífico era el que tenía una paciencia eterna. Kathryn y sus hermanos podían agotar la paciencia de la madre con facilidad, pero su padre Flemático Pacífico permitía muchas más tonterías antes de que cruzaran la línea con él.

Kathryn recuerda: «Un día, ¡mi hermanito y yo nos las ingeniamos para cruzarla! Nos pellizcábamos el uno al otro en el asiento trasero del auto, mientras reíamos y saltábamos de un lado al otro. Nuestro papá dijo con total naturalidad: "Termínenla de una vez, allí atrás. No puedo conducir con ustedes dos saltando por todas partes". Como cualquier niño, pensamos: *¿Y qué?* Una vez más, papá nos dijo que nos tranquilizáramos; una vez más, no lo hicimos. Sin decir otra palabra, papá extendió el brazo hacia atrás y nos disciplinó allí mismo. Nos quedamos pasmados; por lo general, nuestro papá nos hubiera soportado durante mucho más tiempo. ¡Cruzamos la línea! Sin embargo, papá no nos gritó, ni nos recordó jamás nuestro mal comportamiento. ¡Cuando se acabó, se acabó!».

¿Qué clase de hijo tienes?

La comprensión de nuestra Personalidad y la de nuestros hijos nos ayudará a fomentar sus puntos fuertes y a reducir sus puntos débiles. Esto les permitirá convertirse en individuos más capaces y seguros que estén listos para aceptar los desafíos y las oportunidades que tienen por delante. Ahora que vimos cómo nuestras Personalidades influyen en nuestro enfoque de la crianza de los hijos, concentrémonos en algunos de los aspectos de las Personalidades de nuestros hijos.

El hijo Sanguíneo Popular

Los niños Sanguíneos Populares tienen ojos brillantes, son conversadores, dinámicos, alegres y divertidos. Les encanta la gente y disfrutan de la risa. También son un poco atolondrados y les cuesta mucho organizarse y recordar instrucciones. La palabra «trabajo» les resulta una mala palabra. Se necesitan toneladas de elogios para hacer que los Sanguíneos Populares se mantengan en una tarea, porque si no es divertida, no quieren hacerla. Claire recuerda:

Cuando era niña, me obligaban a tomar lecciones de piano. No cualquier clase de lecciones de piano, sino las que daba la *mejor* profesora de todo el sur de California. *Todos* sus estudiantes recibían medallas de oro y de plata en los festivales Bach y en otras competencias... es decir, todos menos yo. Aunque practicaba una hora al día, detestaba el estrés de las interpretaciones. Siempre quedaba helada y cometía errores.

Le rogué a mi profesora que me permitiera tocar *ragtime* y otras piezas divertidas, pero no me daba otra cosa que no fuera Bach, Mozart, Chopin y otros por el estilo. Mi madre siempre me decía: «¡Puedes llegar a ser una concertista!». Sin embargo, parecía no tener en cuenta el hecho de que yo no *quería* convertirme en una concertista de piano. Después de trece años de lecciones caras, era una pianista que tocaba a la perfección desde el punto de vista técnico, pero detestaba tocar en público. Lo dejé por completo cuando me fui para la universidad y ahora no toco casi nunca.

Como Sanguínea Popular, descubrí que las actuaciones en las que tenía que tocar solos de música clásica no llenaban las necesidades de mi Personalidad. Deberían haberme enseñado a acompañar a cantantes, para que mi música hubiera tenido una función social. Hubiera podido viajar con el coro de nuestra escuela, en lugar de asistir a esos tan odiados festivales de Bach.

El hijo Colérico Poderoso

Los Coléricos Poderosos son líderes natos y fuertes en todo sentido. Si tienes un hijo Colérico Poderoso, es probable que ya notaras que quiere tener el control de todo: de ti, de los compañeros de escuela, de tus otros hijos. Si los hijos Coléricos Poderosos piensan que se pueden salir con la suya, le harán frente a cualquier autoridad que se les interponga en el camino y no les permita obtener lo que desean. Salen para ganar, y si no pueden hacerlo, no jugarán el partido. Incluso de pequeños, les encanta que los desafíen cuando hacen alguna tarea. Es más, si a estos niños no los desafían, toda su energía se convierte en enojo.

Andrea, otra de nuestras Instructoras Certificadas en Personalidad, relata la siguiente historia:

El ritmo de vida de nuestra familia se había acelerado más de lo común, y comencé a notar que Allison, mi hija Colérica

Poderosa, estaba armando muchos berrinches. Pronto me cansé tanto de estos ataques que comencé a orar al respecto. Dios respondió mis oraciones al revelarme que no estaba satisfaciendo de manera adecuada las necesidades de Allison.

Debido a que el ritmo de nuestras vidas se había vuelto más acelerado y estábamos más atareados que de costumbre, Allison sentía que las cosas estaban fuera de control. Esto es muy desestabilizador para un hijo Colérico Poderoso. Entonces, mi esposo y yo decidimos permitirle que controlara unas pocas cosas para que pudiera sentirse cómoda una vez más.

Permitimos que Allison decidiera quién recibía determinado color de tazón en la cena, en cuál asiento del auto quería sentarse y qué zapatos deseaba ponerse con su ropa. Con el solo hecho de permitirle que tuviera control sobre estas pequeñas cosas, los berrinches se redujeron a la mitad. ¡La vida fue más agradable para todos!

El hijo Melancólico Perfecto

Los niños Melancólicos Perfectos son «perfectos» en verdad: los hijos que desearían tener todos. Son estudiosos, ordenados y tranquilos. Siguen las reglas y se desempeñan bien solos. La naturaleza profunda y apasionada del Melancólico Perfecto lo lleva de manera natural hacia las artes: la música, la actuación, la pintura, la fotografía, etcétera. Los Melancólicos Perfectos casi siempre tienen un talento superior a lo normal.

A menudo, los niños Melancólicos Perfectos prefieren estar a solas porque no pueden manejar demasiado ruido ni confusión. Debido a esto, obligarlos a ser sociales les resulta más dañino que benéfico. Y debido a que los Melancólicos Perfectos tienen una profunda necesidad de hacerlo todo bien y perfecto, como padres necesitamos ser cuidadosos cuando les damos «sugerencias útiles».

Tal vez, el aspecto más importante de los Melancólicos Perfectos que deben conocer los padres es este: Por el solo hecho de que no se vean felices, no quiere decir que piensen que no lo son. Solo tienen una definición diferente de lo que es la felicidad. Cheri nos cuenta esta historia acerca de uno de sus estudiantes:

Chris era un clásico Melancólico Perfecto, cuidadoso y sensible hasta la médula. Su madre pertenecía al bando despistado de los Sanguíneos Populares: estaba ajena por completo a la naturaleza profunda de su hijo y siempre trataba de levantarle el ánimo. Un día, mientras se encontraba sentada junto a mí en el área del comedor, Chris pasó junto a nosotras. De manera impulsiva, se acercó y le pellizcó el trasero. Chris se dio vuelta enseguida, con la cara roja y protestó: «¡Mamá!». Estaba segura de que se sentía muy avergonzado porque hubiera hecho algo tan familiar frente a mí y al resto de los estudiantes. Obviando el pedido anhelante de respeto que le hizo su hijo, la madre solo dijo: «Te traje al mundo, así que puedo pellizcarte cuando quiera».

El hijo Flemático Pacífico

Los niños Flemáticos Pacíficos son los más fáciles de criar, porque siempre quieren mantenerse alejados de los problemas. Son tranquilos, a menudo tímidos y casi siempre tienen un sentido del humor mordaz. Es fácil llevarse bien con ellos y harán todo lo que se les pida, a menos que vaya en contra de su voluntad de hierro. De las cuatro Personalidades básicas, la Flemática Pacífica tiene la voluntad más fuerte.

Uno de los únicos problemas con los que se encuentran los padres de los niños Flemáticos Pacíficos es hacer que se muevan: que se levanten del sofá o traspasen la puerta. El trabajo es algo en lo que pueden llegar a pensar... para más tarde. Muchos padres de Flemáticos Pacíficos piensan que han fracasado, porque estos niños no tienen un deseo ardiente de hacer nada. Se conforman con sentarse en un lado y en el otro. Además, si la frustración de los padres los lleva a levantarse y a hacer la tarea que ellos deben realizar, estos niños no se opondrán. Cheri prueba este punto con esta historia de su hijo:

> Mi hijo tenía unos siete años cuando la familia de mi hermano vino a pasar el día para estar todos juntos. Cerca de media mañana, mi hijo, que holgazaneaba en el sofá junto a mí, dijo: «Mamá, ¿puedo beber un poco de agua?». Movida por la costumbre, me levanté de mi asiento que estaba en la sala y me dirigí hacia la cocina. Mi cuñada lo miró y le preguntó: «¿No estás en perfectas condiciones de ir a buscar el agua tú mismo?». A lo que le respondió: «Sí, pero me he acostumbrado a que mi madre me la traiga». Allí y entonces, decidí que cualquier niño que puede acostumbrarse a la frase «Me he acostumbrado», puede comenzar a buscarse sus propios vasos con agua.

Como los niños Flemáticos Pacíficos son encantadores y de trato fácil, muchos padres les proveen todo lo que necesitan sin siquiera darse cuenta. Jonathon, mi hijo, siempre ha sido muy amable. A diferencia de su hermana Colérica Poderosa que es exigente y mandona, ¡es un verdadero placer ocuparse de él! Sin embargo, cuando Karen me hizo abrir los ojos con respecto a lo que hacía (sirviendo a un niño que era muy capaz de ocuparse de sus necesidades), me vi obligada a reconocer cuánto hacía por él, lo poco que le enseñaba y lo poco que esperaba de él.

Lo más difícil en la crianza de un niño Flemático Pacífico es motivarlo. Los padres Sanguíneos Populares tratarán de hacer que este niño esté de pie y que asista a cuanta función social exista. Los padres Coléricos Poderosos tendrán una lista de tareas que se deben realizar antes de que el niño pueda disfrutar de cualquier descanso. Los padres Melancólicos Perfectos tratarán de hacer que este niño pacífico vea la importancia de hacer bien una tarea desde el principio. Los padres Flemáticos Pacíficos, en su mayoría, no le exigirán mucha participación a este niño a fin de que haya paz en la casa.

Muchas veces, el temor a lo desconocido es un factor importante del porqué los niños Flemáticos Pacíficos tienden a posponerlo todo. La poca energía que tienen la usan en la conmoción emocional de tomar una decisión. En este caso, tienden a retraerse. Entonces, como padre de un niño Flemático Pacífico, es sabio quedarse callado para escuchar los temores de este niño y entonces tratar esos temores de una manera moderada y con tacto. En la mayoría de los casos de niños Flemáticos Pacíficos, lo que resulta bueno es darles unas pocas elecciones y una fecha límite para la que deben tomarse esas decisiones. Nunca se deberían usar los gritos, las excesivas exigencias, ni los insultos como recursos para motivar a estos niños afables. Recuerda, tienen una voluntad de hierro. Pueden durar más que tú, ¡aun cuando vaya en detrimento propio!

Comprende las necesidades emocionales de tu hijo

La popularidad de programas de televisión tales como *Super Nanny* indica que hoy mucha gente necesita ayuda para criar a sus hijos. Casi todos tenemos la esperanza de que nuestras familias no estén en tan malas

Necesidades emocionales

SANGUÍNEO POPULAR	COLÉRICO PODEROSO
Atención	Lealtad
Afecto	Sensación del control
Aprobación	Reconocimiento por un buen trabajo
Aceptación	Logro

FLEMÁTICO PACÍFICO	MELANCÓLICO PERFECTO
Paz y quietud	Sensibilidad
Sensación de valor propio	Apoyo
Falta de estrés	Espacio
Respeto	Silencio

condiciones, pero de una manera u otra tenemos algunas situaciones invariables. Es aquí donde la comprensión de las necesidades emocionales puede significar el día y la noche en la crianza de nuestros hijos. Si le damos otra mirada al cuadro de las «Necesidades emocionales» (del capítulo 5), nos puede servir de ayuda para considerar estas necesidades pensando en nuestras habilidades como padres.

Nuestras necesidades emocionales comienzan en el momento en que nacemos. Cuanto antes se satisfagan, mejor será para todos los involucrados.

Sanguíneo Popular
Atención • Afecto • Aprobación • Aceptación tal como es

Nuestros bebés Sanguíneos Populares de ojitos brillantes, nos roban por completo el corazón con su primera sonrisa. Para cuando descubrimos que requieren muchísimo trabajo, estamos demasiado apegados a ellos como para pensar en lo que sería la vida sin estas personitas. A los niños Sanguíneos Populares les encanta reír y divertirse. Les encanta estar con personas, cuantas más sean, más divertido (y nunca hay un tope máximo para el Sanguíneo Popular).

Si eres un padre Sanguíneo Popular o Flemático Pacífico, lo más probable es que disfrutes de las gracias de estos niños precoces. No obstante, a los padres Coléricos Poderosos o Melancólicos Perfectos les costará mucho más tratar con las debilidades del hijo Sanguíneo Popular.

Lo que más quieren estos niños en la vida es que les amen, así que están dispuestos a transformarse a sí mismos para obtener ese amor, aunque esto signifique negar su propia Personalidad. En verdad, lo que necesitan de nosotros es que los aceptemos «tal cual son», en lugar de que siempre estemos intentando cambiarlos.

Kathryn nos cuenta esta historia acerca de su hijo:

Nuestro hijo mayor, Eric, es un Sanguíneo Popular-Colérico Poderoso. Desde su llegada al mundo, se podía saber que era muy testarudo. Si no estaba sonriendo o gorjeando, estaba gritando. Cuando dejaba de mecerlo para que eructara, porque tenía muchos cólicos, se ponía duro como una tabla y gritaba como si alguien le estuviera arrancando los brazos poco a poco. A medida que crecía, si no le gustaba el plan que tenía para el día, ¡no lo seguía de plano! Cuando llegó a la secundaria, estábamos en guerra.

Cuando me presentaron la información acerca de las Personalidades, comencé a aplicarlas a mis técnicas de crianza. Esto era más fácil decirlo que hacerlo (para entonces, habíamos desarrollado malos hábitos y los hábitos de cualquier clase crean necesidades propias). Me llevó varios años captar el valor de comprender las necesidades emocionales de cada uno de mis hijos, pero cuando las comprendí, las usé.

Tuve la oportunidad de captar una necesidad emocional de Eric cuando planeó ser parte de un viaje misionero con nuestra iglesia. La noche antes de partir, invitó a quince de sus mejores amigos para celebrar una despedida. Estaría afuera durante toda una semana. A las tres de la mañana, ya estaba harta de tanto ruido, así que les dije a los amigos de Eric que se fueran a casa, porque él debía levantarse y salir a las seis.

Eric había lavado una carga de ropa, pero olvidó ponerla en la secadora debido a que se quedó dormido en una silla en la sala. Cuando llegaron las cinco y media de la mañana, no estaba listo. Mi esposo comenzó a enojarse, pero yo decidí poner a prueba mis conocimientos en cuanto a satisfacer las necesidades emocionales de Eric de «aceptación tal cual es». Cerré la boca y lo ayudé a empacar su ropa húmeda en la valija. Ahora se nos había hecho tarde y Eric todavía estaba buscando la parte inferior de las patas de sus pantalones desmontables. Con ropa húmeda en la maleta y las patas de los pantalones en la mano, se dirigió hacia el auto.

Mi esposo nos dejó en el aeropuerto para que nos pusiéramos en la fila. Mientras esperábamos, pensé: *Si no tiene el pasaporte, reprobaré esta prueba de «aceptación tal cual es», ¡porque lo mataré!* Tuve que juntar toda la fuerza de voluntad posible para no decirle a Eric que se organizara de una vez y para no hacer que se sintiera rechazado y sin valor, ¡pero lo logré!

Eric tenía el pasaporte y terminó de embarcarse antes de que mi esposo regresara del estacionamiento. Nos abrazamos y besamos, oramos para que nada malo le sucediera y lo enviamos a su viaje misionero.

¡Cuántas veces nuestros hijos Sanguíneos Populares no quieren venir a casa a contarnos su entusiasmo por la vida, porque los padres no podemos ver más allá de la manera desordenada en que viven!

Colérico Poderoso
Lealtad • Sensación de control
• Reconocimiento por un buen trabajo • Logro

Si eres el padre de un niño Colérico Poderoso... ¡salud! Estos pequeños generales nacieron para liderar, pero como el buen liderazgo se aprende, tu tarea como padre es enseñarles.

Desde muy temprana edad, estos pequeños quieren hacer todo por su cuenta. Necesitamos tomarnos el tiempo para permitirles que lo hagan, porque cada vez que les decimos: «No, eres demasiado pequeño», o «Es demasiado difícil para ti», les manifestamos que carecen de valor y que son tontos. Por supuesto, no es esto lo que queremos decir, pero así se sentirán ellos. De todas las Personalidades, los Coléricos Poderosos necesitan probar y fracasar, o probar y tener éxito por su propia cuenta. Lo que requieren de nosotros es apoyo y lealtad. Lo único que debes hacer es señalarles la dirección adecuada y llegarán allí.

Algo que se debe tener en mente es que los Coléricos Poderosos piensan que las reglas *no* se ajustan a ellos. Debido a que saben cómo se debería hacer, piensan que están exentos de tales restricciones. Cuando tu pequeño general pise la raya, mantente firme. Dile que como es listo y valiente, puedes ver que tiene capacidades para el liderazgo, pero que todos los buenos líderes deben primero ser buenos seguidores. Esto significa que deben seguir las reglas.

Claire (bendita sea) sabe de primera mano lo poderosos que pueden ser estos hijos:

Cuando nuestra hija tenía doce años, montó en cólera de manera violenta en particular respecto a las lecciones de piano. En medio de un torrente de lágrimas, Ashley habló entre sollozos acerca de la agonía que significaba que la obligaran a tomar estas lecciones. Como las experiencias que tuve en mi niñez con las lecciones de piano fueron muy negativas, comencé a compadecerme de ella... hasta que exageró demasiado la nota. Con exclamaciones y suspiros ahogados, declaró con dramatismo: «Las prácticas de piano me quitan tanto tiempo y energía *¡que ya ni siquiera sé quién soy!*». Tratando de controlar la risa, le dije que se tomara algún tiempo para tranquilizarse y que más tarde hablaríamos del asunto.

A fin de comprender todo el escenario del piano, empecé a acompañarla a sus clases. ¡Esto sí que fue una revelación! Al comienzo de la primera clase a la que asistí, Ashley comenzó a decirle a la profesora que esa semana no tuvo tiempo para practicar. «Un momento», interrumpí, «tuviste *mucho* tiempo. Todos los días me dijiste que hacías lo que te asignó la profesora». De repente, quedó en claro que Ashley le había estado mintiendo a su profesora y a nosotros, tratando de librarse de las lecciones con el menor costo posible, a la vez que proclamaba su martirio. Hasta se había negado a tocar cualquiera de las canciones que le había sugerido la maestra para un recital y, así, ¡había quedado fuera del recital por completo!

Me senté y tuve una conversación muy seria con Ashley, durante la cual le dije que el piano no era una opción. *Debía* tomar las lecciones de piano y *debía* practicar al menos treinta minutos todos los días. Me comprometí a asistir a *todas* las lecciones de piano durante el año entrante. Por supuesto, a Ashley no le gustó la conversación. Dijo que vivía en una dictadura, a lo que mi esposo y yo le respondimos que, a pesar de que tratábamos de que fuera benevolente, nuestro hogar sí era una dictadura. Probó con todas las quejas y golpes conocidos, pero no cambiamos de opinión.

Durante los seis meses siguientes, cumplí y asistí a cada clase de piano. Como la profesora y yo formamos un frente común, las excusas de Ashley desaparecieron al poco tiempo. Mi esposo grabó algunas de sus mejores piezas y las adornó con otros instrumentos en la computadora. A Ashley le encantó escuchar que lo que tocaba sonaba «tan bien».

Hace poco, regresó a casa de una clase de piano y declaró: «¡Me *encanta* el piano! ¡Tengo muchas ganas de tocar! ¡Es tan divertido!». Luego se detuvo, me miró con fijeza y me dijo: «¡No quiero oír una palabra de ti! Ya sé lo que estás pensando. No digas: "¡Te lo dije!"». A lo que respondí con inocencia: «¿Quién, yo?».

El control es un asunto muy importante para los niños Coléricos Poderosos. Tienen muchos deseos de convertirse en adultos, y si pueden tener la última palabra, sienten que están a un paso más cerca de ser alguien. Por lo tanto, dales la suficiente cantidad de desafíos como para informarles que todavía son niños y que, algunas veces, necesitan ayuda. Ayúdalos a comprender que ser un niño no tiene nada de malo. Es probable que estos niños Coléricos Poderosos te agoten, pero piensa en lo orgulloso que estarás de todos sus logros cuando alcancen su objetivo: la adultez.

Melancólico Perfecto
Sensibilidad ante sus sentimientos • Apoyo cuando se deprimen
• Espacio • Silencio

Por lo general, los niños Melancólicos Perfectos son individuos silenciosos y sensibles que tienen una profunda necesidad de comprensión y apoyo. Necesitan espacio para recuperar la energía y procesan sentimientos de dolor para sentirse en paz consigo mismos y con los que les rodean. Por esta razón, a los padres que tienen Personalidades opuestas, casi siempre les resulta difícil relacionarse con ellos.

Mi hijo, Fred, es un Melancólico Perfecto. Muchas veces, las cosas que para mí son graciosas, para él son trágicas. Yo necesito una audiencia que sepa apreciar lo que digo; él gime ante mi humor dramático. Si no entendiera las Personalidades, él y yo no tendríamos un campo natural de encuentro en el ámbito de nuestras mentes. Tengo que darme cuenta de que mi ritmo acelerado le apabulla.

Cuando Fred se encontraba al comienzo de la adolescencia, una vez me preguntó si su amigo Michael podía venir luego de la escuela. Como siempre me gustan las fiestas, lo alenté a que trajera sus amigos a casa. Entonces Fred indicó:

—Cuando la madre de Michael venga a buscarlo, por favor, ¿podrías irte a tu habitación y cerrar la puerta?

—¿Qué tengo de malo? —dije—. ¡Me portaré bien!

Fred me miró con ojos sombríos y meneó la cabeza.

—Es solo que serás demasiado para ella —dijo.

—¿Yo? ¿Mucho? —grité—. Guardaré silencio. Me quedaré parada en un rincón y fingiré que soy un árbol.

Me cuadré como un soldado en posición de árbol.

—Eso es lo que no me gusta de ti —suspiró Fred—. Piensas que eres graciosa.

A esta altura, tenía dos opciones: Podía enojarme ante la sinceridad de mi hijo o podía irme a mi habitación y cerrar la puerta. Por fortuna, hice esto último. Esa noche, Fred me dio las gracias por facilitarle las cosas.

Quizá pienses que cedí ante un hijo mandón, pero Fred nunca era mandón; en cambio, siempre me estaba rogando que no lo avergonzara. Al irme a mi habitación ese día y no avergonzarlo delante de su amigo, satisfice su necesidad de sensibilidad. (Si hubiera sido un Colérico Poderoso que me señalaba con el dedo y me ladraba la orden de irme a mi habitación, ¡enseguida hubiéramos dejado en claro quién mandaba!).

El cuarto hijo de Kathryn, Brett, también es un Melancólico Perfecto. Al encontrarse en el lugar más bajo del tótem de su familia, muchas veces, no se satisfacían sus necesidades de silencio y espacio. Un domingo por la tarde, todos en la familia decidieron llenar un Perfil de la Personalidad como actividad familiar. Mientras hacían el Perfil y conversaban, todos se percataron de que, casi siempre, Brett estaba deprimido y con cambios de ánimo, porque no entendían cuáles eran sus necesidades.

Entonces, crearon un plan para satisfacer las necesidades de Brett. Le dieron una habitación para él solo. Nadie podía entrar a esa habitación sin llamar a la puerta, ni debía tomarse prestado nada sin permiso. Brett también tenía que seguir algunas reglas. Si alguien llamaba a su puerta, debía responder en lugar de quedarse sentado en silencio con la esperanza de que se fuera el intruso. Debía pensar en las necesidades de los demás antes de decir que no a una petición. Con este nuevo espacio y silencio, a Brett se le quitó el peso del mundo de sobre sus hombros. Hasta el día de hoy, es un artista Melancólico Perfecto satisfecho, aunque silencioso.

Flemático Pacífico
Paz y quietud • Sensación de valor propio • Falta de estrés
• Respeto propio

Los niños Flemáticos Pacíficos nacen con una necesidad innata de entornos pacíficos y tranquilos. Necesitan que les ayuden a cultivar sentimientos de autoestima y de importancia como individuos. También se desarrollan mejor con un estilo de vida que reduzca el estrés.

Los años que Cheri lleva en la enseñanza le han dado una valiosa percepción de la naturaleza de los niños con esta Personalidad. Cuenta la siguiente historia:

Durante mi primer año de enseñanza, la madre de uno de mis estudiantes Flemáticos Pacíficos vino a verme muy afligida, pues su hijo quería formar parte de mi grupo de teatro.

—No me parece una buena idea —dijo en un tono de gran confidencialidad—, debido a su... usted sabe... su...

—¿Su ceceo? —pregunté.

—Sí —exhaló con dolor—. No quiero que haga el ridículo.

Como Matt no había mostrado la menor preocupación en cuanto a su ceceo, estaba casi segura de que, en realidad, esta madre estaba preocupada por sí misma. Le aseguré que haría todo lo que estuviera a mi alcance para asegurarme que los puntos fuertes de su hijo se destacaran y sus puntos débiles se redujeran. El cumplimiento de esta promesa cobró forma al hacer que Matt fuera la estrella de nuestra primera obra.

Cuando su madre se enteró, se apresuró a venir a verme, una vez más en privado, para expresarme sus preocupaciones acerca de lo que le causaría esta clase de exposición a su hijo. «No se preocupe», dije. «En la audiencia, nadie se dará cuenta de otra cosa que no sea del dominio magnífico que tiene sobre su papel». Ante este comentario, se mostró sorprendida.

Verás, le había asignado a Matt el papel de una serpiente y lo había guiado para que exagerara su ceceo al extremo, a fin de provocar un efecto dramático. Al compenetrarse en su papel, Matt acaparó por completo el espectáculo. Todos lo felicitaron por su manera de proyectar la voz, por la actuación, la sincronización y su expresividad. Hasta su madre me comentó: «¡No tenía idea de que tuviera semejante talento!». Ante lo cual, pensé: *Qué pena para él... y qué pena para usted.*

Los niños Flemáticos Pacíficos necesitan que sus padres les aseguren, una y otra vez, que son una parte importante de la familia. El tercer hijo de Kathryn, Drew, es Flemático Pacífico. Cuando tenía diez años, Kathryn y su esposo, Steve, se enteraron de que ella esperaba su quinto hijo. Al poco tiempo, Drew se acercó con calma a Kathryn y le dijo que estaba preocupado porque se convertiría en el hijo del medio. Cuando le preguntó por qué, Drew dijo: «Bueno, se dice que tienen problemas emocionales». Kathryn cuenta:

Para mí, esta fue una pista de que este niño buscaba su valor personal y que debíamos ver si, en nuestra familia, existía un lugar importante para él. Le pedí a Drew que pensara en las cosas que están en el medio (¡como la crema en las galletitas Oreo!). Por cierto, le dije, el medio es tan bueno que hacen Oreos con «relleno doble».

Al pensar en más cosas del medio, le pregunté:

—Si estuvieras a punto de dispararle a un blanco, ¿adónde apuntarías?

—¡Al blanco! —exclamó.

—Bueno —le dije—, a partir de ahora pensaremos en ti como nuestro "muchachito del blanco". Dios te creó para que seas la persona especial que tenga la importante tarea de ser el del medio de nuestra familia.

Una expresión de orgullo sustituyó la de aterrada preocupación que mostró momentos antes. Y hasta ahora, el único problema que hemos tenido con Drew es lograr que saque la basura.

Además, los niños Flemáticos Pacíficos tienen una profunda necesidad de privacidad. Esto puede crearles problemas a los padres Sanguíneos Populares, que querrán contarle a los demás cada detalle de la vida de ese hijo. Bárbara, una de nuestras Instructoras Certificadas en Personalidad, nos cuenta cómo se manifestó esto en la relación con su hija.

Soy Sanguínea Popular casi en su totalidad (con algunos rasgos de Colérica Poderosa), mientras que mi hija es, en su mayoría, Flemática Pacífica. Cuando tenía cerca de quince años, me dijo: «Mamá, decidí que iré al centro comercial y me compraré una camiseta hecha a la medida. Dirá: *¡Hola! Me llamo Aimee Flowers. Si quieren saber cualquier otra cosa, pregúntenle a mi mamá*».

Hacía poco que había comenzado a aprender acerca de las Personalidades y me esforzaba por integrar este conocimiento a mi vida. Como sabía que Aimee era una Flemática Pacífica, comprendí que había un mensaje importante detrás de este comentario gracioso. Me di cuenta de que mi hija me decía algo importante acerca de nuestra relación. Necesitaba respetar su privacidad y dejar de contarle a todo el mundo lo que sabía acerca de ella.

Aunque ha sido una lucha, he aprendido a tener cuidado con lo que cuento, por respeto a ella. Al entrar en la adultez y convertirse en esposa y madre, este simple cambio en mi conducta nos ha ayudado a entablar una relación más fuerte como madre e hija.

¿Cuántos de nuestros silenciosos Flemáticos Pacíficos pasan inadvertidos porque no valoramos su fuerza afable?

Dejemos a nuestros hijos en libertad para que sean lo que son

Dios nos creó a todos con un propósito diferente. Cuando tratamos de cambiar a nuestros hijos, en vez de ayudarlos a vivir según los puntos fuertes de su Personalidad, les decimos en esencia: «Discúlpame, pero pienso que Dios cometió un error al crearte. Fíjate, tengo un plan mejor: tienes que ser igual a mí, porque a mí me creó como debe ser». No lo hacemos de manera intencional, pero así lo sienten ellos. En cambio, dediquemos el tiempo para escuchar, de modo que logremos comprender lo que mueve a nuestros hijos.

Pregúntales como se sienten con respecto a estas cosas: su escuela, sus maestros, sus hermanos... incluso, cómo se sienten con respecto a *ti*. Después escucha. ¿Qué oyes? ¿Dicen que se están divirtiendo? ¿Andan por allí diciéndole a todo el mundo lo que debe hacer? ¿Se espantan si las cosas no son perfectas? ¿Buscan por todos los medios la parte fácil de la vida?

Una vez que comprendemos la Personalidad de nuestros hijos, podemos satisfacer sus necesidades emocionales. Y cuando comprendemos y satisfacemos las necesidades emocionales de nuestra propia Personalidad *y* la de nuestros hijos, ¡los resultados son asombrosos! Experimentamos a tal grado una libertad y una franqueza en nuestras relaciones, como nunca antes soñamos que fuera posible.

Nota

1. Nota de la traductora: En el sistema de calificaciones vigente en los Estados Unidos, la *A* equivale a la calificación más alta y la *F*, a la más baja.

CAPÍTULO 8

COMUNICACIÓN

Como hemos visto, nuestra Personalidad influye en casi todos los aspectos de la vida, incluyendo nuestra comunicación con los demás. Cada día nos comunicamos con otros. Quizá se trate de la gente en el trabajo, del cajero en el banco, del camarero en el restaurante o de nuestros propios familiares. Al comunicarnos con esta variedad de personas, tanto mediante palabras escritas como habladas, siempre tendremos errores de comunicación con ellos.

La comprensión de la influencia que las Personalidades tienen en la comunicación no impedirá todos estos problemas, pero sí ayudará a reducirlos en gran medida. Cuando existe en verdad un problema de comunicación, los conceptos en este capítulo te ayudarán a encontrar la raíz de los malentendidos y a saber cómo enmendarlos.

Los lenguajes de la personalidad

Podemos aprender a comunicarnos con los lenguajes de la Personalidad de los demás. Si hablo en griego y tú hablas en francés, puedo aprender francés (o tu puedes aprender griego), a fin de que podamos comunicarnos de algún otro modo que no sea mediante el lenguaje por señas o gestos. Asimismo, si hablo en Sanguíneo y tú hablas en Colérico, también podemos aprender el lenguaje de cada cual para comunicarnos mejor.

Chuck y yo llevábamos unos tres años de casados cuando se hicieron evidentes nuestras diferencias de comunicación. Debido a nuestras

Personalidades opuestas, hasta usábamos un vocabulario distinto por completo. Mis palabras eran pintorescas, entusiastas y excesivas, mientras que Chuck se regía solo por la regla de «lo que se necesita saber». Si no hacía falta saberse algo, no hablaría al respecto.

Un fin de semana, le preparé un desayuno especial. No se trataba de simples pasteles y jugo Tang, sino que hice lo mejor. Le preparé tocino y huevos, fresas, zumo de naranja recién exprimido y café molido. Los serví en la sala, con la vajilla de la mejor porcelana, y combiné el mantel con las servilletas. Desplegué este extraordinario desayuno frente a Chuck, y él empezó a comerlo. Le pregunté cómo estaba el desayuno y respondió: «Bueno». *¿Bueno?*, pensé. *¿Preparé toda esta gran comida y todo lo que tiene que decir es «bueno»?* Chuck se comunicaba conmigo de acuerdo con su Personalidad, y yo lo escuchaba según la mía.

Cuando hablo en una conferencia, encuesto a los presentes y a menudo descubro que, en forma universal, la Personalidad Sanguínea Popular ven la palabra «bueno» como algo negativo. Les pregunto: «En una escala del uno al diez, en la que el diez es lo mejor, ¿dónde colocarían la palabra "bueno"?». Siempre expresan en voz alta respuestas que van del uno al tres. Una persona del grupo de dirección de un hotel en Australia dijo: «¡menos dos!». Para los que somos Sanguíneos Populares, la palabra «bueno» no es un cumplido. Sin embargo, el Melancólico Perfecto ve las cosas de otra manera.

Poco después de la experiencia del desayuno, me encontraba en uno de mis frecuentes viajes. Llamé por teléfono a casa como hago siempre y le pregunté a Chuck cómo le fue en su día. Me respondió con su previsible: «Bueno». Sin pensarlo, le pregunté qué era lo que andaba mal. «Nada», contestó, «dije que el día fue bueno. Debes entender que, para mí, bueno es lo mejor que hay».

Si tuviera que enfrentarme a una vida que solo es buena, me suicidaría. Para mí, una vida que solo es buena no merece vivirse. Sin embargo, para un Melancólico Perfecto bueno es lo mejor que hay. Al igual que la buena vajilla de porcelana, la buena plata, el buen cristal, ¡bueno es lo mejor que hay!

Para que Chuck y yo nos comuniquemos (y, en definitiva, sigamos casados), necesitamos aprender cada uno a hablar en el lenguaje de la Personalidad del otro. Por ejemplo, Chuck ha aprendido a usar superlativos cuando habla conmigo. Si me pongo un vestido nuevo y le pregunto cómo me veo, ahora me dice palabras como «increíble», «fabuloso», «maravilloso», «¡impresionante!». ¡Ha aprendido que «bueno» no es una respuesta aceptable! Asimismo, cuando le pregunto a Chuck algo con respecto a su vida y me dice que es bueno o que está bien, he aprendido a decir «fantástico», y a seguir con el próximo tema.

Ese día en el que le serví a Chuck el espléndido desayuno y todo lo que me dijo fue «bueno», respondí en tono de broma: «Respuesta equivocada», levanté su plato y lo llevé de vuelta a la cocina. Luego regresé, lo traje de nuevo, lo coloqué delante de él y pregunté: «Chuck, ¿qué te parece el desayuno?». Con una amplia sonrisa en el rostro, respondió: «¡Este es el mejor desayuno que haya visto en toda mi vida!». Le respondí: «Bueno, ahora puedes volver a desayunar mañana».

Como este modo de comunicación se ha convertido en la norma de nuestro hogar, ahora podemos reírnos juntos de la afición que tiene Chuck por decir «bueno». Un día, regresé a casa de un viaje y Chuck todavía estaba en el trabajo. Cuando entré a la casa, vi una tarjeta sobre la mesa. Tomé la tarjeta, que tenía un dibujo de algo parecido a un gato desaliñado en el frente. Con una pequeña letra del estilo de la cursiva, decía: «Me preguntas cómo me siento...». En el interior, había dos pequeñas palabras: «Bien, gracias». Debajo, Chuck había escrito: «Algunas veces, "bien" representa a lo mejor que vendrá».

Como comprendemos la Personalidad de cada uno y nuestra relación nos importa lo suficiente como para hacer el esfuerzo extra de comunicarnos, podemos reírnos de cosas que, de otra manera, serían problemáticas.

¿Cuál es el estilo de comunicación de tu Personalidad?

Cómo has aprendido, cada uno tiene una Personalidad primaria, y la mayoría de nosotros tiene una fuerte Personalidad secundaria. De manera predeterminada, como parte de esa Personalidad, existe un estilo de comunicación intrínseco. El Sanguíneo Popular tal vez hable de manera incesante, sin importar si a alguien le interesa lo que dice. Al Colérico Poderoso le salen bien las órdenes rápidas y mantiene la conversación a «solo los hechos, señora, solo los hechos». El Melancólico Perfecto es mejor como oyente que hablante, cuenta solo lo basado en «lo que se necesita saber». El Flemático Pacífico es oyente que casi siempre prefiere mantenerse neutral, como si temiera participar en la conversación; pero en un momento de estrés, el Flemático Pacífico es la persona con la que se debe hablar, pues solo el sonido de su voz es tranquilizador.

Cuando se trata de comunicación, cada Personalidad tiene varios puntos fuertes, pero también tiene diversas esferas en las que se debe mejorar. En la siguiente sección, daremos un vistazo a los aspectos exclusivos de los puntos fuertes y débiles de cada Personalidad y a continuación determinaremos cómo logramos modificar mejor nuestro enfoque a fin de comunicarnos de manera más eficaz con personas cuya Personalidad no concuerda con la nuestra.

El Sanguíneo Popular

Janis, una Sanguínea Popular, a menudo es el alma de la fiesta. Cuando ella y su esposo, Boyd, van a actividades sociales juntos, enseguida a ella la acapara un círculo de amigos donde los cautiva toda la noche. Mientras tanto, Boyd se arrellana en una silla cómoda y tiene una conversación significativa con una o dos personas.

Cuando llegan a casa, Janis está alborozada, pero Boyd descontento. Ella pasó una velada grandiosa que nutrió sus necesidades emocionales, mientras que él se sintió olvidado, dejado de lado y excluido. Cuando le sugiere que debería haberse unido a la diversión, le dice: «Lo intenté. Nadie me escuchó».

¿Qué nos dice esta historia? Los puntos fuertes inherentes de Janis los acompañan algunos puntos débiles sobre los que todos los Sanguíneos Populares deben trabajar con el propósito de comunicarse de manera eficaz. Examinemos algunos de estos puntos débiles para determinar cuál es la mejor manera en que los Sanguíneos Populares pueden aprender a comunicarse con las otras Personalidades.

Limita la conversación

Los Sanguíneos Populares necesitan aprender a limitar su conversación y a permitir que los demás tengan la oportunidad de hablar, incluso si lo que tienen que decir es más interesante y entretenido (según su parecer). Alguien que habla de manera constante, llega a ser aburrida. Los Sanguíneos Populares necesitan esforzarse por hablar solo cuando tengan algo para decir que la gente *necesite* saber o que sea vital para la situación. Como el niño que gritaba lobo, los Sanguíneos Populares que siempre están hablando no serán escuchados cuando tengan que decir algo importante de verdad.

Cada vez que estoy con un Sanguíneo Popular que no se ha ocupado de vencer este obstáculo en la comunicación, recuerdo un principio que aprendí de mi madre hace muchos años: Si me encuentro en medio de una historia o de una conversación y me interrumpen, debería dejarla en ese punto y no seguir adelante. Si a alguien le interesara de verdad escuchar lo que tenía que decir, me recordará lo que hablaba y me instará a continuar. Si nadie lo hace, puedo suponer con certeza que a mi audiencia no le interesaba mucho. Para todos los que somos Sanguíneos Populares, esta es una lección dolorosa.

Recuerdo un viaje en el que estuve con un grupo de mujeres, muchas de las cuales eran Sanguíneas Populares. Una de ellas en particular, Patti, luchaba a cada momento por captar la atención de la «audiencia». Aunque las historias que contaba eran divertidísimas, no cesaba de hablar. Si nos deteníamos para usar el baño, Patti continuaba la historia desde su compartimento. Cuando nos bajábamos del auto para contemplar el paisaje, seguía hablando. Cuando regresábamos al auto, Patti volvía a retomar enseguida la historia. Luego de una hora, por más divertidas que fueran sus historias, todas estábamos cansadas y anhelábamos unos momentos de silencio.

Todos los que somos Sanguíneos Populares debemos recordar que tenemos que limitar nuestra conversación. Debemos tener cuidado de no abrumar a los demás con nuestras palabras, y permitirles que hablen y nos cuenten sus experiencias.

Baja el tono de voz

Recuerda que uno de los rasgos del Sanguíneo Popular es una voz fuerte. Esto es un gran punto a favor si la persona es una oradora pública en una habitación que no tiene micrófono. Sin embargo, en la mayoría de los ambientes, el volumen alto distrae, irrita y hasta les resulta odioso a los demás. Cuando trabajamos con las personas sobre este problema, el consejo más frecuente que se les da a los Sanguíneos Populares es que bajen el tono de voz.

Para ayudarme a recordarlo, todos los años tomo a 1 Pedro 3:4 como la resolución de Año Nuevo: «Que su belleza sea más bien la incorruptible, la que procede de lo íntimo del corazón y consiste en un espíritu suave y apacible. Esta sí que tiene mucho valor delante de Dios». Todos los años tomo la misma decisión, ya que nunca he llegado a cumplirla a la perfección. Así que cada año me esfuerzo por hacerlo. Y siempre mejoro cada vez más en esto de adquirir la belleza incorruptible de un espíritu suave y apacible.

GUY DE MAUPASSANT

«La conversación [...] es el arte de nunca parecer aburrido, de saber cómo decirlo todo de manera interesante, de entretener pase lo que pase, de ser encantador sin nada en absoluto».

Ya mencioné antes cómo Chuck, por lo regular, quiere que le hable en voz más baja. Juntos hemos creado un código. Cuando estamos en público, o incluso en casa, y estoy muy animada, solo dice con voz queda: «FM». Con esto recuerdo que necesito bajar el tono de voz y hablar como una locutora de radio, de las que anuncian los temas musicales. Una noche, cuando Chuck y yo escuchábamos una nueva estación de FM en la ciudad, me dijo: «Ah, así es que debe oírse una verdadera locutora de radio FM... como si estuviera en la cama». Le presté atención a esa locutora. Ahora, cuando regreso a casa de un viaje y estoy un poco alterada, practico mi voz de locutora de FM, leyendo en ese tono de voz bajo y seductor los carteles que hay en las calles y las vallas para anuncios. Aunque en realidad nunca puedo hablar de esa manera, me ayuda a bajar el tono de voz.

Aprende a escuchar

La mayoría de los Sanguíneos Populares piensan que escuchar significa guardar silencio. Sin embargo, cuando los Sanguíneos Populares escuchan de verdad, lo más probable es que estén pensando en las próximas frases que dirán.

Una vez me enteré que la gente no recuerda los nombres porque no se interesan mucho en escuchar. Estaba segura de que ese no era mi caso, así que me dispuse a desmentir la teoría. Decidí que cuando conociera a alguien nuevo, repetiría el nombre dentro de los primeros minutos de conversación. Podía decir algo así: «¿De verdad, Kathy, cómo sucedió eso?». Es lamentable, ¡pero descubrí que la teoría era cierta! La mayoría de las veces, cuando intentaba usar el nombre de esa persona, ¡no podía recordarlo! No se debía a la mala memoria, ¡sino a la poca capacidad para escuchar!

Con la intención de prepararme para escuchar mejor, me humillé varias veces al decir: «Lo lamento, ¿puedes repetirme otra vez tu nombre?». Solo se necesitaron unas pocas repeticiones vergonzosas de ese episodio para que aprendiera a escuchar mejor. Una vez que comencé a escuchar de verdad, descubrí que era excelente para recordar nombres.

Santiago 1:19 es un buen versículo para todos los Sanguíneos Populares; son sabias palabras que nos ayudarán a mejorar nuestras habilidades en la comunicación: «Todos deben estar listos para escuchar, y ser lentos para hablar y para enojarse».

Mantén el rumbo

Un distintivo del estilo de comunicación del Sanguíneo Popular es saltar de un tema a otro, casi siempre sin terminar ninguno. En la conversación de un Sanguíneo Popular con otro Sanguíneo Popular, esto puede ser la señal de que dos personas pasan juntas un tiempo grandioso.

Hace poco, mi amiga Dianne y yo le quitamos unas pocas horas a nuestras vidas sobrecargadas y salimos juntas a cenar. Las dos estábamos apuradas y teníamos que hacer otras cosas antes de que terminara la noche. Conversamos la hora de la comida. Nos dimos un abrazo rápido de despedida mientras salíamos corriendo hacia nuestros respectivos autos. ¡Cuánto nos divertimos juntas! Las dos estuvimos de acuerdo en que debíamos hacerlo con mayor frecuencia. Mientras conducía hacia mi siguiente responsabilidad, me di cuenta que no estaba segura de que hubiéramos completado una conversación. Saltamos de un tema al otro, en la medida en que una idea incentivaba a la otra.

Para nosotras, esto fue una grandiosa velada representativa de cómo son la mayoría de nuestras visitas. Sin embargo, para otros tipos de Personalidades, este estilo de conversación que salta de un tema a otro puede ser frustrante para el que escucha. Por lo tanto, si eres Sanguíneo Popular, esfuérzate por mantener el rumbo.

El Colérico Poderoso

Debido a que la meta principal para los Coléricos Poderosos es la producción y el logro, su estilo de comunicación tiende a ser breve y conciso. A menudo gritan las órdenes sin pensar un poco en los sentimientos de los demás. Aunque este enfoque es práctico y reduce al mínimo las distracciones, los Coléricos Poderosos deben recordar que la comunicación es más que una simple transmisión de los hechos.

Interésate en otros

Puesto que los Coléricos Poderosos se concentran en la producción, la gente a menudo se les interpone en el camino. Además, el modo enérgico de muchos Coléricos Poderosos hace que otros sientan temor incluso de acercárseles. Entonces, una de las maneras en que pueden mejorar la comunicación es interesándose en los demás. Esto se puede hacer de diversas maneras. Una, es escuchar las oraciones completas de otros (e incluso sus historias completas). Por lo general, los Coléricos Poderosos piensan con rapidez y con frecuencia saben lo que los demás tratan de decir mucho antes de que lo digan. Como siempre están buscando la conclusión, tienden a cortar las oraciones de los demás y a terminar la historia, diciendo algo así: «Sí, sí, ya entendí». En el acelerado ambiente de los negocios, este estilo de comunicación sirve como una manera eficaz de transmitirles información a los compañeros de trabajo y a los empleados. Sin embargo, en el caso del resto del mundo, el enfoque «vayamos al grano» de este tipo de Personalidad hace que la gente se retraiga y limita la futura comunicación.

Hace muchos años, mi hermana, Lauren, y su esposo procuraban comprar su primera casa. Luego de todo un día de visitar muchas casas raras e inaceptables, mi madre Sanguínea Popular-Colérica Poderosa deseaba contarle la historia a mi padre Colérico Poderoso-Melancólico Perfecto. A medida que entraba en detalladas descripciones de cada casa, la paciencia de mi padre se debilitaba.

—¿Compraron una casa? —la interrumpió por fin.

—No —respondió mi madre —pero...

—Muy bien —le dijo y la cortó de nuevo—. No necesito enterarme de todas las casas que no compraron.

Ante tal fracaso, mi madre dejó de hablar de las casas.

Aunque es verdad que mi padre no necesitaba enterarse de cómo eran todas las casas, un patrón de semejante desinterés, a la larga cierra la puerta a cualquier clase de comunicación, frívola o funcional. Entonces, aunque ya escucharas antes toda la historia, si te interesas en lo que tienen que decir los demás, alientas una comunicación franca.

Cultiva la charla intrascendente

El viejo lugar común de detenerse a oler las rosas es un buen consejo para todos los Coléricos Poderosos. Como el enfoque típico que tienen de concentrarse en el trabajo les consume todo el tiempo y la energía, no es habitual que dediquen el tiempo que debieran para invertir en los demás. Debido a esto, tienen una capacidad limitada para conversar acerca de temas que les interesen a otros y a menudo les parece que la conversación intrascendente es una pérdida de tiempo.

Una amiga me contó cuán desilusionada estaba porque el enfoque de su padre en el trabajo le consumía tanto que podían hablar muy poco que no fuera del trabajo. Su padre fue un tenista profesional en su juventud, y ella tomaba lecciones de tenis, pero él no mostraba ningún interés en jugar un partido con ella. Era un excelente cocinero, y ella se distinguía por sus habilidades de gastrónoma, pero a esta altura de su vida, la cocina para él servía para proporcionar nutrición más que para realizar descubrimientos fascinantes. Con el paso de los años, la comunicación entre ambos se ha reducido a llamadas telefónicas maquinales y a tarjetas de cumpleaños.

Los Coléricos Poderosos necesitan ampliar los campos de interés para comunicarse con las demás Personalidades. Esto quizá signifique que vean un poquito menos televisión (en especial, los noticieros), que practiquen un deporte o que pasen más tiempo al aire libre; cualquier cosa que los exponga a algo diferente. Si eres Colérico Poderoso, amplía tus horizontes. Descubrirás que no solo tienes más intereses, sino que también eres más accesible.

Pide en lugar de exigir

¿Recuerdas las palabras mágicas «por favor» y «gracias» que te enseñaron en la niñez? En el estilo de comunicación esencial de los Coléricos Poderosos, estas delicadezas se pasan a menudo por alto. Sin embargo, al no usar el «por favor», casi siempre las palabras de estas personas se convierten en una orden que le eliminan a los demás la opción de negarse. Esto hace que la gente acumule resentimiento hacia el Colérico Poderoso.

Cuando enseño estos conceptos de las Personalidades, algunas veces divido a los asistentes en grupos pequeños y luego les pido que hagan una lista de lo que les gustaría cambiar en las otras Personalidades. El deseo más común con respecto a los Coléricos Poderosos es que pidan las cosas, en lugar de ordenarlas o exigirlas. Todos sabemos la tendencia que tienen de emitir órdenes sin siquiera darse cuenta.

Tomemos por ejemplo a Cheri, que le compró una mochila a su hijo al comienzo del año escolar. Al cabo de la primera semana, empezó a caerse a pedazos. Las barras de metal sobresalían de la parte superior, las costuras se abrieron, los cierres dejaron de cerrar y, al final, ambas correas se rompieron. A las seis semanas de comenzadas las clases, tomó la mochila defectuosa y la llevó a la tienda para que le devolvieran el dinero. «Preguntaré», le dijo la cajera dudosa, «pero no creo que podamos devolverle el dinero porque han pasado más de treinta días». Consternada ante la posibilidad de que no le aceptaran la devolución de un artículo que a las claras era defectuoso, Cheri dijo de repente: «¡Estoy segura de que pueden hacerlo!». Habló con el gerente, quien estuvo de acuerdo en devolverle el dinero, pero la cajera se mostró poco amistosa durante el resto de la transacción. Los intentos de Cheri de poner un poco de humor, no sacaron siquiera la más leve sonrisa. Me contó: «Solo cuando reflexioné acerca de *cómo* dije "¡Estoy segura de que pueden!", me di cuenta de cuál era el problema. Aunque todo lo que pretendía transmitir era confianza, una vez más se me fue la mano y comuniqué enojo y dominación. Me devolvieron el dinero, pero pasaron meses antes de que pudiera arrancarle una sonrisa a esta cajera en particular. Incluso entonces, ¡era una sonrisa reservada!».

Muchas veces, los Coléricos Poderosos creen que el tiempo, el esfuerzo y la energía que se requiere para relacionarse con la gente no ayudan a lo primordial. No obstante, si quieren ser más productivos de verdad, reconocerán que el tiempo improductivo en el que se hacen preguntas, en el que se escucha y en el que se dice un «gracias» de corazón, los hará más productivos a largo plazo.

Al comunicarse con otros, los que somos Coléricos Poderosos debemos recordar estas palabras mágicas y tener especial cuidado con el tono de nuestra voz. Siempre me sorprende cuando palabras que pensé que dije en un tono amoroso y cortés se reciben como si fueran una púa afilada. Un buen versículo para que memoricen los Coléricos Poderosos, es Proverbios 16:24: «El habla bondadosa es como la miel: deleitosa y saludable» (*LBD*).

El Melancólico Perfecto

Los que son Melancólicos Perfectos deben recordar que el título «Perfecto» no significa que lo sean, sino que más bien les gusta la perfección. Aunque hay muchos aspectos de esta Personalidad que son perfectos, y que sería bueno que elogiaran los demás, también hay algunas esferas en las que pueden mejorar... sobre todo en el campo de la comunicación.

Sé un poco más jovial

El Melancólico Perfecto es lo opuesto al Sanguíneo Popular. En tanto que el Sanguíneo Popular necesita aprender a escuchar, este es uno de los puntos fuertes del Melancólico Perfecto. El Sanguíneo Popular es gracioso por naturaleza, mientras que el Melancólico Perfecto debe esforzarse por añadirle humor a su comunicación, debe ser un poco más jovial.

Mi amiga Melancólica Perfecta, Marilyn, me contó que al comienzo de sus años de oradora, pensaba que no tenía sentido del humor. Desde entonces, ha descubierto que esto no es verdad en absoluto. Dejaré que te cuente la historia de cómo descubrió su sentido del humor:

> Después de la muerte de nuestro hijo Nathan, mi esposo, Glen, y yo teníamos verdaderas luchas en nuestro matrimonio. Todas las noches, mientras caminaba a rastras de regreso a casa, luego de dar clases en la escuela a la que asistió Nathan, pensaba a menudo: *Es probable que pudiera soportar este día si no tuviera que soportar a ese hombre* [refiriéndome a mi esposo] *cuando regreso a casa*. Estoy segura de que Glen pensaba lo mismo de mí.
>
> Con el tiempo, nuestra relación empeoró hasta el punto en que casi no hablábamos. Una noche, Glen se interpuso entre la televisión y yo. Se sentó frente a mí, me miró directo a los ojos y dijo: «No me importa lo que hagas. ¡Yo no me voy!». Bueno, no sé qué dirás tú, pero a este punto, ¡esta no era una buena noticia para mí!
>
> Cada vez que cuento esta historia, mi sinceridad con respecto a mis sentimientos siempre produce risa. He descubierto que la historia proporciona un espacio relajado dentro de una cuestión difícil.

Los Melancólicos Perfectos tienen un maravilloso sentido del humor. No usan este humor para entretener (eso les parecería frívolo), pero su sentido del humor sutil brilla con naturalidad en sus conversaciones. Esa pizca de humor saldrá a la luz mientras cuentan historias verídicas acerca de su vida y su familia.

Si eres un Melancólico Perfecto, habla con sinceridad acerca de cómo afrontas la vida. No actúes de manera forzada ni inventes historias. Tan solo sé tu mismo. Otra manera de añadir una pizca de humor es a través del uso de bromas y ocurrencias graciosas. Es bastante extraño que la mayoría de los que cuentan bromas tiendan a ser Melancólicos Perfectos, no Sanguíneos Populares. ¿Por qué? ¡Porque los Sanguíneos Populares no pueden recordar cómo acaba el chiste! Jay Leno es un Melancólico Perfecto. Planifica, ensaya y vuelve a ensayar lo que presentará en su rutina de comediante.

Entra en la conversación

Como los Melancólicos Perfectos son oyentes por naturaleza, no conversadores, deben esforzarse por participar en la conversación. A los Melancólicos Perfectos les resulta muy fácil sentirse lastimados si nadie se preocupa lo suficiente como para preguntarles lo que piensan o cómo se sienten. Aunque es cierto que los que por naturaleza no somos tan sensibles necesitamos aprender a ser más cuidadosos y atentos, los Melancólicos Perfectos también deben asumir la responsabilidad de participar en la conversación por su cuenta.

Piensa de manera positiva

El término «perfecto» se le adjudica a la Personalidad Melancólica debido a que estos individuos desean la perfección en sí mismos y la esperan de los demás. Esta tendencia natural también les permite ver todas las fallas en las personas, en los programas y en los planes, lo cual los hace propensos a ser críticos.

Si eres Melancólico Perfecto, debes esforzarte por pensar de manera positiva. Esto no viene con naturalidad. Memoriza Efesios 4:29: «Eviten toda conversación obscena. Por el contrario, que sus palabras contribuyan a la necesaria edificación y sean de bendición para quienes escuchan». Esfuérzate por elogiar y alentar a los demás, en lugar de criticarlos. Haz un esfuerzo por buscar oportunidades para fortalecer a otros y elogiarlos de manera incondicional. Si criticas o retienes el elogio, desalientas a las otras Personalidades para que intenten ser mejores. Te lo ilustraré.

Una vez, Linda conoció a una joven que acababa de mudarse a una casa nueva semanas antes de que su esposo pudiera reunirse con ella. Ni siquiera intentó desempacar las cajas de su esposo. «De todos modos, no podría hacerlo como es debido», dijo. Con menos de un año de casados, su esposo Melancólico Perfecto ya la había preparado para que no le hiciera favores, por temor a que no hiciera bien las cosas.

A muchos Melancólicos Perfectos les parece que si aprueban una conducta en los demás, que les parece inferior a la adecuada, de esta forma aceptan un comportamiento en particular o un nivel de trabajo que necesitaría cambios en realidad. No obstante, si eres un Melancólico Perfecto, necesitas comprender que la gente tiene más propensión a cambiar o a mejorar si se les anima de manera positiva, no si se les critica.

Por ejemplo, mi esposo Melancólico Perfecto, Chuck, ha aprendido el valor que tienen los elogios frecuentes. Le gusta que le prepare el desayuno todas las mañanas y yo lo hago sin quejas ni hostilidad. Todas las mañanas, le sirvo tortitas (verdaderas tortitas, hechas en casa), tocino y café. Algunas veces, me distraigo y las tortitas se me queman un poquito. De vez en cuando, me quedo sin tocino. Aun así, Chuck nunca critica mi forma de cocinar. Incluso en los días «menos buenos», se toma el tiempo para darme las gracias. Si todavía estoy sentada a la mesa cuando él se levanta para ir a trabajar, se me acerca, me besa, me frota la espalda y dice una y otra vez: «Bien Coneja, bien Coneja» («Coneja» es mi sobrenombre de la niñez y, además, colecciono conejos). Si termino primero y estoy lavando los platos, Chuck se acerca al fregadero y hace lo mismo. Su adulación me alienta a seguir preparándole el desayuno todos los días, lo cual es importante para él.

El Flemático Pacífico

Aunque las Personalidades Flemática Pacífica y Colérica Poderosa son opuestas, hay algo que tienen en común: ninguna de las dos es demasiado expresiva. Los Coléricos Poderosos se comunican de una manera breve, algunas veces brusca. Los Flemáticos Pacíficos son reacios a comunicarse en modo alguno, en especial con los que no conocen muy bien. Son muy agradables, se muestran satisfechos y carecen de cualquier defecto evidente en la mayoría de los aspectos de la vida. Sin embargo, a pesar de su carencia de faltas, tienen esferas en las que también pueden mejorar su estilo de comunicación.

Echa mano al entusiasmo

Una de las maneras más fáciles en que los Flemáticos Pacíficos pueden mejorar su estilo de comunicación es que se entusiasmen por algo. Como los Flemáticos Pacíficos son mesurados por naturaleza y tienden a medir todo en la vida de acuerdo con el gasto de energía, deben esforzarse por ser expresivos, en especial, cuando alguien les da un regalo o tiene un gesto de amabilidad hacia ellos.

Si eres Flemático Pacífico, aprende a ser efusivo. Reúne todos los superlativos en los que puedas pensar. ¿Por qué? Porque si los demás se sienten desanimados ante tu desinterés, con el tiempo abandonarán la interacción contigo.

Solía escribir artículos de propaganda para libros nuevos. Entrevistaba al autor y luego le echaba un vistazo al libro a fin de encontrar un ángulo de actualidad o un gancho emocional que hiciera que las estaciones de radio quisieran programar una entrevista en vivo con el autor. Aunque era bastante buena para escribir anuncios publicitarios que atraparan la atención, la gramática nunca fue mi fuerte. Sin embargo, de manera providencial, Melissa, una estudiante del instituto Flemática Pacífica que en ese momento recibía clases de inglés, trabajaba en nuestra oficina como secretaria a tiempo parcial. Le pedía que hiciera una lectura de prueba de mi trabajo y entonces ella revisaba la copia y luego la ponía otra vez sobre mi escritorio llena de marcas rojas.

Muchas veces, me encontraba siguiendo a Melissa para preguntarle si le *gustó* el anuncio publicitario. «¿Te dieron deseos de leer el libro?», le preguntaba. Como Melissa comprendía las Personalidades, luego de algunas pocas veces en las que corrí detrás de ella, comenzó a escribir comentarios entusiastas, además de las correcciones necesarias. De vez en cuando, hasta se deshacía en elogios por el maravilloso trabajo que yo había hecho. Como Flemática Pacífica, ¡había aprendido a entusiasmarse!

Si eres Flemático Pacífico, recuerda Filipenses 4:8: «Si hay alguna virtud o algo que merece elogio, en esto meditad» (*LBLA*).

Expresa opiniones

Cuando a los Flemáticos Pacíficos se les pregunta qué les gustaría hacer, a dónde les gustaría ir y si les gusta el café o el té, sus respuestas típicas son como estas: «Es lo mismo», «Me da igual» o «Lo que sea más fácil». Mientras que los Coléricos Poderosos deben aprender a bajar el tono de su naturaleza aferrada a sus opiniones, los Flemáticos Pacíficos necesitan aprender a expresar sus opiniones.

Después de intentar comunicarse con el Flemático Pacífico y de recibir repetidas veces la respuesta «lo que sea», casi todas las personas se dan por vencidas y solo hacen lo que quieren. Aunque al comienzo esto quizá parezca una solución apropiada, es un parche a corto plazo que crea problemas a largo plazo. Te daré un ejemplo.

En su práctica de consejería matrimonial, Chuck se ha encontrado con muchos casos en los que el cónyuge Flemático Pacífico siente que no tiene valor, que es insignificante y que no es importante en el matrimonio. El otro cónyuge, que a menudo es un Colérico Poderoso, hace mucho tiempo que se ha hecho cargo de las decisiones en el hogar y deja que el Flemático Pacífico solo acate las órdenes y no cause problemas. Aunque al principio ha sido un alivio no tener que «decidir», luego de una década o dos en que los tratan como a personas invisibles, el Flemático Pacífico termina sintiéndose inútil.

Si eres Flemático Pacífico, protégete y da lugar al respeto de otros. Aprende a expresar tus opiniones. Es probable que no haga falta que opines sobre todos los asuntos. Es probable que *no* te importe en verdad si te dan té o café. Aun así, existen muchos asuntos que quizá te importen: donde vives, lo que comes, a dónde vas de vacaciones. Comienza por expresar opiniones acerca de las cosas que sí te importan. Al hacerlo, te ganarás el respeto de los demás y abrirás las líneas de la comunicación.

Franquéate

A diferencia de los Sanguíneos Populares que esperan más detalles de su vida de lo que desea conocer cualquiera, los Flemáticos Pacíficos necesitan aprender a franquearse y a contar lo que piensan y sienten. Sin embargo, esto es difícil, ya que se sienten orgullosos por sus tendencias estoicas. Aun así, esos mismos rasgos de frialdad son los que cierran las vías de comunicación y hacen que los Flemáticos Pacíficos parezcan indiferentes y apáticos. Si eres Flemático Pacífico, esfuérzate por expresar tus ideas y proyectar la voz.

La comunicación con otros

Recuerda, comunicarse de manera eficaz no es solo conversar, contar ideas o hablar con los demás. La comunicación es una calle de doble sentido. No obstante, antes de que podamos comunicarnos de manera eficaz, debemos conocer nuestros puntos fuertes y débiles naturales, a fin de que logremos aprovechar los fuertes y esforzarnos por vencer los débiles. A medida que nos esforzamos por reducir los hábitos que impiden concentrarse en la comunicación y que forman parte de nuestra Personalidad, la comunicación se torna más eficaz.

Una de las mejores maneras de comunicarnos de un modo más eficaz es aprendiendo a adaptar nuestro estilo natural de comunicación, de modo que nos adaptemos al de las personas con las que nos comunicamos. En el capítulo 2, revisamos algunas de las maneras en que podemos identificar de manera fácil y rápida la Personalidad de otros. Una vez que identificas la Personalidad de la persona con la que te comunicas, ya sea en forma hablada o escrita, puedes ajustar tu enfoque hacia ella, en lugar de confiar en tu tendencia natural. Tienes éxito cuando les das a los demás lo que necesitan.

En un seminario en el que enseñaba, una mujer que trabajaba en ventas contó cómo la comprensión de este concepto de la comunicación le representó una venta de mil quinientos dólares, que cree que no hubiera conseguido de otra manera. Es una Colérica Poderosa-Sanguínea Popular y tenía una cita con un Melancólico Perfecto. Sabiendo que los Melancólicos Perfectos son personas organizadas de manera sistemática, que persiguen metas y son moderadas, modificó su conducta de manera acorde. Con el objetivo de comunicarle a su potencial cliente que respetaba su programa, llegó temprano a la cita, para asegurarse de estar en tiempo. Cuando estuvo listo para verla, ella entró a su oficina de una manera más apagada que de costumbre. Le estrechó la mano y fue al grano con todos los hechos y las cifras a mano.

Si no hubiera comprendido las Personalidades, es probable que esta mujer hubiera llegado tarde. Hubiera podido contarle numerosas historias acerca del producto y del porqué debía comprarlo. En la opinión de él, todo esto hubiera sido una pérdida de su valioso tiempo. Sin embargo, como ella se le acercó con el deseo de satisfacer sus necesidades y de comunicarse en su frecuencia de onda, esta persona fue todo oídos. El respeto que le mostró por su programa y el enfoque profesional que tuvo, dieron resultados y ganó la venta.

Ya sea tu comunicación profesional o personal, descubrirás que se realza al seguir los consejos básicos de comunicación para tu Personalidad y que después cambia tu enfoque para satisfacer las necesidades de los demás. No puedes cambiar a los demás, pero puedes transformar la manera en que te les acercas. Veamos algunas cosas sencillas que podemos hacer, sin importar nuestra Personalidad, cuando nos comunicamos con personas que tienen una Personalidad diferente.

La comunicación del Sanguíneo Popular con otros

Debido a que el Sanguíneo Popular es conversador por naturaleza, la clave para comunicarse con los demás implica modificar o limitar la charla. Así que todos ustedes los conversadores, ¡escuchen con atención!

La comunicación con el Colérico Poderoso

Cuando habla con un Colérico Poderoso, el Sanguíneo Popular necesita atenerse a lo esencial. Una vez que los Coléricos Poderosos sienten que tus comentarios tienen un propósito y van al grano, pararán las orejas y escucharán. Si tu cónyuge es un Colérico Poderoso, puede llevarte algún tiempo hasta que deshagas el modelo desarrollado durante años en el que no te escuchaba. Por lo tanto, no te des por vencido. Si recortas los detalles extra en tu discurso y te atienes al tema principal, el Colérico Poderoso prestará más atención y así se mejorará la comunicación.

Solía tener una vecina Sanguínea Popular. Además de su Personalidad, también tenía algunos problemas de salud que le robaban la mayor parte del tiempo y hacían que ansiara tener una audiencia. Si te pescaba, su charla constante hacía difícil que te escaparas. Era una persona agradable, y como debía quedarse en su casa por obligación, era una fuente de información en asuntos del vecindario, pero a menos que tuviera quince minutos para visitarla, tenía que correr con rapidez desde mi casa hasta el auto, antes de que pudiera verme. Muchas veces, antes de salir de casa, espiaba por la ventana del frente para ver si estaba fuera trabajando en el jardín.

Imagina al Colérico Poderoso como el director de la orquesta. Nunca toques a menos que la batuta se dirija hacia ti, y solo toca las notas que te indiquen. ¡Nada de solos espontáneos!

La comunicación con el Melancólico Perfecto

Cuando hablas con un Melancólico Perfecto, debes ser sensible a su programa y a su nivel de interés. Un día, me encontraba en un programa de radio cuando llamó una Sanguínea Popular que tenía un problema de comunicación con un compañero de negocios Melancólico Perfecto. Trabajaba en ventas y pasaba todo el día fuera, mientras que él llevaba la contabilidad y el trabajo en la computadora.

Un día, esta mujer tuvo una venta grande en particular y estaba muy entusiasmada. Casi no podía esperar a contarle la buena noticia a su compañero y esperaba que, como su venta los beneficiaba a los dos, él también se mostraría entusiasmado. Entró a su oficina dando saltos y contó en voz muy alta su éxito. Sin embargo, en lugar de mostrarse alborozado ante la noticia, su socio le echó una mirada de esas que matan. Ella se sintió muy confundida ante su reacción. Le expliqué a esta mujer que el Melancólico Perfecto es una persona que se concentra en las tareas y que tiene un orden en la vida, ¡sin excepción! Cuando entró saltando en su oficina, sin aviso previo, distrajo su línea de pensamiento y se inmiscuyó en lo que hacía, fuera lo que fuera. Aunque la noticia era buena, no se recibió bien debido a que no fue en el momento oportuno.

Le dije que el mejor método habría sido llamar a la puerta (aun si estaba abierta) y entonces, con el tono más calmado de voz que tuviera, debió haberle dicho: «Discúlpame, tengo una buena noticia que contarte. ¿Cuándo sería un buen momento?», a lo que quizá respondiera: «Ahora está bien» o «En quince minutos. Solo déjame terminar con esto». Luego, tendría que haberse ido a su oficina, tendría que haber cerrado la puerta y llamado a una amiga con la que hubiera podido entrar en detalles acerca de la venta, mientras esperaba para contarle la noticia a su socio.

Cuando te comunicas con un Melancólico Perfecto, programa con antelación cualquier asunto largo o importante que necesites discutir. Ten cuidado de no entremeterte en las actividades o conversaciones propias del Melancólico Perfecto ni de interrumpirlas. Respeta su tiempo y su espacio. ¡El momento oportuno lo es todo!

La comunicación con el Flemático Pacífico

Cuando te comunicas con los Flemáticos Pacíficos, puedes utilizar tu habilidad natural para ser positivo y alentador. Puedes buscar lo bueno en estas personas que necesitan aliento por lo que son, no solo por lo que los demás piensan que deberían ser. Por cierto, puedes ofrecer aliento y elogios por lo que hace el Flemático Pacífico, pero también debes estar seguro de que lo elogias por lo que es. Aprende a mostrarles tu aprecio. Envíales tarjetas, notas o mensajes electrónicos. Infórmales cuánto los valoras. Llévales o envíales un regalito que sabes que les gustará.

Mi amiga Melody es una Flemática Pacífica. Vive lejos, pero nos mantenemos en contacto. Melody y yo tenemos en común el gusto por lo que ella llama novelitas románticas «livianitas». Yo soy miembro de un club cristiano de novelas de inspiración, y compro cuatro libros al mes. Luego de leerlos, los clasifico y se los envío. Entonces, cada tantos meses, ella recibe un paquete de mi parte, con una selección de libros y una nota. Como Melody también usa la misma talla de ropa que yo, cuando cambia la estación, le envío ropa que ya no uso. Ella sabe que llevo una vida muy ajetreada, así que estos simples gestos le sirven como un aliento y le iluminan el día (además, hacen que se sienta amada y valorada). No tienen nada que ver con lo que produce o no. Mis acciones solo le demuestran que pienso en ella y que es importante para mí.

Como Sanguíneos Populares, el don que tenemos de mirar la vida a través de un filtro optimista se puede usar como aliento hacia los demás, hacia los Flemáticos Pacíficos en especial. Las cosas pequeñas que hacemos y decimos son las que tienen mucho significado y forjan un fundamento duradero de respeto con el Flemático Pacífico.

La comunicación del Colérico Poderoso con otros

Uno de los grandes puntos fuertes de los Coléricos Poderosos es su habilidad para pensar y actuar con prontitud. Sin embargo, esta misma virtud es una de las cosas que a menudo les impide la comunicación. Si eres Colérico Poderoso, debes aprender a disminuir la velocidad si deseas mejorar tus habilidades comunicativas.

La comunicación con el Sanguíneo Popular

Como Colérico Poderoso, al hablar con un Sanguíneo Popular, tendrás que esforzarte por interesarte en sus coloridas historias, en lugar de ver estas «historias Sanguíneas» como una interrupción. Si dejas de hacer lo que tienes entre manos y le prestas unos pocos minutos de atención concentrada al Sanguíneo Popular, durante los cuales escuchas su historia y respondes a sus traumas, casi siempre descubrirás que la historia no lleva tanto tiempo como parece. En realidad, cuando tu amigo tiene que perseguirte o andar detrás de ti para terminar, la historia será mucho más larga debido a las frecuentes interrupciones.

También necesitas tener cuidado de no aplastar el espíritu del Sanguíneo Popular. Una amiga contaba la historia de cómo había tratado de enseñarle a un Sanguíneo Popular a actuar como es debido en una situación en particular, al decirle de repente: «¿No puedes actuar de otra manera que no sea como la de un niño? ¡No tienes por qué ser siempre el centro de atención!». Es lamentable, pero mi amiga no pudo contar más con ese Sanguíneo Popular entre uno de sus amigos. Aunque trató de ayudar, utilizó una comunicación pobre que aplastó el espíritu del Sanguíneo Popular.

La comunicación con el Melancólico Perfecto

Cuando hablas con un Melancólico Perfecto, el tiempo también es un factor importante. Los Melancólicos Perfectos son personas detallistas y sus procesos de pensamiento son muy complejos. Aunque no tendrás que escuchar de su boca muchas historias (por naturaleza, los Melancólicos Perfectos no son narradores de historias), deberás darles tiempo para que expresen sus pensamientos e ideas. Tendrás que resistir tus tendencias naturales a escuchar solo lo suficiente como para captar el meollo de la cuestión y, luego, seguir adelante, tanto de manera física como emocional, pues ese «seguir adelante» anulará de manera impresionante la comunicación.

Dodi, una Melancólica Perfecta-Flemática Pacífica, me contó acerca de un jefe Colérico Poderoso que tuvo cuando enseñaba. Una vez, este director les pidió a los maestros que expresaran sus ideas y que dieran su aporte en cuanto a las decisiones en el plan de acción de la escuela. Después que pasaron por innumerables problemas, que hicieron un extenso trabajo de investigación y pensaron en cada asunto en particular, el director no les prestó atención, pasó por alto su aporte e hizo lo que quería. Como es de imaginar, esto hizo que los maestros se enojaran y se resintieran con toda razón.

La comunicación con el Flemático Pacífico

Cuando te comunicas con los Flemáticos Pacíficos, ¡el tiempo de nuevo es un factor importante! Como los Flemáticos Pacíficos no se expresan con órdenes rápidas y, por lo general, necesitan más tiempo que las demás Personalidades para procesar sus pensamientos, te sentirás inclinado a desestimarlos y dejarlos fuera. En este caso, necesitas esforzarte por perfeccionar la paciencia y las habilidades para escuchar bien.

Si eres Colérico Poderoso, esfuérzate por darles a los Flemáticos Pacíficos evidencia de que sus ideas y pensamientos son importantes. Ten en mente que tus tendencias naturales a ladrar órdenes y a hablar con franqueza son dañinas en especial para los Flemáticos Pacíficos. Holly, una Colérica Poderosa, descubrió que este era un problema en su comunicación con un Flemático Pacífico y que se manifestó después que murió la madre de su esposo. Este es su informe:

> Soy una Colérica Poderosa con algo de Sanguínea Popular, y mi esposo es Flemático Pacífico. A pesar de que hace más de veintiséis años que conozco y amo a este hombre, hay veces en

las que no tengo la menor idea de lo que le pasa por la mente, ya que no cuenta mucho y su expresión típica, o la falta de ella, no me proporciona ninguna pista.

La madre de mi esposo se enfermó y enseguida se desmejoró. Murió un fin de semana en el que yo estaba fuera de la ciudad, y se programó el funeral para la mañana del día en que mi esposo debía viajar fuera del estado, a fin de dar un seminario en una importante convención médica nacional. Los preparativos de la semana fueron una pesadilla y no nos permitieron tener mucho tiempo para conversar durante el primer par de días luego de la muerte de su madre. Su habitual enfoque estoico y silencioso frente a la vida se volvió aun más estoico y más silencioso.

En ese entonces, no tenía ningún conocimiento de las Personalidades, así que solo dije de repente mis pensamientos que se reducían a lo esencial: «Si tan solo te permitieras llorar de buena gana una vez, te sentirías mucho mejor». Después se me ocurrió algo y añadí: «¿Cómo te sientes? No sé qué decirle a la gente cuando me preguntan cómo te sientes». En cuanto las palabras me salieron de la boca, supe que había cruzado una línea. Vi que un destello de dolor le cruzaba el rostro y, luego, desaparecía con rapidez. Fue una expresión de emoción tan breve que, si hubiera estado mirando hacia otro lado, me la hubiera perdido.

Le pedí disculpas, pero el daño estaba hecho. Al día siguiente, recibí un mensaje electrónico en el que me decía que le había añadido una buena cuota de dolor, al dar por entendido que no sufría lo normal. Terminaba la nota diciendo que no creía que yo hubiera tenido la intención de herirlo, pero que no podía imaginar qué había querido lograr al expresar lo que dije. Por último, señaló que cuando me enfrentara a la muerte de uno de mis padres, esperaba no hacer nada para aumentar ni agravar mi dolor.

La comunicación del Melancólico Perfecto con otros

Escuchar es una habilidad natural de los Melancólicos Perfectos, pues les gusta procesar la información. Sin embargo, los Melancólicos Perfectos deberán esforzarse en cuanto a lo que dicen y cómo lo dicen, en dependencia de a quién le están hablando. Su naturaleza está orientada hacia la perfección. Esto hace que les resulte fácil darse cuenta de los errores, a menudo usando la identificación de una falta como el motivo para entablar una conversación; por ejemplo: «Me di cuenta de que tienes roto el dobladillo».

La comunicación con el Sanguíneo Popular

Cuando un Melancólico Perfecto habla con un Sanguíneo Popular, esta combinación es problemática en especial debido a que el primero se especializa en la crítica y el último ansía los elogios. Si te encuentras en esta posición, busca oportunidades para elogiar al Sanguíneo Popular. Esfuérzate por abrir las conversaciones con una palabra de elogio.

Los Sanguíneos Populares están acostumbrados a que la gente se ría de sus historias, que para ti, el práctico y sensible Melancólico Perfecto, siempre parecerán tontas. Por lo tanto, recuerda que abrirás las vías de comunicación con los Sanguíneos Populares si respondes de manera franca a su humor riéndote.

Hacía catorce años seguidos que daba una conferencia en particular en un hotel. A través de los años, he tenido numerosos representantes en el hotel que se han ocupado de mi negocio. Casi siempre nos llevamos muy bien y siento como si fueran mis «nuevos mejores amigos». Sin embargo, un año, no congenié con mi representante porque pensé que no le caía bien. Era eficiente y hacía bien su trabajo, pero para mí, no era placentero trabajar a su lado. Cuando me di cuenta, traté de pensar cuál era el problema. Presté mucha atención en las próximas interacciones que tuvimos. Pronto, me percaté que esta representante *nunca* se reía ante cualquier breve comentario que hiciera ni ante una ocurrencia mía; esta representante no creía que yo fuera graciosa. Por lo general, no pienso que soy una persona graciosa, pero me di cuenta de que estaba acostumbrada a que otros se rieran de lo que decía mientras hablábamos. Así que me alegré cuando a esta vendedora la ascendieron por su eficiencia y la trasladaron a otra parte. De repente, tuve el deseo de que todos los que formaban el personal comprendieran mis necesidades. Tal vez, necesitaba una nota en mi currículum: «Marita es una Sanguínea Popular. Necesita que te rías cuando dice algo gracioso».

El punto fundamental es que, si eres Melancólico Perfecto, debes hacer un esfuerzo por responder de manera franca al humor del Sanguíneo Popular.

La comunicación con el Colérico Poderoso

Cuando te comunicas con los Coléricos Poderosos, recuerda la lista de cosas para hacer que tienen. Su tiempo les resulta muy valioso. Aunque es probable que hayas investigado mucho acerca de un tema y tengas un conocimiento ilimitado, los Coléricos Poderosos no son las personas a las que debes decírselo. Dales los puntos fundamentales, lo esencial. Si te hacen preguntas, respóndelas con un bocado sólido y luego toma aire, a fin de permitirles que interrumpan. Si no lo hacen, retoma el control o sigue adelante y, luego, presenta detalles de apoyo. Comunícales que, si lo desean, tienes información adicional. No respondas preguntas que no te hagan.

Conocí a los propietarios del *software* de la Biblia que vendemos en CLASS, cuando el *stand* de mi compañía estaba junto al suyo en la Convención Anual de la Asociación de Libreros Cristianos. Aunque tengo varias versiones de la Biblia en programa informático, nunca había encontrado alguna en particular que me gustara de verdad, así que estaba interesada en el producto de ellos. El representante Sanguíneo Popular, Rick, venía una y otra vez a nuestro *stand*, conversaba conmigo y me alentaba a que probara su programa.

Cuando al fin tuve tiempo como para ir hacia el final de la presentación, el compañero Melancólico Perfecto de Rick se encontraba en el *stand*. Yo estaba muy interesada, así que me acerqué y pedí una demostración, aunque Rick no estaba allí. ¡Vaya si me hicieron una! Todo lo que quería saber era cómo funcionaba la cosa y si necesitaba leer un manual o ver un vídeo para aprender a usarlo. Deseaba probarlo con mis manos. Sin embargo, este Melancólico Perfecto que quizá fuera el creador del programa, habló y habló acerca de cómo este programa me permitiría tener comunión con Dios. Me dijo que la Biblia cobraría vida ante mis ojos, que encontraría nuevas maneras de pasar tiempo con la Palabra de Dios y de hacerla parte de mi vida.

Me paseó por toda clase de características, mientras que, por dentro, yo movía el pie de manera inquieta, ansiosa por poner los dedos en el teclado y probar... lo que nunca sucedió. Si hubiera comprendido las Personalidades, luego de observarme durante tres días en el *stand* contiguo, hubiera sabido que tengo unos cuantos rasgos de Colérica Poderosa. No necesito una demostración paso a paso. Solo necesitaba unas breves instrucciones antes de tomar mi propia decisión.

Por fortuna, Rick me dio un programa de prueba como regalo al final de la presentación. Lo llevé a casa y lo instalé en la computadora.

No tuve la necesidad de leer ninguna instrucción ni de ver ningún vídeo. Me encantó. Lo uso casi todos los días. Ahora, vendemos tantos programas informáticos de esta compañía, que me han hecho una edición especial para CLASS.

La comunicación con el Flemático Pacífico

Cuando hablas con un Flemático Pacífico, debes controlar tu capacidad para marcar los aspectos negativos. Analiza las cosas positivas y elogia de manera profusa. Las palabras no te cuestan nada, así que suéltalas. Si lo haces, te darás cuenta del cambio radical que se produce en tus interacciones con los Flemáticos Pacíficos.

La comunicación del Flemático Pacífico con otros

La comunicación no surge con naturalidad en los Flemáticos Pacíficos. Por naturaleza, su tendencia es a escuchar, pero para que exista una verdadera comunicación, hace falta dar y recibir. Por lo tanto, el consejo a los Flemáticos Pacíficos para que mejoren la comunicación implica qué decir y cómo decirlo.

La comunicación con el Sanguíneo Popular

Cuando te comunicas con Sanguíneos Populares, recuerda que son personas con una creatividad inherente. Todo el tiempo les surgen ideas. Algunas de sus ideas te gustarán, pero pensarás que otras son disparates (y así son en realidad). Cuando tienen una idea que te parece valiosa, entusiásmate. Al principio, esto quizá parezca fingido, pero verás que depara recompensas en el departamento de la comunicación.

Tu entusiasmo puede incluir una exclamación verbal acerca del valor de una idea. Luego, puedes contarle la idea a otros, y así le das al Sanguíneo Popular todo el crédito por haber creado la idea. Puedes mostrarles aprobación física al palmearles la espalda o al abrazarlos con entusiasmo, ya que a los Sanguíneos Populares les gusta que los toquen. Recuerda, esto no los avergonzará, y les gusta ser el centro de atención.

Jeff solía trabajar para CLASS cuando nuestras oficinas estaban en California. Como Flemático Pacífico, aprendió bien a tratar conmigo, una Sanguínea Popular. Cada vez que yo creaba un nuevo folleto o tenía alguna nueva idea, y se la llevaba a él para que la revisara, desplegaba una amplia sonrisa y exclamaba: «¡Otra oportunidad para elogiarte!». Aunque sabía que me estaba apaciguando, aun así me encantaba su respuesta.

La comunicación con el Colérico Poderoso

Cuando le hablas a un Colérico Poderoso, trata de hacerlo con más rapidez de lo habitual. Practica leyendo un párrafo y calcula el tiempo que te lleva. Luego, léelo otra vez y trata de reducir el tiempo de lectura en un veinticinco por ciento. Después léelo otra vez y apunta a una reducción del cincuenta por ciento Descubrirás que, quizá, logres leer las oraciones en la mitad del tiempo. Ten en cuenta esta velocidad y trata de usarla cuando hables con un Colérico Poderoso. Preséntales solo lo esencial, los puntos fundamentales. Respóndeles como si fueras un testigo en el estrado, y «que [tu] "sí" sea "sí" y [tu] "no", "no"» (Santiago 5:12).

Como Flemática Pacífica, Debbie ha aprendido a pensar con antelación lo que quiere decirle a un Colérico Poderoso. Al hacerlo, puede darles información concisa y estar lista para responder cualquier pregunta. Esto evita las señales de impaciencia que a menudo envían los Coléricos Poderosos. ¡Ha descubierto que esta técnica es de especial ayuda al lidiar con su jefe Colérico Poderoso!

La comunicación con el Melancólico Perfecto

La comunicación con los Melancólicos Perfectos es diferente en absoluto, pues no están apurados como los Coléricos Poderosos. Los Melancólicos Perfectos valoran los hechos, así que cuando hables con ellos, ofréceles hechos que puedas respaldar con documentación. Esto es de especial importancia en situaciones laborales. Prepárate con antelación. Estudia en detalle la información y elabora una investigación documentada, o al menos una lista de recursos, que puedas tener a mano para darle al Melancólico Perfecto. Esto satisfará la necesidad que tienen de información y te ayudará a sentirte preparado. Tal vez, nunca tengas la necesidad de mostrar el documento, pero el hecho de tenerlo, validará lo que dices.

Hagamos ajustes

Todos nosotros, sin importar nuestra Personalidad específica, tenemos esferas en las que nuestra comunicación es fácil y en las que actuamos de acuerdo con nuestros puntos fuertes. Y todos tenemos esferas en las que podemos mejorar. Luego de comenzar a identificar tu Personalidad y de esforzarte por mejorar, ocúpate de identificar los tipos de Personalidad de otros y adapta después lo que dices y la manera en que te les acercas. Inténtalo. Prepárate para entrar al asombroso mundo de la comunicación eficaz.

CAPÍTULO 9

CENTRO
DE TRABAJO

Escoges a tus amigos y escoges a tu cónyuge, pero cuando te contratan para un trabajo, caes en medio de un grupo de personas que es probable que nunca hubieras escogido como amigos. Sin embargo, se espera que te lleves bien con todos. Por eso, hay muy pocos lugares donde la comprensión de las Personalidades sea más importante que en el centro de trabajo. El hecho de conocer la Personalidad de tu jefe, tus compañeros de trabajo y tus clientes puede hacer que el lugar en el que pasas la mayor parte de las horas despierto, sea un lugar tolerable y hasta de lo más agradable.

Además, si tienes un trabajo que se adapte a tu Personalidad, te sentirás mucho más feliz. Como parte del trabajo para el título universitario de psicóloga, a Georgia Shaffer se le pidió que realizara una investigación original para su tesis. Hacía poco, había pasado un verano desagradable elaborando un programa de computación para DuPont, así que decidió encuestar a más de ciento setenta personas que eran programadores de sistemas, analistas, ingenieros, líderes o gerentes de proyectos en el campo de procesamiento de datos, a fin de determinar si existía una correlación directa entre la satisfacción con el trabajo y las Personalidades. Los resultados de la investigación de Georgia apoyaron su hipótesis. Los que trabajaban en empleos que utilizaban los puntos fuertes naturales de sus Personalidades, tenían puntuaciones mucho más altas en la satisfacción con respecto al trabajo.

A su vez, se ha demostrado que cuando la gente disfruta de su trabajo, tiende a ser más productiva, a faltar menos y son menos propensas a irse a otro empleo. Por ejemplo, en el estudio de Georgia, la gente extravertida (Sanguíneos Populares y Coléricos Poderosos) estaba bastante satisfecha en puestos que le permitieran tener mucha interacción con personas. Esos con características más introvertidas (Melancólicos Perfectos y Flemáticos Pacíficos) estaban satisfechos en empleos que los mantuvieran más aislados de los demás.

La aplicación de las Personalidades en el centro de trabajo

Antes de tener que entrar en la fuerza laboral, si no me llevaba bien con alguien, solo dejaba de verlo. Entonces, una vez que tuve un empleo, había personas difíciles con las que debía interactuar (me gustaran o no). Sin embargo, como estaba empapada de las Personalidades, podía identificar con facilidad la Personalidad básica de la gente y así podía hacer cambios en lo que esperaba de ellos y en la manera en que me les acercaba. Descubrí que esto me dio una gran ventaja. En cada empleo, una vez que descubría la Personalidad de mi jefe, sabía lo que podía esperar de su persona.

Los primeros trabajos que tuve fueron donde se servía comida. A lo largo de todo el instituto y la universidad, trabajé como camarera, un empleo en el que llevarse bien con los clientes tenía un impacto directo sobre mis ingresos. Debido a que podía descubrir cómo eran los clientes, tenía la oportunidad de bromear con los Sanguíneos Populares, tratar a los Coléricos Poderosos con respeto y dar un salto cuando pedían algo, bajar los decibeles con los Melancólicos Perfectos y ser amigable (sin molestar) con los Flemáticos Pacíficos. Esto fue una ayuda enorme para mi billetera.

Como jefa, encontré la habilidad de vincular la Personalidad básica de una persona a su rendimiento en el futuro puesto. Cuando tengo un puesto de trabajo libre, pienso en cuál Personalidad sería la que más rendiría en esa posición y a menudo contrato a la gente según esto, aunque muchas otras contrato a una persona que pienso que no tiene la Personalidad adecuada para el trabajo, pero que de seguro es la que Dios me envió para esa posición.

Hace poco, volví a escribir las descripciones de los trabajos para mi personal. Aunque algunos gurúes de la gestión aconsejan que se cree una descripción del trabajo y que luego se contrate a la persona que llene los requisitos, yo ajusto la descripción del trabajo para que se adapte a la persona que lo realiza. Por ejemplo, en este momento, tengo a Pam, una Sanguínea Popular, en el puesto de secretaria general administrativa. Cuando la contraté, sabía que tenía escasos conocimientos de computación, pero que era agradable y estaba dispuesta a trabajar las horas que necesitábamos y con el salario que estábamos en condiciones de darle.

Hace un año que Pam está con nosotros, y aunque de seguro ha mejorado mucho en sus conocimientos de computación y ha estado dispuesta a estudiar, es evidente que la computadora no es su don. Aun así, como Sanguínea Popular, *tiene* dones en el teléfono. Pam es grandiosa cuando se comunica con los hoteles que usamos para las diversas actividades. Allana el camino en todo lo que concierne a los detalles iniciales. Mientras que Linda, nuestra directora ejecutiva, todavía revisa todos los contratos, Pam le hace ganar mucho tiempo y energía al hacer todos los preliminares.

Las habilidades de Pam en el teléfono, también hacen que sea excelente con los clientes. Durante las horas que trabaja, Pam es la número uno en los teléfonos. A ella le reservamos las llamadas telefónicas problemáticas. Es la que contesta las llamadas de los clientes malhumorados (que se convierten en sus admiradores cuando terminan la conversación). Su modo de ser risueño y optimista, se refleja hasta en los mensajes electrónicos. Aunque no puede actualizar el sitio Web, puede idear una respuesta por correo electrónico que hace feliz a un cliente.

Al conocer esto acerca de Pam, adapté la descripción de su trabajo para mantenerla trabajando sobre sus puntos fuertes. En algún momento, pensó en renunciar, pero sus habilidades son importantes para nuestro equipo. Al hacer ajustes en la descripción de su trabajo, de modo tal que maximice sus puntos fuertes, ella se siente más feliz... y se queda en nuestra empresa.

La contratación de personal basada en la conducta es una tendencia en los recursos humanos. Un artículo acerca del tema en *American Way Magazine* afirma que algunas compañías «comprenden que no se puede transformar a un cascarrabias en animador, ni a una persona brillante y obstinada que le gusta estar sola, en un jugador de equipo»[1]. Aunque la mejor opción es contratar a la Personalidad adecuada para el trabajo, ¿por qué no hacer ajustes después de contratar a alguien? Con lo que cuesta la capacitación, ¿no vale la pena hacer que los empleados estén felices al permitirles trabajar de acuerdo con sus puntos fuertes, en lugar de obligarlos a hacer algo que va en contra de sus dones?

LA FORMACIÓN DE UN EQUIPO SEGÚN LAS PERSONALIDADES
STEVE R. BOBBINS

Mi carrera ha transcurrido, en primer lugar, dentro del mundo industrial de la construcción de maquinarias, en el que todo lo que sea relativo a los sentimientos no se considera compatible con los bosquejos, las computadoras, la ingeniería, ni las aplicaciones de CAD/CAM. Sin embargo, en estos ambientes, las buenas relaciones son la clave para el crecimiento de los negocios. Esto se aplica a las relaciones dentro de los departamentos, y entre los mismos, o a las de largo plazo con proveedores y clientes.

Hace algunos años, me cambié a un nuevo grupo que constaba de dos hombres más. El líder del equipo es un Sanguíneo Popular con todas las de la ley, el otro es un Colérico Poderoso y yo soy una mezcla de Melancólico Perfecto y Flemático Pacífico. El equipo no tenía una buena producción, y todos los días había desacuerdos entre los otros dos hombres, que casi siempre tenían que ver con la desorganización, el olvido de promesas hechas a los clientes y un bajo rendimiento general en las ventas. Al poco tiempo, me pregunté si había tomado la decisión adecuada.

No obstante, al haber aprendido acerca de las Personalidades, decidí aplicar estos conceptos a nuestra situación. Comencé a enseñarles a los otros dos hombres lo que sabía, sin encasillarlos dentro de ninguna Personalidad en particular, y les señalé los puntos fuertes y débiles que tenía cada uno de nosotros. Luego, comencé a sugerir que reestructuráramos las funciones y tareas de acuerdo con nuestros puntos fuertes.

Llevó algún tiempo, pero al fin hicimos los cambios. Como nuestras comisiones se basan en las ventas, ahora el Colérico Poderoso tiene a su cargo darle continuidad a las mismas. Es como un sabueso con el dinero. (¡Es asombroso cuántos registros se perdían en la nada cuando el Sanguíneo Popular hacía este trabajo!). Por otra parte, el líder Sanguíneo Popular del equipo, ahora está a cargo por completo de la relación con los clientes, pues nos lleva mucha ventaja en la relación de comunicación.

(continúa en la siguiente página)

Yo, como Melancólico Perfecto, he asumido la función de diseñar formularios, realizar informes, poner los procesos en su lugar, de investigar, etc.

Cuatro años después, los resultados han superado mis expectativas. Las ventas se han disparado. En una de las publicaciones nacionales de ventas se nos ha reconocido como un departamento sobresaliente, y nos hemos ganado el reconocimiento de algunas de las mayores compañías de la nación por haber establecido la norma para la clase de trabajo que hacemos. La situación ha pasado de ser caótica a la mejor condición de trabajo en toda mi carrera.

¿Cómo sucedió? En pocas palabras, puse en práctica el conocimiento adquirido a través del estudio de las Personalidades. No hubiera sucedido si no hubiéramos incorporado los conceptos de las Personalidades a nuestro centro de trabajo.

La comprensión de las Personalidades y del papel que representan en el centro de trabajo te ayudarán a poner en marcha algo que esperas, en lugar de algo que temes. Esto te servirá de ayuda si eres un empleado que necesita llevarse bien con personas en el trabajo o que debe hacer un ajuste en sus responsabilidades para un empleo más satisfactorio, o si eres un empleador que procura llenar los puestos con las personas adecuadas, a fin de formar un equipo fuerte. Cada tipo de Personalidad tiene cualidades que la hacen más adecuada, por naturaleza, para ciertos trabajos, y cada tipo de Personalidad tiene algunas esferas que deben preocupar. Veamos estas Personalidades en el centro de trabajo.

Sanguíneo Popular

Función natural: Persona creativa

Como el Sanguíneo Popular es una persona creativa por naturaleza, se sentirá muy feliz en un trabajo que le permita tener una diversidad de tareas, en el que pueda interactuar con la gente y donde tenga espacio para la creatividad.

Silvia es una de nuestras Instructoras Certificadas en Personalidad que ha usado su conocimiento de las Personalidades para seleccionar el personal de su equipo. Cuando abrió la compañía de negocios inmobiliarios que tiene en la actualidad, Silvia sabía que necesitaba ayuda. Como Colérica

Poderosa-Sanguínea Popular sin esposo y con un nido vacío desde hacía poco, se había sobrecargado más allá de lo razonable y trabajaba dieciséis horas diarias. Cuando su negocio despegó de repente y el caudal de trabajo se volvió incontrolable, sabía que necesitaba a alguien que pudiera ir detrás de ella recogiendo los pedazos, alguien que fuera flexible y que se sintiera cómodo con una miríada de funciones y tareas.

Apareció Brooke. Durante la entrevista, Silvia determinó que Brooke era una combinación de Sanguínea Popular-Flemática Pacífica. Brooke trabajó en la venta al por menor durante varios años y, aunque estuvo en puestos de dirección, este campo nunca fue el adecuado para ella. Estaba aburrida y no trabajaba de acuerdo con su potencial. Los gerentes Coléricos Poderosos que trabajaban a su lado, muchas veces herían sus sentimientos y la hacían sentir incompetente al no elogiarla por sus habilidades.

Silvia sabía que Brooke era justo lo que buscaba, así que la contrató como secretaria personal, pero con un enfoque diferente al que se le acostumbra a dar a este trabajo. Desde el comienzo, se pusieron de acuerdo en que no habría dos días que fueran iguales. El trabajo de Brooke sería hacer cualquier cosa que se le pidiera: cortar el césped de Silvia, pintar el baño, comprar provisiones, planear comidas, escoger la ropa que Silvia usaría en el día, quitar los carteles de las propiedades, contratar compañías para que se ocuparan de los alquileres, alimentar al gato, llevar la contabilidad, ir al banco, ayudar en lo que fuera necesario cuando Silvia tuviera un compromiso para hablar en público, además de todas las tareas normales que tiene la secretaria de una inmobiliaria.

¡A Brooke le encantó el trabajo! A la parte Sanguínea Popular que tiene le encanta la aprobación que obtiene por dominar tantas tareas. Bromea con respecto a que su currículum vítae incluirá los antecedentes de estilista, proveedora de servicios para el mantenimiento de jardines, pintora, ama de llaves, entrenadora, editora subalterna, oradora y secretaria inmobiliaria. ¡Es su trabajo perfecto!

Me pregunto si Brooke no querrá venir a trabajar para mí.

Habilidades y destrezas

Debido a su naturaleza extravertida, los Sanguíneos Populares son la mejor elección cuando necesitas a alguien en el frente para que haga el contacto inicial con las personas, o si necesitas a alguien para crear entusiasmo y algarabía. La Personalidad tendiente a alentar y a levantar el ánimo del Sanguíneo Popular también asegurará que el personal de la oficina se divierta. Esto describe muy bien a Zoë.

Aunque no era una persona técnica por naturaleza, como Sanguínea Popular le encantaba enseñar programas informáticos a estudiantes en una escuela de comercio. Disfrutaba con el hecho de ser el centro de atención cuando explicaba conceptos, y hacía que la clase fuera interesante y divertida al incorporar historias de su experiencia en su antiguo centro de trabajo. Varias personas mayores que estudiaban se ponían nerviosas en particular al tener que usar una computadora, pero ella tenía la capacidad de hacerles sentir cómodos. Muchos estudiantes elogiaban su estilo de enseñanza, pero Zoë no creía que tuviera un estilo, solo era ella misma.

Luego de tres años, el trabajo se había vuelto muy repetitivo y Zoë estaba aburrida de enseñar los mismos conceptos. Entonces, decidió buscar un nuevo empleo. Michael, su esposo Melancólico Perfecto, trató de ayudarla sin entender la Personalidad de Zoë y del papel que representaba en la satisfacción que recibiera de su trabajo. A él le gustaba su trabajo de programador de computadoras, así que le sugirió que se quedara en la industria de Tecnología Informativa (TI). Después de todo, si a él le gustaba la TI, a ella también le gustaría; además, en ese entonces, abundaban los trabajos en ese campo.

Zoë cambió de empleo y trabajó para una compañía internacional de TI como administradora de apoyo al consumidor. Fue lamentable, pero este trabajo requería que estuviera sentada durante horas procesando órdenes en la computadora... ¡sin hablar con nadie! Los clientes estaban en el exterior y toda la comunicación se realizaba a través del correo electrónico. Sus compañeros de trabajo tampoco le proporcionaban demasiada interacción social; era una pequeña oficina con unos pocos empleados, y Zoë se sentía aislada. Su jefe era una dama Melancólica Perfecta que se sentaba a su lado, pero no hablaba porque estaba concentrada en su trabajo. Al poco tiempo, Zoë no pudo soportar más la soledad. Después de un año, se encontraba en un estado de angustia tal, que se dio cuenta de que debía dejar ese trabajo para conservar la salud mental.

Ahora, Zoë comprende su Personalidad y sabe que para estar feliz en el trabajo, necesita la interacción con la gente y un empleo que le permita ser animadora.

Tendencias

Aunque los Sanguíneos Populares pueden representar una gran ventaja, tienden a distraerse y olvidarse de las cosas con facilidad. Jessica, una

Sanguínea Popular, trabaja en nuestro departamento de envíos. Viene a la oficina todos los días, cuando sale de la escuela. Es muy trabajadora y hace un buen trabajo empacando los pedidos que se envían por correo y que hemos acumulado a lo largo de todo el día. Sin embargo, cuando Erin, su supervisora Flemática Pacífica, no está presente, Jessica tiende a conversar con sus amigos, con el teléfono celular colocado con precaución entre su oído y su hombro. Necesita a alguien con quien hablar mientras empaca las cajas.

Si esto sucediera de vez en cuando, no sería un problema (después de todo, yo soy una jefa Sanguínea Popular). Sin embargo, comenzamos a recibir quejas de que los pedidos estaban incompletos o que no tenían lo pedido. Al saber que Jessica necesitaba interactuar con otros y que le gustaba hablar por teléfono, hicimos un ajuste en sus tareas. Ahora, no se le permite hablar por su celular en el trabajo, pero puede contestar el teléfono de la oficina y recibir el pedido de un producto o pasarle el teléfono a quien corresponda. Mientras está en el teléfono, se concentra en la tarea que tiene entre manos y, luego, puede poner toda su energía en empacar de manera adecuada la orden, una vez que cuelga el teléfono.

Estilo de presentación

El estilo de presentación general de los Sanguíneos Populares es humorístico. Incluso en una entrevista de trabajo, quieren hacer reír a la gente, y muchas veces hacen reír a los demás sin siquiera tener la intención de hacerlo.

Mientras competía por el papel de Miss Kentucky 2001, Mónica Hardin, una Sanguínea Popular-Colérica Poderosa de diecinueve años, metió la pata a lo grande durante una entrevista previa. Cuando se compite por el título de un estado, es mucho lo que está en juego: La ganadora de «Miss Kentucky» tiene la oportunidad de ganar una beca en efectivo de doce mil dólares y premios maravillosos. La ganadora también recibe cuarenta mil dólares durante su año de servicio como empleada contratada por el Departamento de Agricultura del Estado de Kentucky, por promocionar el programa en contra del cigarrillo «No Ifs, Ands, or Butts», dirigido a estudiantes en todo el estado. Además, no olvidemos que Miss Kentucky competirá por el título de Miss Estados Unidos (en esa competencia, la ganadora recibe una beca de cuarenta mil dólares, además de un contrato de seis cifras por dar conferencias y estar presente en otras por un año).

No obstante, regresemos a la historia de Mónica. Durante la semana del concurso, las participantes se hospedan en una de las alas de los dormitorios de la Universidad de Transylvania. Hay acompañantes que transportan a las muchachas a diversas presentaciones, almuerzos y ensayos, durante la semana del concurso. Un día, después del almuerzo, Mónica tenía algún tiempo a fin de prepararse para la importante entrevista de la competencia. Con un vaquero y una camiseta, sin maquillaje, y con rulos en el cabello, Mónica comenzó a preparar las respuestas que daría a las preguntas que podían hacerle los jueces. Una vez que pasó un tiempo de mucho estudio, decidió que necesitaba algunos minutos de aire puro para aclarar la mente. Salió del edificio justo cuando pasaba un auto frente a ella que estaba lleno de personas que le parecieron algunas de sus compañeras de concurso.

Con gran entusiasmo de ver a sus nuevas «mejores amigas», Mónica comenzó enseguida a hacer un bailecito, meneándose y sacándole la lengua al auto. Sin embargo, cuando el auto se estacionó frente a la puerta, Mónica descubrió, para su horror, que la gente que iba en el vehículo no era otra más que las juezas que acababan de regresar del almuerzo. Esta gente no pudo menos que... estallar en carcajadas. Mónica, con la cara roja, también se rió y se dirigió hacia el dormitorio lo más rápido que se lo permitió su danza.

Dos horas después, dejó encantadas por completo a las juezas en la entrevista, aun cuando vieron su lado «inmaduro», y terminó ganando la corona de Miss Kentucky. Por fortuna, solo después de la coronación, una de las juezas recapituló el incidente al recordarle lo importante que es ser «profesional» y estar «sintonizada» en todo momento cuando se trabaja en pro de una meta importante.

Advertencias

Si alguna vez has trabajado con Sanguíneos Populares, sabes que pueden parecer muy felices y encantadores, lo cual hace que les resulte difícil pasar como personas serias y creíbles. Este fue el caso de Stephanie. Me contó esta historia:

> Cuando tenía unos veinte años, dirigía el departamento de zapatería de una tienda de mucha categoría para señoras, en Alabama. Así que al mudarme a la Florida, parecía lógico aceptar una posición como aprendiz de gerente de una nueva tienda de zapatos que abría en el centro comercial.

Debido a que los propietarios fueron instructores de bandas musicales de institutos y no tenían experiencia en ventas, me pareció que no haría falta otra cosa más que entrar allí y mostrarles todo lo que sabía. Eran mayores, bastante severos, serios y no muy extravertidos. Yo, por otra parte, era agradable, amigable con los clientes, estaba feliz y hacía nuevos amigos a diario. Parecía que era la combinación perfecta.

Un día, me llamaron a la parte trasera de la tienda y, ¡vaya, me despidieron! Me dijeron que era «demasiado alegre, que tenía demasiado entusiasmo y que era muy rápida». Mi joven corazón se sintió devastado. No podía entender lo que hice mal.

Hoy, sé que los dueños eran Melancólicos Perfectos-Coléricos Poderosos, a los que les molestaba mi forma de ser extravertida y que me sintiera tan cómoda en el negocio. Tenían en mente una persona callada, más introvertida, que tomara las riendas poco a poco, mientras que yo pensaba que me hacía cargo del puesto y que les demostraba que podía manejar las cosas.

De todas maneras, la historia tiene un final feliz. El siguiente trabajo que tuve le vino a mi Personalidad como anillo al dedo. Me contrataron como vendedora de autos, ¡y así me convertí en la primera mujer del país que desempeñó esta tarea! El sagaz dueño y gerente general de la progresista concesionaria, me hizo una batería de pruebas de personalidad que mostraron que era la persona perfecta para el trabajo. Como era alguien feliz y agradable, la gente quería comprarme autos. Mi trabajo, que dependía de las comisiones por venta, me proporcionó un salario cuatro veces mayor que el del empleo anterior. La devastadora experiencia del despido, me lanzó a conocer cómo ganarme la vida en lo que, entonces, era un mundo de hombres.

Además, cuando se trabaja con Sanguíneos Populares, lo mejor es no ponerlos a cargo del dinero. Chuck siempre se asombra de que yo no haya tenido contratiempos financieros importantes, porque el manejo del dinero no es mi fuerte.

Colérico Poderoso

Función natural: Persona que lidera

Por naturaleza, los Coléricos Poderosos tienden a inclinarse a las posiciones de liderazgo. Prefieren ser el cacique en lugar del indio. Un caso emblemático es Derek, un Colérico Poderoso-Sanguíneo Popular que siempre está en busca del siguiente desafío. A menos que esté ocupado hasta la locura, se siente improductivo. Es un excelente hombre de negocios y deportista, y participa en muchas organizaciones. Por supuesto, estas organizaciones siempre son esas en las que Derek tiene intereses fijos.

Como piloto de automovilismo de carreras en la Fórmula 4000, hace poco, se hizo cargo de una posición ejecutiva en un comité porque «no pasaba nada». Por supuesto, no solo se ofreció para tener un papel de liderazgo, sino que también se brindó para los comunicados de prensa, actualizar las listas de los pilotos de autos y presentarlas en cada reunión, la coordinación con los fabricantes de máquinas y cualquier otra correspondencia que fuera necesaria. Ahora bien, esto no sería un problema si no fuera porque no sabe mecanografiar, ni sabe cómo abrir un correo electrónico, ni cómo enviar una respuesta. Por supuesto, esto significaría que estas tareas recaerían sobre su esposa Melancólica Perfecta. La idea de ella no es justo pasar horas conectada a un dictáfono... ¡ni siquiera le atrae en particular las carreras de autos!

En los comités, los Coléricos Poderosos solo quieren participar si están al frente. Conozco a una mujer a la que se le pidió que dirigiera un programa. Estuvo de acuerdo, siempre y cuando no tuviera la obligación de tener un comité.

Habilidades y destrezas

Los Coléricos Poderosos brillan en su lugar de trabajo cuando motivan a la gente a la acción, controlan los planes y mantienen en alto la productividad. Tienen una habilidad increíble para captar con rapidez una situación y dar instrucciones claras en cuanto a cómo resolver el problema que tienen a mano, mientras se aseguran que el grupo vea la ganancia inmediata.

Sin lugar a dudas, estas habilidades eran necesarias cuando enviaron a Susan a Australia, a fin de que se encargara de la administración de un ministerio de los Estados Unidos que había quedado socavado por un administrador inescrupuloso. De inmediato, después de la llegada, la llevaron a toda prisa desde el aeropuerto hasta la oficina. Allí se encontró con los auditores, los abogados y los que trabajaban en la oficina, quienes le informaron que el administrador anterior cerró todas las cuentas, se llevó toda la información del banco y les informó a los acreedores y contribuyentes el cierre del ministerio.

Si no hubiera sido una Colérica Poderosa, es probable que hubiera renunciado y se hubiera tomado el siguiente avión de regreso a casa. Sin embargo, las habilidades que tenía eran lo que se necesitaba con exactitud para la situación y, con rapidez, tomó el control a toda máquina, haciéndose cargo de todos los planes y la productividad. Una vez que les dio instrucciones a los demás empleados, se puso a trabajar e hizo los contactos necesarios para contrarrestar las acciones del antiguo administrador.

Cuatro años después, Susan no solo había superado las barreras a las que se enfrentó en un principio, sino que había hecho crecer el ministerio a tal punto que, ahora, está activo en cada región de Australia. El programa de televisión del ministerio se ve en todas las ciudades importantes, compraron tierras y construyeron su propia oficina central, financiada y pagada por completo por los australianos, e instituyeron reuniones mensuales y conferencias anuales en cada estado.

DE UNA CAMISETA VISTA EN UN CATÁLOGO

«Esfuerzo de equipo: Mucha gente que hace lo que yo digo».

Como tales posiciones de liderazgo son naturales para los Coléricos Poderosos, me gusta tenerlos en mi equipo y entregarles, con mucho gusto, el control de las esferas en las que sobresalen. Aunque a menudo los Coléricos Poderosos son avasalladores con su autoridad, una vez que comprendes la Personalidad y conoces a uno de ellos en particular lo bastante bien como para entender sus habilidades únicas, la vida se torna mucho más fácil si aceptamos esto y permitimos que el Colérico Poderoso actúe de acuerdo con sus puntos fuertes.

Tendencias

Con estos puntos fuertes tan grandes, y evidentes, la gente que tiene un cincuenta por ciento o más de esta Personalidad debe ser consciente de cuál es la impresión que le da muchas veces a los demás: demasiado impulsivos e intimidantes. Como los Coléricos Poderosos tienen dones únicos en situaciones de crisis, sus decisiones precipitadas, aunque casi siempre buenas, a los demás les pueden parecer impulsivas y, con frecuencia, intimidan a los que tienen menos confianza. Si eres Colérico Poderoso, para llevarte bien en tu centro de trabajo es importante que tengas en mente este factor de la «intimidación».

En cuanto Susan llegó a Australia, debido a que actuaba en sus esferas de puntos fuertes, viendo el gran reto que tenía por delante y abordando los problemas, no se dio cuenta de cómo sus acciones afectaban al equipo. Sin comprender que sus compañeros de trabajo necesitaban expresar sus ideas acerca de cómo resolver los problemas del ministerio, se lanzó de lleno y logró que la tarea se realizara. Si hubiera sido consciente de esta tendencia, es probable que hubiera sido más sensible y que hubiera traído más comprensión y camaradería entre sus compañeros de trabajo. Sin embargo, detrás de ese aspecto mandón, se encontraba el temor a que si no tomaba el control de inmediato, sus compañeros de trabajo, muchos de los cuales eran mayores que ella, no la verían como líder y, por lo tanto, no le darían la cooperación que necesitaba con tanta urgencia para tener éxito.

Un Colérico Poderoso que lee esto quizá defienda las acciones de Susan al argumentar: «Pero hizo lo que tenía que hacer. Tuvo éxito». Así es, tuvo éxito, pero sus acciones impulsivas hicieron que ese éxito fuera más difícil, y su juventud y la excesiva desenvoltura que se percibía en ella causaron que renunciaran muchos antiguos empleados conocedores del trabajo. Esto dejó a Susan sola para luchar contra la aduana, las leyes y las regulaciones que, para ella, eran desconocidas. Si se hubiera esforzado por incorporar a estos individuos, si hubiera consultado su experiencia y se los hubiera ganado, el éxito que logró hubiera sido de todo el equipo, en lugar de tener que llevar ella sola una carga tan pesada.

Estilo de presentación

Si eres Colérico Poderoso, comprende que a pesar de que tu conducta natural es autoritaria y convincente, este punto fuerte puede hacer que la gente confíe menos en sí misma y se intimide en tu presencia.

Betty es una de nuestras líderes fuertes en el Seminario CLASS. Cuando enseñamos el módulo de las Personalidades, se ocupa de la parte del Colérico Poderoso y no se preocupa por atenuar su Personalidad natural, ya que actúa como una ayuda visual viviente. Muchas veces, su intensidad asusta a la gente que se encuentra en su grupo pequeño. Por supuesto, solo vienen y me lo dicen después de estar algún tiempo en el grupo de Betty y darse cuenta de que en verdad tiene un corazón de oro y se preocupa por los que están en su grupo. Cuando los miembros de su pequeño grupo vienen a mí, es porque ya están encantados con ella.

Al considerar la manera en que los Coléricos Poderosos se presentan a sí mismos, debes darte cuenta que cuando están muy concentrados participando en alguna tarea, puede parecer que están enojados con los que les rodean. Cybil me contó la sorpresa muy desagradable que se llevó consigo misma:

> Aprendí esta lección a la fuerza, mientras observaba el vídeo de una sesión de orientación. Durante mi presentación, sentía fuerza, fervor y pasión por lo que decía. Sin embargo, cuando me vi en el vídeo, lo primero que pensé fue: *¿Contra qué estoy tan enojada? ¡Parece que estuviera molesta por completo!* Hasta ese momento, no me había dado cuenta de cuánta discrepancia podía haber entre lo que pensaba respecto a la manera en que me presentaba y lo que en realidad veían los demás en mí.

Advertencia

Los Coléricos Poderosos siempre están buscando el siguiente desafío y la siguiente oportunidad. Debido a esto, a menudo se aburren de las tareas cotidianas, aun cuando se trate de mantener los programas que establecen ellos mismos. Si quieres mantener motivados a los Coléricos Poderosos en el centro de trabajo, dales nuevos desafíos y déjalos poner en práctica su magia para resolver problemas.

Lo típico de los Coléricos Poderosos es que no rindan bien en puestos que requieren la solución de problemas personales. Esto se explica porque combinan su forma rotunda de ser con un temor a mostrar sus emociones (excepto el enojo), lo que tiende a causarles aun más problemas. El lema del liderazgo de un Colérico Poderoso puede ser: «Lidera, sigue o sal de mi camino». No es el eslogan que quieres ver colgado en la pared arriba del escritorio de tu especialista en Recursos Humanos.

Si eres Colérico Poderoso, necesitas ser consciente de que si no eres el jefe, y haces tu trabajo demasiado bien, puedes convertirte en una amenaza para el jefe. Algunos jefes harán todo lo posible para socavar el trabajo de los Coléricos Poderosos o para sustituirlos por alguien que tal vez no pueda realizar el trabajo tan bien, pero que no los haga quedar mal.

Melancólico perfecto

Función natural: Persona detallista

Cuando la precisión es importante, el Melancólico Perfecto es la persona indicada para la tarea. Chuck trabajó durante varios años como inspector para el estado de Nuevo México. Este puesto era adecuado para él. Formaba parte de un equipo que viajaba por el estado inspeccionando los establecimientos que proporcionaban servicios de salud mental a los niños. El equipo, que constaba de un terapeuta, un trabajador social y una enfermera, revisaba los gráficos y los planes de tratamiento de los pacientes en cada establecimiento, y después inspeccionaba el lugar para controlar la higiene y la seguridad. El equipo estudiaba los expedientes personales a fin de asegurarse que los permisos estuvieran al día y que solo se les permitiera estar a solas con los niños a quienes no tuvieran antecedentes negativos. Diferentes integrantes del equipo, tanto el terapeuta, como el trabajador social o la enfermera, ocupaban el lugar de líder en ciertos establecimientos específicos.

Josh, un Pacífico Flemático, era el trabajador social del equipo y el líder en un centro de tratamiento residencial en la parte sur del estado. Cuando Josh renunció, un año después que Chuck comenzara a trabajar con él, le dieron el puesto de líder en ese establecimiento en particular a Chuck. Cuando llevó al equipo a inspeccionar este establecimiento que estuvo bajo el cuidado de Josh, se horrorizó ante todas las cosas que estaban mal.

Hacía años que este establecimiento trabajaba con el mismo equipo. Cuando Chuck revisó los registros viejos, vio que Josh les dio tal certificado de legitimidad de la salud, que no se exigieron inspecciones regulares durante dos años. ¿Cómo se metieron en semejante lío? ¿Los directores se volvieron poco estrictos de repente?

Estos se asustaron cuando Chuck anunció que el equipo sancionaba al establecimiento y que tendrían que presentar un plan correctivo de acción en el lapso de semanas. Los directores insistieron en que hacían lo de siempre y que Josh se mostró muy contento.

¿Qué cambió? La Personalidad del inspector. La inspección de Josh era muy superficial, mientras que Chuck se fijaba en todos los detalles. Estas inspecciones son importantes porque aseguran que los que trabajan con niños sean solo trabajadores calificados, e impiden que los conocidos abusadores obtengan empleos en estos establecimientos. Cuando los detalles son importantes, el Melancólico Perfecto es la persona indicada para la tarea.

Habilidades y destrezas

Debido a la debilidad que tienen por los detalles, los Melancólicos Perfectos son excelentes para trabajos que requieren una planificación precisa y que se lleve un registro. Son ideales para trabajos en los que es importante llevar registros financieros.

Wayne es auditor de contratos, tarea que se adapta de maravilla a la Personalidad Melancólica Perfecta. Debido a su precisión, le ha ahorrado millones de dólares a su compañía. Una vez, durante una medida de recorte de costos, su compañía decidió cambiar su sistema y pasar de uno que requería inspecciones exhaustivas a uno en el que solo se hacían revisiones al azar en los registros. En muchos casos, esto quería decir que a los empleados solo se les preguntaba si tenían la documentación adecuada, en lugar de pedirles los documentos para verlos y luego revisarlos. Wayne sabía que este plan iba en contra de toda la idea de lo que es una auditoría contable. Fue a ver al gerente y le dijo que este nuevo sistema era como preguntarle al asaltante de un banco si robó el banco. Como Wayne tenía una historia de excelencia y precisión, el gerente le prestó atención a sus preocupaciones bien pensadas. Al final, descartaron el nuevo sistema.

Otro rasgo de los Melancólicos Perfectos es que tienen la tendencia a ser sensibles a las necesidades de los demás, y pueden hacer que sus compañeros de trabajo busquen metas a largo plazo. Curt dirige el departamento de radiología de un gran hospital. Todas las mañanas, el personal del departamento de radiología debía comenzar el día a las siete de la mañana, pero Curt notó que una de las técnicas de rayos X siempre llegaba tarde al trabajo. Como Melancólico Perfecto, Curt decidió llamar a la empleada a su oficina para discutir el problema. Descubrió que siempre llegaba tarde porque debía llevar a su hijo a la escuela y que el horario de clases y el de su trabajo estaban en conflicto.

Como esta técnica se desempeñaba muy bien en su trabajo y al departamento le convenía conservarla, Curt adaptó su programa de trabajo para permitirle que pudiera ocuparse de las necesidades de su hijo. Ahora, esta mujer entra en el último turno, una hora más tarde que todos los demás, y se queda una hora más tarde que el resto. Esta medida terminó ahorrándole al departamento costos de horas extra, ya que ella puede encargarse de los casos de última hora que hacían que el resto de los empleados tuvieran que quedarse luego de terminado su turno. La sensibilidad de Curt conservó a una buena empleada y le ahorró dinero a su departamento.

Tendencias

Los Melancólicos Perfectos son detallistas por naturaleza y debido a esto pueden distraerse con facilidad al querer que todo se haga bien y al volverse demasiado críticos de los demás. Mi amiga Rachel trabaja para un hombre así. Su jefe, Matt, quiere que todo se haga «así o así», y no tiene tolerancia ante los errores. Cuando los que se encuentran bajo su dirección cometen un error, se frustra e indigna con su «incompetencia» y pasa por alto los cientos de cosas que hicieron bien. Hasta su propio jefe le dice a menudo que se relaje.

Como Rachel comprende las Personalidades, se lleva bien con Matt y es indulgente frente a su conducta inmadura. Hace poco, cuando la secretaria directa de Matt renunció, Rachel se hizo cargo de algunas de sus tareas. Matt parecía feliz de que su antigua secretaria se hubiera ido: «Era demasiado sensible», dijo. Rachel no pudo evitar sonreír para sus adentros cuando oyó lo que decía Matt, pues sabía que su problema era ser demasiado crítico, no que su secretaria fuera demasiado sensible.

Mi amiga Christine, una Melancólica Perfecta, dice lo siguiente con respecto a su lucha en cuanto a no ser demasiado crítica:

A decir verdad, me resulta difícil elogiar a mi personal. He leído cantidades de libros que hablan acerca de las habilidades de las personas y he tomado la decisión de elogiar a cada uno del equipo durante su turno de trabajo. He descubierto que elogiarlos por sus habilidades en el trabajo (cuando sé que, casi siempre, pueden hacer las cosas mucho mejor), es un verdadero desafío para mí. Tengo la sensación de que si elogio a mi personal por un esfuerzo del ochenta por ciento, les parecerá que eso es una norma aceptable, en lugar de alcanzar un nivel más alto de logro.

Si eres Melancólico Perfecto, sé consciente de tu tendencia a la crítica y haz un esfuerzo consciente de buscar lo bueno y elogiarlo.

Estilo de presentación

Cuando interactúas con los Melancólicos Perfectos, te encontrarás con que dan la impresión de ser precisos y sinceros. Esto se debe a que quieren que las cosas se hagan como es debido.

Georgia pertenece a nuestro equipo de enseñanza en los talleres de preparación en Personalidades. Como Melancólica Perfecta, proporciona el equilibrio a la Personalidad Sanguínea Popular-Colérica Poderosa que tenemos mi madre y yo. Además, Georgia tiene una maestría en psicología, lo que le da una perspectiva profesional que no tenemos nosotras.

Cuando hacemos los talleres de preparación en Personalidad, Georgia siempre quiere revisar sus notas antes de que le llegue el turno de enseñar. Me pregunta cuánto tiempo tiene con exactitud para hablar, a fin de poder prepararse. Como Sanguínea Popular, siento deseos de darle un golpe y decirle: «Vamos, Georgia, lo sabes a la perfección. No necesitas estudiar tus notas. ¡Ni siquiera necesitas notas!». Sin embargo, sé que tiene una Personalidad Melancólica Perfecta, lo que quiere decir que, para ella, es importante ser precisa.

Noel también es un buen ejemplo de una Personalidad Melancólica Perfecta. Es el gerente de una ferretería en Australia, y siempre es muy eficiente. Se asegura que el negocio esté bien presentado y arreglado de manera impecable. Detesta las cosas poco elegantes que no quedan bien sobre los estantes; después de todo, ¿cómo haces para que los rollos de soga y de cable queden ordenados o para que las persianas de tela cuelguen derechas a la perfección? Muchas veces, pregunta en voz alta: «¿Por qué los vendedores no pueden cortar derecho?».

La naturaleza Melancólica Perfecta de Noel no contribuye a que haya un ambiente de trabajo divertido en el negocio. Se puede sentir una atmósfera bastante apagada. Por fortuna, luego de aprender acerca de las Personalidades, Noel sabe que debe contratar a empleados Sanguíneos Populares que aporten algo de diversión, y que tengan una buena relación con los clientes y con el resto del personal. Por supuesto, algunas veces, los Sanguíneos Populares lo vuelven loco, debido a la cantidad de trabajo que no hacen, porque están ocupados conversando.

Para el Melancólico Perfecto, si vale la pena hacerlo, vale la pena hacerlo bien.

Advertencia

Si trabajas con Melancólicos Perfectos, sabes que su deseo de perfección, combinado con su pensamiento profundo, puede hacer que parezcan intelectuales y lejanos. Como resultado, casi siempre los demás se sienten menos inteligentes cuando están frente a ellos. Y por supuesto, existe el peligro de que el Melancólico Perfecto se pierda en los detalles.

Derek y Christine son dueños de varios centros de cuidado de niños. Estos centros, con cerca de ciento cincuenta niños, son lugares de mucho ajetreo. Derek y Christine han arrendado este negocio a diversas empresas, pero en un momento consideraban ocuparse de los centros ellos mismos. Le pidieron a Errol, el hermano de Derek, un Melancólico Perfecto al que no le cabía en la cabeza que existiera un problema que no se pudiera resolver llenando un nuevo cuadro o un nuevo formulario, que les diera una breve perspectiva general y un análisis de la rentabilidad que se podía esperar, si optaban por encargarse ellos mismos de los centros. Errol preparó un informe de veinte páginas, lleno de detalles que delineaban las ventajas y las desventajas.

Como Errol no es padre, tuvo que pedirle a Christine, una experimentada madre de tres hijos, que le diera alguna información necesaria. ¿Cuántos pañales puede llegar a usar un niño en un día? ¿Con cuánta frecuencia necesitan beber y cuánto beben? ¿Qué les gusta comer y cada qué tiempo? ¿Cuánto papel higiénico es probable que usen? Errol le dio a Christine una lista exhaustiva de preguntas como estas. Christine se rió con ganas (sin que le escuchara), antes de entregarle con diligencia algunas respuestas. No hace falta decir que la visión del número previsto de pañales por semana era demasiado aplastante como para que Errol lo considerara. Luego de mirar todos los números, Derek y Christine decidieron no cambiar las relaciones que tenían con las empresas que se encargaban de los centros.

Flemático Pacífico

Función natural: Persona que da apoyo

Una de las grandes virtudes que tienen los Flemáticos Pacíficos es que no necesitan ser el centro de atención. Se conforman con ser el equipo de apoyo.

Ya mencioné a Linda, nuestra directora ejecutiva. Cuando pienso en las buenas cualidades de los Flemáticos Pacíficos, pienso en Linda. Es el epítome de un Flemático Pacífico que vive poniendo en relieve sus puntos fuertes.

Aunque Linda ha aprendido a conducir, es la persona ideal para brindar apoyo. En nuestro seminario de CLASS, se sienta de manera cortés en la primera fila cuando mi madre o yo impartimos la enseñanza. Desempaca nuestras notas y materiales y los tiene listos para que nosotras no tengamos otra cosa que hacer más que entrar y comenzar. Se sienta junto a una mesa ubicada un tanto detrás de nosotras y nos alcanza accesorios o suministros cuando los necesitamos. Nunca se ve aburrida, aunque ha escuchado la misma información decenas de veces. Se ríe en el momento adecuado, toma nota de cualquier frase graciosa que se nos ocurre y anota cuánto tiempo lleva, en realidad, cada sesión. Al finalizar cada sesión, empaca los materiales de modo que estén en orden la próxima vez que los necesitemos.

Al finalizar el seminario de tres días, Linda limpia con eficiencia nuestro lugar de trabajo y empaca las cajas con suministros para que se envíen por correo a casa, junto con los libros que quedan y otras pertenencias. Como es típico de un Flemático Pacífico, Linda tiene toda la capacidad para estar sobre la plataforma por su cuenta, pero se contenta con estar entre bambalinas: una perfecta persona de apoyo.

Habilidades y destrezas

Como mencioné antes, los Flemáticos Pacíficos son personas versátiles y muy valiosas en cualquier equipo. Tienen dones únicos en campos en los que ninguna de las otras Personalidades sobresale. Por ejemplo, los Flemáticos Pacíficos tienen una naturaleza sedante que, muchas veces, ayuda a que sus compañeros de trabajo se sientan relajados y cómodos. Como pacificadores, encuentran con facilidad el punto medio, mantienen la calma en medio del caos y no reaccionan con exageración en situaciones negativas.

Brooke, secretaria de un agente de bienes raíces, exhibe estas cualidades. La mayoría de las personas piensa que los agentes inmobiliarios viven de la venta de casas, pero la realidad es que solo ganan dinero si *cierran* la transacción. Esto significa que deben conjugar como es debido cientos de pequeños detalles, a la vez que tratan con los diferentes temperamentos y Personalidades de los que juegan el partido: desde el comprador y el vendedor, hasta las oficinas de verificación de propiedad, los abogados, los que hacen la tasación, los inspectores y los agentes de seguros.

Hace poco, Silvia, la agente inmobiliaria para la que trabajaba Brooke, tenía una propiedad de un millón de dólares entre manos, en la cual reinaba la Ley de Murphy (si existe la probabilidad de que algo salga mal, sale mal). El abogado perdió el depósito de diez mil dólares de señal; una inspección demostró que debía sustituirse por completo el techo de la casa, mientras que otra mostró que estaba en buenas condiciones; para colmo, el vecino construyó un encantador cuadro de ladrillo para plantas lleno de flores que invadían la línea de la propiedad en ocho centímetros... ¡y el comprador Melancólico Perfecto quería esos ocho centímetros!

En ambas partes, los ánimos se caldearon y el estrés era cada vez mayor. Como Colérica Poderosa con tendencias Sanguíneas Populares, Silvia sabía que el buen trato con estas Personalidades y situaciones era algo que iba más allá de su capacidad, así que recurrió a su asistente, Brooke, que, felizmente, tenía mitad de Flemática Pacífica. Brooke no tuvo problemas para hablar con todas las partes y apaciguar sus preocupaciones. Hora tras hora, día tras día, manejó con dulzura cada preocupación, ¡mientras Silvia se quedaba en la oficina y echaba pestes desde su escritorio hablando de las Personalidades difíciles de esta gente!

Como Brooke pudo encontrar el terreno propicio para un entendimiento, y logró mantener la calma en medio del caos, la transacción se cerró con éxito y, ahora, el cheque con la comisión se encuentra en el banco. A Brooke se le recompensó como se debe por sus esfuerzos.

Tendencias

Brooke es una Flemática Pacífica que actúa poniendo en práctica sus puntos fuertes. Sin embargo, muchas veces es fácil que los que tienen esta Personalidad y que no se esfuercen por madurar, sean demasiado indisciplinados e indecisos.

Vanessa es una Flemática Pacífica que comenzó a trabajar en una ferretería mientras estaba en el instituto. Era tímida y callada, pero también era estudiosa, capaz, eficiente y buena con los clientes. Los propietarios de la tienda comenzaron a capacitarla en diferentes tareas. Como empleada fiel, Vanessa se quedó en esa tienda durante muchos años. La antigüedad que tenía allí le dio experiencia en diversas esferas, y el personal nuevo la buscaba para pedirle dirección y liderazgo.

Los propietarios quisieron recompensarla por su fiel servicio y la ascendieron a líder de equipo, puesto que requería que dirigiera al personal, que tratara con los representantes de compañías que entregaban órdenes y que supervisara al personal joven. Vanessa vaciló en aceptar el puesto, a pesar de que le ofrecían mucho más dinero. Sin embargo, como no quería parecer ingrata, decidió aceptar la nueva posición.

Luego de algún tiempo, los propietarios vieron que algunas cosas andaban muy bien en el negocio, pero que otras no, en especial las que tenían que ver con la dirección del personal a cargo de Vanessa. No disciplinaba a los empleados perezosos o incompetentes, mostraba resistencia a pedirle a los integrantes de su equipo que hicieran las tareas aburridas y no tomaba las decisiones difíciles, necesarias para formar el mejor equipo y generar los mejores resultados comerciales. Cuando los dueños le dieron a Vanessa la evaluación de su actuación, le ofrecieron capacitación adicional y le dieron sugerencias acerca de cómo tratar a sus empleados. Sin embargo, aun después de esta preparación, Vanessa seguía sintiendo que no podía vencer su temor a molestar u ofender a sus compañeros de trabajo.

Estilo de presentación

Los Flemáticos Pacíficos dan la impresión de ser creíbles y agradables. Su tono es constante y estable. Esto es fantástico... a menos que se encuentren en una posición en la que necesitan proyectar la voz, ejercer autoridad o exigir respeto.

Linda, nuestra directora ejecutiva, ha tenido que esforzarse en su estilo de presentación. Muchas veces, escucha en su auto las grabaciones de Roy Hanschke (que recomendamos en el seminario de CLASS) y practica cómo proyectar la voz de camino al trabajo. Todo el día, mientras habla por teléfono con los clientes y los vendedores, se esfuerza por tener diversos tonos de voz y por proyectarla de manera adecuada. A las claras se puede notar la diferencia en la voz de Linda cuando practica lo que Roy le enseña que haga.

Advertencia

Aunque es un placer trabajar con los Flemáticos Pacíficos que ponen en práctica sus puntos fuertes, en ellos hay algunas cosas problemáticas. Pueden parecer demasiado mesurados, incluso torpes o perezosos. Con su enfoque equilibrado, los Flemáticos Pacíficos pueden dar la impresión de carecer de entusiasmo y convicción. Además, no son las personas con las que se puede contar en cuanto a la motivación.

Liz lo vio representado en un diseñador Flemático Pacífico que trabajó con ella para ayudarle a crear una línea de ropa para niños. Nos cuenta esta historia:

Es probable que Wade sea el hombre más maravilloso que conociera jamás. Amaba a su esposa y también a todos sus compañeros de trabajo, y trataba a todos con tal amabilidad, ¡que todas las mujeres hubieran deseado tenerlo como esposo! En lo personal, observé cómo actuaba con su esposa y pensé: *Si no puedo tener un esposo como este, no quiero uno.* No se trataba de que fuera increíblemente atractivo en el aspecto físico, sino que era demasiado *bueno.*

El único problema era que, durante la temporada de vacaciones, cuando nos enfrentábamos a fechas diarias de entrega de nuestra producción, Wade *nunca* estaba apurado. Para que el trabajo se hiciera y se enviara a tiempo, no debía marcharse hasta que se terminara la tarea, pero eso quería decir que debía quedarse horas después de que todos los demás se fueran, caminando por la tienda con lentitud, pero satisfecho. Por supuesto, como propietaria Colérica Poderosa, me tiraba de los cabellos preocupada al pensar que el trabajo no se terminaría a tiempo.

En las pocas ocasiones en que no pudimos llegar y el pedido se envió tarde o se tuvo que cancelar, parecía que a Wade no le producía ninguna preocupación real. Sin embargo, no era su balance final el que se afectaba. No, era el mío... el de una Colérica Poderosa.

Por más maravilloso que fuera Wade, y por mucho que lo apreciara, ¡de seguro que podía volverme loca!

Al mirar a tu alrededor en tu centro de trabajo, en los grupos que integras o en los comités donde sirves, presta mucha atención a la manera en que las Personalidades representan un papel en cuanto a la felicidad que hay en un trabajo, en el éxito de la formación de un equipo y en las buenas relaciones con los clientes.

A la hora de la verdad

¿Con qué Personalidades trabajas? Ahora que comprendes estas Personalidades, ¿cómo aplicarías esta información para mejorar tu relación con tus compañeros de trabajo y hacer que tu centro de trabajo sea más funcional?

Si eres el jefe, puedes hacer algunos cambios que permitan que tu personal trabaje en los campos donde logren poner de manifiesto sus capacidades naturales. Estos cambios te harán más feliz y permitirán que todos los demás estén más contentos y sean más eficientes. Por ejemplo, cuando tienes una inauguración, piensa bien en qué clase de Personalidad se necesita para el trabajo. Si publicas un anuncio clasificado en busca de alguno para que ocupe el puesto, redáctalo de tal manera que atraiga a la persona con la Personalidad adecuada para el trabajo.

Si te encuentras desarrollando una tarea que no es apropiada para ti, estudia tu Personalidad. ¿Qué necesitas de un empleo para tener un trabajo satisfactorio? Piensa en lo que tienes que hacer para encontrar un trabajo que se adapte a tu forma de ser. Ahora bien, ponlo en práctica. Después de todo, pasas la mayor parte de tus horas de vigilia en el trabajo, más que en cualquier otro lugar. ¿No sería agradable estar feliz allí?

Nota:

1. Samuel Greengard, «A Perfect Match», *American Way Magazine,* 15 de mayo de 2005, p. 52. http://www.peopleanswers.com/news/article_20050515.html; accedido en febrero de 2006.

CAPÍTULO 10

VIDA ESPIRITUAL

Hasta ahora, has visto que nuestras Personalidades influyen casi en cada aspecto de nuestra vida. Entonces, no debería sorprendernos que nuestras Personalidades también repercutan en nuestra vida espiritual. Sentí un gran alivio cuando por primera vez comencé a comprender las implicaciones que tenía mi Personalidad sobre la manera en que se desarrollaba mi vida espiritual... y confío en que tú encuentres también esas esclarecedoras perspectivas para tu vida.

Durante toda mi vida, he escuchado a amigos, oradores, pastores, y hasta a mi padre, decir que para que la gente crezca en lo espiritual y desarrolle una fe más profunda, debe tener un tiempo diario de meditación. Con preferencia, esto sería pasar una hora todas y cada una de las mañanas en recogimiento, devocionales o, mejor aun, registrar muchas oraciones escritas como prueba de una fuerte fe y espiritualidad. (Mi padre adoptó esta forma de devocional diaria; luego de su muerte, encontramos un cuaderno tras otro con sus oraciones). Además, también he escuchado decir que si la gente quiere crecer de manera espiritual, necesita leer toda la Biblia, desde el Génesis hasta el Apocalipsis, en un año.

Cuando analicé mi vida, me percaté de que no había hecho ninguna de estas cosas. Supe que algo andaba muy mal en toda mi vida cristiana. Así que compré las Biblias que vienen divididas en lecturas diarias para un año, compré diarios de oración y proclamé en voz alta promesas personales, a fin de poder cumplir con el compromiso de este tiempo devocional diario. A pesar de eso, fracasaba siempre.

En mi peregrinación espiritual, me sentía incompetente y culpable debido a mi falta de autodisciplina. Me sentía como una ciudadana de segunda clase en la comunidad cristiana. Sin embargo, al mismo tiempo, sentía que estaba cerca de Dios. Oraba con frecuencia. No anotaba mis oraciones en cuadernos, pero sí oraba en mi mente. Aunque no hubiera leído el pasaje de las Escrituras que me tocaba en el día, recibía respuesta a mis oraciones y me sentía en paz con la dirección y la presencia de Dios en mi vida diaria.

Al viajar por todo el país y hablar sobre este tema, he descubierto que muchas personas también tienen esas mismas luchas. Muchos se han creído esta idea de lo que hace espiritual a una persona y han intentado tener tiempos estructurados de oración y estudio de la Biblia como los que yo intenté tener. Cuando fracasan al final, siempre se quedan con una sensación de estar más lejos de Dios.

Un evangelio para todos

A menudo, cuando escuchamos los testimonios encomiables de personas que han encontrado el éxito al usar un sistema específico, todos probamos el mismo sistema y después nos sentimos incompetentes cuando no tenemos los mismos resultados. Sentimos que de seguro el fracaso se debe a una falla en nosotros, no en el plan que ya se ha probado. No obstante, como verás en este capítulo, las Personalidades entran en juego en este aspecto. Existen diferentes recursos y técnicas que le darán resultado de manera más eficaz a un tipo de Personalidad, mientras que otras le darán mejor resultado a los que son diferentes. Si un enfoque le diera resultado a todos, solo necesitaríamos un relato de la vida y hechos de Jesús, ¡pero Dios nos dio cuatro en su lugar! Es interesante ver que cada uno de los Evangelios tiene un enfoque distinto que presenta los hechos de tal manera que hace que les resulten atractivos a cada una de las Personalidades[1].

Lucas es el Evangelio para los Sanguíneos Populares. A Lucas se le conocía como «el querido médico» (Colosenses 4:14), y en su Evangelio enfatiza el concepto de Jesús como «Salvador» (véase Lucas 1:31-33). Los Sanguíneos Populares se conectan de manera especial con estos conceptos de ser una persona amada y de relacionarse con Cristo como su Salvador personal. El Evangelio de Lucas está lleno de detalles referentes a relaciones, ángeles y a todo el esplendor que les encanta a los Sanguíneos Populares (lo que hace que sea el más largo de los cuatro Evangelios).

Los Coléricos Poderosos se conectan más con el Evangelio de Marcos, en el que se representa a Jesús como siervo. Marcos es el Evangelio más corto, y los Coléricos Poderosos valoran la manera en que va directo al punto fundamental. Es un libro de acción y poder, no de discursos largos, que pinta a Jesús como el Hijo de Dios, poderoso y autoritario. Es más, el libro de Marcos usa las palabras «al instante» con mayor frecuencia y contiene más historias de milagros y exorcismos que cualquiera de los otros Evangelios.

Mateo, que se concentra más en Jesús como Señor y Rey, es el Evangelio para los Melancólicos Perfectos. Mateo era un cobrador de impuestos reformado y su libro está lleno de números: dos hijos, tres siervos, diez vírgenes (véanse Mateo 21:28-32; 25:1-30). Es un libro de orden y de discipulado que se escribió con una cadencia matemática que solo podría notar un Melancólico Perfecto.

El Evangelio de Juan lo escribió «el discípulo a quien Jesús amaba» (Juan 21:20), justo de la manera en que un Flemático Pacífico quisiera que se refirieran a él. En este Evangelio, se representa a Jesús como el Hijo de Dios y la única fuente de vida eterna. Es un libro que trae seguridad, amor, paz y confianza, y no contiene una genealogía, ni ningún relato del nacimiento, la niñez, las tentaciones, la transfiguración de Jesús, ni de la Gran Comisión.

La personalidad y la vida espiritual

Si Dios nos hizo a cada uno con su propia versión, ¿no es válido creer que podemos acercarnos a Él según la esencia con la que nos creó? Mientras estudiaba este asunto, descubrí que nuestras Personalidades influyen en diversos aspectos de nuestra vida espiritual, incluyendo el tipo de iglesia que nos atrae, nuestra visión de Dios, nuestra experiencia de adoración preferida, nuestros puntos espirituales fuertes (los conceptos espirituales que más nos atraen de manera natural), los recursos y técnicas que nos ayudan a acercarnos más a Dios y hasta nuestros dones espirituales... en realidad, nuestra experiencia espiritual entera.

Andrea me contó esta historia acerca de su Personalidad y su experiencia de adoración:

Cuando el sermón de nuestro pastor se adaptaba mejor a un tiempo de alabanza y adoración de ritmo más lento, los dos Melancólicos Perfectos que teníamos en el equipo de planificación de adoración estaban en el cielo. Yo, en cambio, había experimentado circunstancias muy difíciles durante la semana previa a este culto en particular, y mi alma anhelaba un tiempo feliz y optimista, donde pudiera cantar con júbilo y dejar que se fuera toda la tristeza. Al llegar la segunda canción del culto, me sentía deprimida. La sensación era horrenda, y mi deseo de cantar y alabar desaparecían. No me sentía cerca de Dios. Mientras cantaba las canciones introspectivas sentía que en verdad estaba más lejos de Él y la realidad de mi pecado casi me abrumaba.

Mientras estaba sentada en el banco, me di cuenta de que, como Sanguínea Popular, me siento más cerca de Dios y más capaz de pedirle perdón cuando lo alabo y tengo optimismo. Por otra parte, los Melancólicos Perfectos sienten que adoran cuando pueden escudriñarse de manera profunda y pueden confesarle a Él las imperfecciones que tienen. Al pensar ahora en lo que sucedía, me doy cuenta de que no hay un estilo de adoración que sea adecuado. Como cada Personalidad se conecta con Dios de manera diferente, debemos permitir que haya distintos tipos de canciones, a fin de que todos logren sentirse conectados con Dios, y no generar que los demás se sientan mal cuando nuestro estilo particular no sea acorde al suyo.

Con estas diferencias en mente, a continuación veremos algunas de las esferas que he descubierto que tienen más relevancia para las personas: la visión de Dios, la fortaleza espiritual, un mayor acercamiento a Él y los dones espirituales. Y como la suprema forma de madurez es llegar a ser como Cristo, con los puntos fuertes de las cuatro Personalidades y sin ninguno de sus puntos débiles, terminaremos examinando la Personalidad de Jesús para determinar cómo podemos llegar a ser más semejante a Él[2].

La visión de Dios

Cuando comencé a estudiar los diversos atributos de Dios, me resultó asombroso que fuera tan multidimensional. Creo que nos conoce a cada uno de nosotros y a cada una de nuestras Personalidades individuales. Al fin y al cabo, somos como somos porque así nos hizo Él. Con todos los diversos filtros a través de los cuales vemos la vida, Dios sabía que también lo veríamos a Él de maneras diferentes basadas en nuestras Personalidades individuales. Me gusta pensar que esto es como si se tratara de lentes de colores a través de los cuales vemos la vida. Aunque existen muchas facetas diferentes de Dios, de acuerdo a nuestros filtros, vemos el lado que nos resulta más natural y cómodo.

Sanguíneo Popular

Los Sanguíneos Populares absorben con facilidad la idea de que Dios no quiere otra cosa que no sea el bien para ellos: como un padre amoroso. Adoptan la visión de Dios que se presenta en Mateo 7:11: «Y si un hombre de corazón endurecido solo da buenas cosas a sus hijos, ¿no crees que tu *Padre* que está en los cielos dará aun mejores cosas a los que se las pidan?» (*LBD*, énfasis añadido). A los Sanguíneos Populares les encanta recibir regalos y no necesitan ganárselos.

Tuve la bendición de tener un padre que fue un modelo del amor de Dios para mí, aun antes de ser cristiano. Sin embargo, los Sanguíneos Populares que no tuvieron una relación así con sus padres, pueden tener problemas para comprender este aspecto de Dios. Si estos fueron duros con ellos o esperaron demasiado de ellos, pueden tener una visión similar de Dios. En el caso de estos individuos, pueden beneficiarse más con la visión de Dios que se aproxima a la de un amigo, alguien con el que pueden tener compañerismo. Como afirma Pablo: «Sí, porque Dios siempre cumple su palabra, y Él los llamó a participar de la gloriosa *amistad* de su Hijo, Jesucristo nuestro Señor» (1 Corintios 1:9, *LBD*, énfasis añadido).

Colérico Poderoso

Ser cristiano es en gran parte darle a Dios el control de nuestra vida. Sin embargo, un Colérico Poderoso quiere el control. Como resultado, los Coléricos Poderosos casi siempre ven a Dios como alguien con el que deben luchar por el control, a pesar de que las Escrituras dicen que esto es inútil: «El corazón humano genera muchos proyectos, pero al final prevalecen los designios del Señor» (Proverbios 19:21). En lugar de tratar de hacerlo por su cuenta, los Coléricos Poderosos deben prestarle atención al consejo que se da en Santiago 4:14-15:

> ¡Quién sabe lo que va a suceder mañana! Porque, ¿qué es la vida sino efímera neblina que en la mañana aparece y al poco rato se desvanece? Lo que tienen ustedes que decir es: «Si el Señor lo permite, viviremos y haremos esto o aquello» (*LBD*).

Proverbios 20:24 se refiere al dominio que Dios tiene sobre todo: «Nadie sabe cuál será su futuro; por eso debemos dejar que Dios dirija nuestra vida» (*TLA*). Y Filipenses 4:13 señala la necesidad del poder de Cristo: «Con la ayuda de Cristo, que me da fortaleza y poder, puedo realizar cualquier cosa que Dios me pida realizar» (*LBD*). Sin embargo, los Coléricos Poderosos siguen haciendo planes.

Melancólico Perfecto

De todas las Personalidades, los Melancólicos Perfectos son los más propensos a subrayar los versículos en su Biblia que se refieren al temor de Dios, si es que se atreven a subrayar las delicadas páginas de papel de seda. Algunos de estos versículos pudieran incluir:

> *Temerás* al Señor tu Dios; le servirás, te allegarás a Él y solo en su nombre jurarás (Deuteronomio 10:20, *LBLA*, énfasis añadido).

> Y recuerden que el Padre celestial que invocan no hace acepción de personas cuando juzga. Él juzgará sus acciones con perfecta justicia. Así que actúen con *temor* reverente mientras peregrinan rumbo al cielo (1 Pedro 1:17, *LBD*, énfasis añadido).

Melanie, una Melancólica Perfecta, tenía una visión de Dios que se acercaba más a la de un ser al que debía reverenciar de una manera temerosa, y frente al que debía tener mucho cuidado. Nos dice: «Casi siempre tengo una sensación apremiante de que estoy haciendo algo mal, pero nunca puedo determinar de qué se trata. Si Dios llegara a regresar hoy, me temo que estaría desilusionado conmigo porque hay cosas en mi vida que no son perfectas. Siento que mi conducta lo hace enojar a veces. Quiero que diga: "¡Hiciste bien, siervo bueno y fiel!", pero siento que, en cambio, puede decir: "¿En qué estabas pensando?"».

Lois, una Melancólica Perfecta, tenía la misma visión de Dios. Nos dice: «Durante largo tiempo sentía que debía ser casi perfecta antes de que Dios respondiera mis oraciones. Y si no recibía las respuestas, seguro que era por mi culpa, por mi falta de fe o por alguna otra razón. Hasta el día de hoy, todavía lucho por ver a Dios como alguien que me amará a pesar de mis imperfecciones».

Michelle también tuvo luchas para ver a Dios como un padre amoroso. Dice: «Cuando era niña, parecía que Dios siempre estaba fuera de mi alcance. Cantaba acerca de que era tan grande y poderoso que no había nada que no pudiera hacer. Sin embargo, esas palabras me resultaban huecas, porque había algo que Dios no podía hacer: ser tan real como para que yo pudiera tocarlo. Ahora conozco el genuino amor de un Padre siempre paciente y perdonador que veo, siento y conozco de manera personal en mi vida».

Flemático Pacífico

La visión de Dios a la que con naturalidad se sienten atraídos los Flemáticos Pacíficos es la que caracteriza a Dios como un lugar de consuelo y descanso:

Que el Señor Jesucristo mismo y Dios nuestro Padre, quien nos amó y nos dio un *consuelo* eterno y una esperanza que no merecemos, los *consuele* y ayude en cuanto de bueno digan y hagan ustedes (2 Tesalonicenses 2:16-17, LBD, énfasis añadido).

Acerca de Benjamín dijo: «Que el amado del Señor repose seguro en él, porque lo protege todo el día y *descansa* tranquilo entre sus hombros». (Deuteronomio 33:12, énfasis añadido).

Dios es tan multifacético que existe un elemento suyo para cada uno de nosotros. Es un Padre amoroso. Es el mejor amigo. Es alguien a quien debemos reverenciar o temer. Quiere tener el control de nuestras vidas. Es un lugar de consuelo y descanso. Nuestra Personalidad individual nos hace adoptar con mayor rapidez la parte de Dios que más se parece a nosotros.

Puntos fuertes espirituales

A lo largo de las páginas de la Biblia, existen muchos temas espirituales básicos que se repiten una y otra vez. Algunos de los más frecuentes se relacionan con la gracia, el conocimiento, la justificación y la soberanía de Dios. Cada uno de estos temas, a los que llamo puntos fuertes espirituales, representa una fuerte atracción para cada Personalidad.

Sanguíneo Popular: *Gracia*

Por lo general, los Sanguíneos Populares no tienen problema con la idea de que Dios los ama; después de todo, sienten de manera natural que todos los quieren, ¿entonces por qué no habría de amarlos Dios? Para ellos, la gracia es una extensión natural del amor de Dios. Algunos de los versículos que expresan este concepto y que a los Sanguíneos Populares les resuenan con fuerza, son los siguientes:

> Y si por *gracia*, ya no es por obras; de otra manera la gracia ya no es gracia. Y si por obras, ya no es *gracia*; de otra manera la obra ya no es obra (Romanos 11:6, *RV-60*, énfasis añadido).

> Siendo justificados gratuitamente por su *gracia*, mediante la redención que es en Cristo Jesús (Romanos 3:24, *RV-60*, énfasis añadido).

Para entender el porqué los Sanguíneos Populares tienen tal afinidad con la gracia, necesitamos tener primero una comprensión básica de lo que es la gracia. Recuerdo que memoricé una definición de gracia desde pequeña en mi iglesia: «La gracia es el favor inmerecido de Dios». Aunque es una definición buena y breve, no explica demasiado en realidad. Tal vez, en el *Nuevo manual bíblico de Unger*, se encuentre una explicación mejor:

> Por lo tanto, la gracia descarta todo mérito humano [...] cualquier adición de mérito humano viola la gracia [...] De esta manera, la gracia pasa por alto cualquier obligación a fin de ganar mérito, y la ley como sistema de mérito deja de ser aplicable al creyente, pues ya no se encuentra «bajo la ley, sino bajo la gracia»[3].

Esta definición señala los elementos de la gracia hacia los que se sienten atraídos los Sanguíneos Populares. No tienen que hacer nada para ganar el favor de Dios. A pesar de sus imperfecciones, cuentan con el mérito de Cristo y su comprensión. En mi caso, como Sanguínea Popular, he añadido la idea de la gracia a la firma predeterminada que tengo en los mensajes electrónicos en mi oficina: «Espero vivir de tal manera que cuando esté frente a las puertas de perlas, me digan que fui "demasiado perdonadora", en lugar de "demasiado crítica". Así espero que los demás me traten a mí». Siempre necesito la gracia, así que se la ofrezco a los demás con liberalidad.

Colérico Poderoso: *Justificación*

La Personalidad inherente del Colérico Poderoso, cuyo lema refleja el *«Just Do It»* [Solo hazlo] de los anuncios de Nike, personifica la fuerza espiritual de la justificación y las obras. La producción es importante para los Coléricos Poderosos: es la manera en que determinan su propio valor y el valor de los demás. De modo similar, muestran su amor hacia Dios a través de las obras. Santiago se refiere a esta idea de la justificación en los siguientes pasajes:

> Pero alguno dirá: Tú tienes fe, y yo tengo obras. Muéstrame tu fe sin tus obras, y yo te mostraré mi fe por mis obras (Santiago 2:18, RV-60).

> ¡Qué tonto eres! ¿Quieres convencerte de que la fe sin obras es estéril? [...] Como pueden ver, a una persona se le declara justa por las obras, y no solo por la fe [...] Pues como el cuerpo sin el espíritu está muerto, así también la fe sin obras está muerta (Santiago 2:20, 24, 26).

Como «justificación» no es una palabra que usamos muy poco, quiero asegurarme que todos tengamos una comprensión básica de este punto fuerte espiritual. Existe cierta discrepancia con respecto al verdadero significado de esta palabra, pero a los fines de demostrar cómo se pone en acción la fe del Colérico Poderoso, podemos usar la siguiente explicación que se encuentra en el *Easton's Illustrated Bible Dictionary*: «Las obras de Dios son la consecuencia indiscutible de la justificación, no el motivo de las mismas»[4]. El Colérico Poderoso ve la fe y las obras como la misma cosa.

Andrea, una de nuestras Instructoras Certificadas en Personalidad, tiene casi la mitad de Colérica Poderosa. Cuando aprendió la influencia que tiene su Personalidad en su fe, esto la ayudó a comprender por qué le gusta ofrecerse de voluntaria para tantas actividades en la iglesia. Dice:

> Cuando me encuentro trabajando en un proyecto para la iglesia, descubro que oro más y que dependo más del Señor para que me guíe. Cuando dirijo la alabanza, siempre oro a Dios antes del culto y le digo que no puedo cantar y dirigir sin su ayuda. Sé que cuando hago cosas para Dios, también aprendo más acerca de su persona, lo cual me permite sentirme más cerca de Él.

El campo espiritual fuerte para los Coléricos Poderosos es el de la justificación y las obras, mostrando su amor por Dios haciendo cosas.

Melancólico Perfecto: *Conocimiento*

Los Melancólicos Perfectos, que tienden a ser pensadores profundos, se sienten atraídos al punto fuerte espiritual del conocimiento. Llevan a la vida cristiana su amor por los detalles, los hechos, los gráficos y los sistemas. Mientras que los Sanguíneos Populares aceptan el amor de Dios tal como viene, sin cuestionarlo jamás, los Melancólicos Perfectos siempre quieren saber el «porqué».

Este fue el caso de Daniel. Es un teólogo sistemático que ha estudiado tanto *acerca* de Dios que puede citar casi cualquier versículo de las Escrituras en varias traducciones, así como en el original hebreo o griego. Su conocimiento de los complejos detalles de las historias bíblicas, junto con su habilidad para explicar sus contextos, lo hace un narrador espléndido. Ya sea que le predique a adultos o a niños, puede mantenerlos embelesados durante horas con sus profundas reflexiones.

Sin embargo, cuando hay que enfrentar la vida diaria, casi siempre Daniel siente que Dios lo desilusiona. Cuando su padre murió de manera inesperada, el conocimiento *acerca* de Dios no le sirvió de ayuda y sintió que Él lo desilusionaba al no tener en cuenta un detalle tan importante: mantener con vida a su padre, luego de todo el tiempo que había dedicado a entrar en detalles con respecto a Dios. Al final, dejó de preguntarse el gran «porqué» y siguió adelante, pero esto sucedió solo después de pasar meses dando vueltas deprimido.

Uno de los versículos clave que se refieren a esta búsqueda de conocimiento es Proverbios 2:1-6:

Querido jovencito, acepta mis enseñanzas; valora mis mandamientos. Trata de ser sabio y actúa con inteligencia. Pide entendimiento y busca la sabiduría como si buscaras plata o un tesoro escondido. Así llegarás a entender lo que es obedecer a Dios y conocerlo de verdad. Solo Dios puede hacerte sabio; solo Dios puede darte conocimiento (*TLA*).

Aunque el Melancólico Perfecto es el único que se siente atraído en forma natural hacia el conocimiento, cuando miramos la definición de conocimiento, vemos que en verdad es algo que todos deberíamos esforzarnos por alcanzar. El *Holman Bible Dictionary* describe el conocimiento de la siguiente manera:

> La Biblia habla a menudo acerca del conocimiento humano. Conocer a Dios es el conocimiento supremo y la principal obligación de la humanidad [...] Este conocimiento de Dios no es solo un conocimiento teórico u objetivo; incluye experimentar la realidad de Dios en la vida personal y se debe vivir de tal manera que mostremos respeto por el poder y la majestad de Dios[5].

Mientras que las otras Personalidades no pueden comprender el porqué alguien desearía ocupar tanto espacio en el cerebro, al Melancólico Perfecto le atrae el conocimiento por el simple hecho de saber.

Flemático Pacífico: *Soberanía de Dios*

Los Flemáticos Pacíficos son justo lo opuesto a los Coléricos Poderosos; prefieren quedarse en un segundo plano y tienden a ser indecisos. Debido a eso, no les cuesta aceptar la soberanía de Dios en sus vidas. Ahora bien, mientras que el concepto de la soberanía de Dios es bastante fácil de captar, repito, no es una palabra que usemos todos los días. Por lo tanto, recurriré a los expertos para que expliquen aquí su significado: El *Easton's Illustrated Bible Dictionary* afirma que la soberanía de Dios es «el derecho absoluto que Él tiene para hacer todas las cosas de acuerdo con lo que le place»[6].

Dos versículos importantes que se refieren al tema de confiar en el control soberano de Dios, más que en el nuestro, son los siguientes:

Gracias a lo que Cristo hizo, somos regalos que Dios recibe con deleite, porque en su plan soberano nos escogió desde el principio para ser suyos, y esto es el cumplimiento de esa determinación (Efesios 1:11, *LBD*).

Es el Dios que hizo el mundo y todo lo que hay en él; es el dueño del cielo y de la tierra, y no vive en templos hechos por seres humanos. Tampoco necesita la ayuda de nadie. Al contrario, él es quien da la vida, el aire y todo lo que la gente necesita. A partir de una sola persona, hizo a toda la gente del mundo, y a cada nación le dijo cuándo y dónde debía vivir (Hechos 17:24-26, *TLA*).

A partir de esta tendencia es que el Flemático Pacífico actúa de manera feliz con una actitud de que *pase lo que tenga que pasar*... lo que haya que ser, será.

Acerquémonos más a Dios

Como cristianos, todos deseamos crecer en nuestra vida espiritual y tener una relación más cercana con Dios. Sin embargo, lo que le da resultado a una persona, quizá no se lo dé a otra. Es por eso que muchos de los métodos conocidos para ayudar a que la gente crezca en su espiritualidad, como leer la Biblia en un año o registrar sus oraciones en un cuaderno, producen más culpa que crecimiento espiritual. Por lo tanto, veamos a continuación qué métodos dan mejores resultados en cada tipo diferente de Personalidad.

Sanguíneo Popular

Si le dieras una mirada al cuadro de la Personalidad (véase la página 16) y trazaras una línea diagonal a través de los cuadrados desde el extremo derecho superior hasta el izquierdo inferior (por los cuadrados del Colérico Poderoso y el Flemático Pacífico) y luego pensaras en los programas que están en circulación para ayudar a que la gente crezca en su espiritualidad, pronto te darías cuenta de que están diseñados para los que se encuentran en la parte inferior y a la derecha de esa línea. En otras palabras, esos programas se diseñaron para los que tienen algunos rasgos Melancólico Perfectos y otros rasgos Coléricos Poderosos (supliendo el impulso de seguir adelante) o Flemáticos Pacíficos (proveyendo la necesitada valoración de la estructura y el sistema). Para los Sanguíneos Populares, que luchan de manera natural con la rutina, estos sistemas generan frustración en lugar de fe.

No es que los Sanguíneos Populares *no puedan* acercarse más a Dios; es solo que no deberían esperar seguir los mismos patrones de las otras Personalidades. Por ejemplo, tratar de leer la Biblia en un año (ya sea con tantos versículos, páginas o capítulos por día) casi *nunca* les da resultado a los Sanguíneos Populares. Esto tal vez sea desalentador (por cierto, lo era para mí cuando llegaba marzo y todavía no había terminado de leer lo que correspondía a enero); pero es importante que los Sanguíneos Populares se den cuenta de que *no* son un fracaso. El problema radica en los que comercializan ese programa como la *única manera* de disfrutar de la Palabra de Dios, para *todas* las Personalidades.

Si eres Sanguíneo Popular, existen diversos recursos que puedes usar, de modo que te ayuden a profundizar en la Palabra de Dios sin tener que seguir un programa. Uno que me ha ayudado mucho es *The Narrated Bible*[7] o los devocionales *My Time with God*[8]. Además, tal vez te guste considerar la posibilidad de unirte a un pequeño grupo de estudio. La asistencia a tales grupos te dará la responsabilidad que necesitas a fin de pasar tiempo en la Palabra de Dios... ¡con tal de quedar bien, leerás los versículos y harás los deberes!

Otra opción, en especial, si eres un Sanguíneo Popular con una buena dosis de Colérico Poderoso, es comenzar un estudio bíblico que satisfaga tus necesidades. Con el objetivo de conducir un grupo, no hace falta que te sientas calificado para enseñar, pues existen muchos estudios maravillosos para los que solo se necesita a alguien que se los facilite al grupo. Mi madre y yo escribimos uno de estos estudios: *The Journey to Jesus*[9]. Diseñamos este estudio para que lo que se debe hacer de tarea sea versátil y, por lo tanto, se adapta a todas las Personalidades. Dentro del libro, alentamos a las personas a que hagan lo mucho o lo poco que quieran; después de todo, ¡un breve tiempo en la presencia de Dios es mejor que nada!

Los Sanguíneos Populares también pueden descubrir que la lectura de novelas cristianas es un buen modo de absorber la verdad bíblica. Muchas veces, otras Personalidades desprecian esta costumbre como si fuera hueca y una pérdida de tiempo, pero se la recomiendo a los Sanguíneos Populares. Aunque no debiera ser la única fuente de crecimiento espiritual de una persona, una buena novela escrita por un autor serio puede enseñar de manera pasiva. Además, la investigación ha mostrado que, cuando la gente lee ficción, se toman muy a pecho lo que leen y reciben la verdad sin siquiera darse cuenta.

Una vez, escuché a un orador que decía lo siguiente: «Casi nunca paso quince minutos hablando con Dios, pero casi nunca paso quince minutos sin hablarle». Ahora, cito esta frase con mucha frecuencia, pues refleja a la perfección la vida de oración del Sanguíneo Popular: aunque no puedan realizar las oraciones programadas y escritas, hablan con Dios todo el día.

Colérico Poderoso

Al igual que los Sanguíneos Populares, los Coléricos Poderosos son personas extravertidas y llenas de energía, y por eso sería bueno que perfeccionaran sus vidas espirituales con otras personas. Sin embargo, como los Coléricos Poderosos se concentran más en las tareas, es muy fácil que se frustren ante las pequeñeces que a menudo suceden en los grupos pequeños. Se aburren frente a las personas necesitadas de contar todo acerca de sus vidas personales, y piensan que estos parlanchines deberían atenerse al programa. Solo quieren emprender la tarea entre manos y no perder tiempo con cuestiones triviales.

En el caso de los Coléricos Poderosos, una buena manera de solucionar este problema es tener uno o dos compañeros de oración. Me reúno de manera regular con dos o tres amigas a fin de orar por nuestros esposos y matrimonios. Con cariño, nos referimos a nuestro tiempo de oración como «El club de las esposas que oran». Varias de nosotras tenemos bastante de Coléricas Poderosas en nuestra mezcla de Personalidades, y la hora o dos que separamos para orar se adapta bien a nuestros programas y a nuestras vidas. Como nuestro grupo es limitado en cantidad de personas y no está abierto a invitadas, podemos tener el control. Modificamos nuestro tiempo de oración, de modo tal que se adapte a nuestras necesidades, con el objetivo de evitar el confinamiento estático del estudio bíblico habitual. Este grupo íntimo le resulta muy bueno a mi lado Colérico Poderoso.

Edna Ellison ha escrito varios estudios bíblicos excelentes que recomiendo para las Coléricas Poderosas. Se llaman *Friend to Friend Series*, y los títulos más comunes son: *Friend to Friend: Enriching Friendships Through a Shared Study of Philippians*, *Friendships of Purpose: A Shared Study of Ephesians* y *Friendships of Faith: A Shared Study of Hebrews*[10]. Estos estudios están diseñados para que se completen junto con un amigo, y son perfectos para los Coléricos Poderosos que desean pasar un tiempo con la Palabra de Dios sin tener las inherentes complicaciones de la dinámica del grupo de estudio.

Los libros devocionales cortos, con conceptos claros, son otra buena opción, pues casi siempre los Coléricos Poderosos no tienen tiempo para estudios complicados, ni les gustan los libritos devocionales que cuentan una bonita historia y después tienen una breve aplicación bíblica agregada al final. Además, como a los Coléricos Poderosos les gusta la información, pero quieren que sea rápida, los programas de computación de investigación de la Biblia pueden resultarles un gran recurso. Cuando me siento en una silla o me recuesto en la cama con mi hermosa y pesada Biblia de cuero, con delgadas páginas de papel de seda, por alguna razón me dan deseos de dormir. Sin embargo, cada vez que uso mi programa de computación, resulta que desearía tener más tiempo para estudiar con mayor profundidad. El programa de computación hace que la lectura sea más interactiva: participo, no solo leo, y me permite profundizar cada vez más en la Palabra de Dios. Si eres Colérico Poderoso y no estás acostumbrado a usar un programa de computación de la Biblia, inténtalo. ¡Te gustará!

De todas las Personalidades, los Coléricos Poderosos también son los que tienden más a alcanzar metas y pueden usar esta tendencia en su vida espiritual como una manera de acercarse más a Dios. Wendy, una Colérica Poderosa, descubrió que podía usar esta naturaleza para establecer metas celestiales en lugar de terrenales. Dice: «Al conectarme a las metas dadas por Dios, en lugar de hacerlo con mis listas de cosas para hacer, encuentro que estoy satisfecha con ser lo que soy. Mi mayor búsqueda es conocer más de Dios cada día, de una manera que sea poderosa, significativa e inspiradora. Aunque todavía tengo otras metas, ahora no son las que me impulsan. Lo que me impulsa, en cambio, es hacer lo que Dios quiere de mí cada día. De manera invariable, el éxito y el logro vienen a continuación y son mayores de lo que imaginé».

Al igual que los «hechos» y la «acción» son vitales para la Personalidad de los Coléricos Poderosos, así también las técnicas que dan mejores resultados para desarrollar su vida espiritual son participativas, no pasivas.

Melancólico Perfecto

Como ya mencionamos, la mayoría de los programas de estudio y de lectura de la Biblia se crearon teniendo en mente al Melancólico Perfecto.

Por lo tanto, así como el Sanguíneo Popular necesita que lo alienten a seguir estudiando la Palabra de Dios y a tener un tiempo devocional diario, ¡el Melancólico Perfecto necesita relajarse! Esta amonestación que hace Oswald Chambers, en su clásico libro devocional *En pos de lo supremo*, me parece apropiada para el Melancólico Perfecto:

> Tu dios podría ser el lindo hábito cristiano que tienes, como orar o leer la Biblia a determinadas horas. Observa cómo tu Padre va a transformar esos momentos, si empiezas a adorar tus costumbres y no lo que ellas simbolizan. Decimos: «No puedo hacer eso ahora, estoy en mi tiempo a solas con Dios». No, es el tiempo a solas con tu hábito. Hay una cualidad que aún te falta. Reconoce tu defecto, y luego busca la oportunidad de introducir en tu vida esa cualidad faltante[11].

Diana me contó que hubo un momento en su vida cuando estuvo a punto de sospechar que Oswald Chambers era un hereje, debido a los puntos de vista de los hábitos cristianos mencionados con anterioridad. Escribe:

> Todavía puedo ver a pastores y líderes de jóvenes (sin duda, todos Melancólicos Perfectos) que nos exhortan de corazón a no perder nunca nuestro tiempo de oración y de lectura de la Biblia. Y cuanto más temprano lo hagamos, mejor. Esto se adapta bien al estilo de vida del Melancólico Perfecto. Durante años, conocía mi rutina de memoria: la alarma del reloj me despertaba, me daba una ducha y luego me sentaba en mi mecedora con una taza de té, mi Biblia y el cuadro de lectura donde registraba el libro, el capítulo y el versículo que leía.
>
> Mi lista de oración impresa mostraba oraciones diarias, así como motivos para cada día de la semana. Dividía el mundo en siete regiones, de modo tal que pudiera abarcar la tierra en una semana. Si un día no podía hacerlo, trataba de recuperarlo a la mañana siguiente al orar por las dos listas. Por fortuna, con el correr del tiempo, leí a autores como Chambers y me di cuenta del error de mi enfoque. Actuaba como si mi entrada al cielo dependiera de mi actuación diaria. Me di cuenta de que lo que quería experimentar en realidad era a Dios mismo y su maravillosa gracia, no solo marcar mis logros devocionales.

¡Alabado sea Dios que me libró de eso! Sin embargo, todavía me gusta orar y leer mi Biblia con un cierto esquema. En este mismo momento, me encuentro por la mitad del libro de Ezequiel, ¡y debo llegar a Daniel para el próximo jueves!

Como los Melancólicos Perfectos actúan tan bien dentro de un ambiente estructurado, les resulta fácil permitir que el tiempo de lectura de la Biblia tenga que ver más con una disciplina y con el conocimiento, y menos con Dios; que sea más una rutina que una relación. Sin embargo, la vida no siempre es estructurada y algunas veces esto puede causarle problemas a los Melancólicos Perfectos si no están dispuestos a suavizar sus rutinas.

Michelle me contó la siguiente historia acerca de cómo las situaciones en su vida le enseñaron a concentrarse más en Dios y menos en los hábitos:

> Crecí como hija de un pastor y asistí a una escuela cristiana, así que mi tiempo devocional estaba bien reglamentado. En el hogar, en la iglesia y en la escuela, todo lo relacionado con mi tiempo con Dios estaba predeterminado y se realizaba siguiendo un esquema con mucha precisión. Aunque esto hacía que me resultara muy fácil hacer los estudios bíblicos y tener mis momentos de meditación en forma programada, me di cuenta de que solo cumplía con las formalidades.
>
> No existía mucha conexión entre el corazón y el alma, y mis acciones espirituales. En ese entonces, mi tiempo de oración no era más que un cuaderno lleno de peticiones, de fechas en las que había recibido respuestas a esas peticiones y de algunos pensamientos poco profundos. Algo en mi rutina me resultaba cómodo y estable, pero no había nada que facilitara el crecimiento o una relación más profunda con Dios. A decir verdad, descubrí que mis rutinas crearon, con el tiempo, una separación del Dios al que debía amar de manera profunda como Padre.
>
> Hace varios años atrás, cuando tuve que atravesar un divorcio y de repente tuve que enfrentarme a la temible realidad de criar sola a mi hija, una amiga me recomendó que comenzara a tener devocionales diarios que iluminaran mi relación espiritual con Dios. Comencé a registrar mis pensamientos y oraciones en un diario, y a escribir canciones de alabanza a Dios. Descubría que a

medida que salía de la estructura rígida de tener todo programado en mi tiempo devocional, y me dirigía hacia un proceso de pensamiento más libre, podía conectarme más con Dios. Dejaba que Él me hablara cuando deseaba, y me permitía tomarme un momento para hablar con Él, aunque no estuviera dentro de mi programa.

Me volví más vulnerable a mi humanidad y a la deidad de Dios. Al registrar mis procesos mentales de manera más sincera, descubrí a un Dios que estaba en medio de las oraciones que escribía y que quería apoyarme. Mientras vertía una oración de pena tras otra en mis diarios de papel o en mi computadora, escuchaba la voz de Dios que respondía mis oraciones de manera fuerte y clara. Algunos días, su oración eran palabras de aliento; otros, eran palabras de esperanza.

Ahora que soy más franca y menos inclinada a la perfección, me doy cuenta de lo precioso que es mi tiempo con Dios. Casi me pierdo una de sus bendiciones, el tiempo con Él, porque trataba de hacer que Dios encajara en mi programa, en lugar de ser yo la que encajara en sus planes más perfectos. Ahora, en lugar de esperar un momento de oración específico, descubro de repente que estoy anotando mis oraciones, cantando canciones de alabanza y que a lo largo del día, me conecto con Dios de maneras que desafían mis tendencias «naturales» de Melancólica Perfecta.

Otro consejo para los Melancólicos Perfectos que procuran crecer más cerca de Dios es que permitan que sus ideales se moderen con la sabiduría, el conocimiento y la compasión. En la búsqueda de conocimiento, a los Melancólicos Perfectos les resulta fácil quedar demasiado empaquetados en la lectura de libros y en la asistencia a seminarios, en busca del camino perfecto para conectarse con Dios. Tal vez se queden tan concentrados en la técnica, que olviden a Dios.

Por último, como los Melancólicos Perfectos no actúan bien con el ruido y la actividad, necesitan encontrar un lugar tranquilo para promover la comunión con Dios. Georgia dice: «Me gusta estar a solas con Dios. Me siento cerca de Él de manera especial en mi jardín. El tiempo que paso en medio de la creación de Dios me aleja de las distracciones de la vida y me permite escuchar su suave murmullo.

Mientras estoy sentada en mi jardín, los problemas de la vida desaparecen y me siento llena de la paz de Dios».

Flemático Pacífico

Creo que la Personalidad de los Flemáticos Pacíficos debe ser la favorita de Dios, porque se toman a pecho el gran mandamiento: «Ama al Señor tu Dios con todo tu corazón, con todo tu ser y con toda tu mente [...] [Y] ama a tu prójimo como a ti mismo» (Mateo 22:37-38). Los Flemáticos Pacíficos se deleitan en la presencia de Dios, mientras que las otras Personalidades están enfrascadas en «hacer» y «ser». Además de pasar tiempo con Dios, los Flemáticos Pacíficos valoran las relaciones y las personas.

Jack es un Flemático Pacífico que es diácono en una iglesia con una asistencia promedio de ochocientas cincuenta personas en los servicios regulares. Jack encuentra que las relaciones con la gente son muy importantes. Escribe:

> Siempre tengo la sensación de que puedo aprender y crecer más cuando me encuentro en un grupo en el que todos participan y comparten lo que tienen. Parece que construyes una relación más sincera no solo con el resto de la gente en el grupo, sino también con Dios. Cuando alguien enseña la lección y actúa como si tuviera la respuesta final en cuanto a lo que está bien, todo lo que recibes son «respuestas de iglesia», pero cuando todos intercambian sus ideas por igual, se recibe algo que se parecen más a «respuestas del corazón». Por eso, pienso que los estudios bíblicos en los hogares son tan buenos, porque la gente se relaja más y tiene más respuesta. Cuando las personas se sienten cómodas, expresan lo que piensan con mayor franqueza. Me gusta escuchar lo que la gente piensa en su interior, cómo se sienten con respecto a alguna cosa en especial. He visto a demasiadas personas que tienen rituales y que actúan como si con solo ir a la iglesia, hubieran «realizado su tarea» de la semana, en lugar de sentirse cómodos al tener a Dios en todas partes a lo largo de todo el día.

Aunque casi siempre los Flemáticos Pacíficos valoran las tradiciones como la Comunión, el Adviento y el servicio de la mañana de Pascua, un régimen rígido lleno de reglas de conducta tiende a paralizarlos. La

Personalidad Flemática Pacífica es la única que indica de manera constante que el recurso que más los ayuda en su vida espiritual es «meditar» en las Escrituras. Como a los Flemáticos Pacíficos les encanta pensar en lo que significa un pasaje en particular y en cómo aplicarlo a sus vidas (antes que solo marcar una lista de obligaciones espirituales), no tienen éxito con los planes de lectura programada. Para ellos, no tiene mucha importancia si les lleva tres años cumplir con un plan para leer la Biblia en un año. Bev me contó lo siguiente acerca de su esposo Flemático Pacífico:

> Soy una Sanguínea Popular casada con un Flemático Pacífico. Mi esposo es un hombre muy reservado que no habla de su fe. En su caminar con Dios no hay mucha pompa ni solemnidad, pero las veinticuatro horas del día está listo para ayudar si alguno en la familia necesita asistencia. Cuando conducía un grupo para padres de adolescentes en la iglesia a la que asistíamos, él se contentaba con estar en el segundo plano, asegurándose de que hubiera café y bocadillos listos para el tiempo del receso. Hace poco, le pregunté: «En el caso de que alguien llame y necesite ayuda, ¿cuál es el momento en que sientes el máximo de energía?». Dijo: «Cualquiera, de día o de noche. Si hay que hacer algo, puedo hacerlo y puedo hacerlo bien». Está a la disposición de los demás de la misma manera en que Dios está a nuestra disposición: ¡es constante, amoroso y muy digno de confianza!

Un consejo adicional para los Flemáticos Pacíficos que procuran acercarse más a Dios es que tengan compañeros a los que les deban rendir cuentas y que hagan compromisos voluntarios, no legalistas. El pastor Steve, un Flemático Pacífico, dice: «El mejor consejo que les puedo dar a los Flemáticos Pacíficos es que varíen la rutina. Los que tenemos esta Personalidad, tendemos a disfrutar de la variedad, siempre y cuando pasemos tiempo con nuestro Señor de manera sistemática».

Dones espirituales

Cuando nos fijamos en el concepto de los dones espirituales, junto a la idea de los cuatro tipos de Personalidades de los que hemos hablado a través de este libro, descubrimos que los puntos fuertes de cada Personalidad tienen una predisposición hacia dones espirituales específicos. La Escritura dice que cada persona tiene dones únicos en campos de trascendencia espiritual. Muchas veces, descubro que estos dones son simples extensiones de los rasgos de la personalidad inherentes a una persona. Por supuesto, es importante destacar que Dios les otorga algunos dones a personas, sin importar el tipo de personalidad que tengan; pero esto parece ser la excepción más que la regla.

Las ideas alrededor del concepto de los dones espirituales quizá sean controversiales. Sin embargo, en lugar de entrar en el debate de los dones espirituales, mi objetivo aquí es señalar algunas de las conexiones entre los cuatro tipos de Personalidad y los diversos dones espirituales que se mencionan en la Escritura. Para comenzar, démosle una mirada a la útil definición de dones espirituales del *Nuevo manual bíblico de Unger*:

[Los dones espirituales] significan alguna facultad extraordinaria, que fue operada para el fomento del bienestar de la comunidad cristiana, y que fue forjada por la gracia de Dios, por el poder del Espíritu Santo, en individuos especiales, en conformidad, respectivamente, con la medida de sus capacidades individuales, ya sea que el Espíritu infundiera los poderes nuevos por completo, o estimulara esos ya existentes para un mayor poder y actividad[12].

La Biblia toca el tema de los dones espirituales en cuatro partes diferentes del Nuevo Testamento: Romanos 12:3-8; 1 Corintios 12:1, 4-11, 28-30; Efesios 4:3-6, 11-12; y en 1 Pedro 4:11. Fíjate que el pasaje de 1 Pedro solo menciona dos dones específicos: hablar y servir: «El que *habla*, [que *hable*] conforme a las palabras de Dios. El que *sirve*, [que lo haga] por la fortaleza que Dios da, para que en todo Dios sea glorificado mediante Jesucristo» (4:11, *LBD*, énfasis añadido). Por cierto, todos los dones que se enumeran en los pasajes de Romanos, de 1 Corintios y de Efesios, se pueden resumir en estos dos grupos[13]. (Nota: Como he preferido citar los siguientes pasajes de la Escritura utilizando la *New Contemporary Version* de la Biblia, también enumero los términos más tradicionales asociados a cada don. [Nota de la Editorial: En español utilizamos varias versiones acordes]).

Hablar
Profecía (Profeta)

«Dios ha concedido a cada persona el don de realizar bien cierta tarea. Así que si Dios te ha dado el don de profetizar, ejercítalo de acuerdo a la proporción de la fe que posees» (Romanos 12:6, *LBD*, énfasis añadido).

Anunciar el mensaje de salvación (Evangelista)
«Y él mismo concedió a unos ser apóstoles y a otros profetas, a otros *anunciar el mensaje de salvación*» (Efesios 4:11, *DHH*, énfasis añadido).

Cuidar y enseñar (Pastor-Maestro)
«El que haya recibido el don de enseñar, que se dedique a la enseñanza» (Romanos 12:7, *DHH*, énfasis añadido).

«Y a algunos les dio el *don* de [...] *velar por* el pueblo de Dios como el pastor vela por su rebaño, y *enseñar* los caminos de Dios» (Efesios 4:11, *LBD*, énfasis añadido).

Hablar con sabiduría (Palabra de sabiduría)
«A algunos, el Espíritu les da *la capacidad de hablar con sabiduría*, a otros les da *la capacidad de hablar con mucho conocimiento*» (1 Corintios 12:8, *TLA*, énfasis añadido).

Dirección (Liderazgo)
«Si debemos dirigir a los demás, pongamos en ello todo nuestro empeño» (Romanos 12:8, *TLA*).

Capacidad para gobernar (Administración)
«En la iglesia, Dios le dio una función a cada una de las partes [...] algunos ayudan, otros *dirigen*» (1 Corintios 12:28, *TLA*, énfasis añadido).

Servicio

Servir (Siervo)
«Si nos ha dado el *don de servir* a otros, sirvámoslos bien» (Romanos 12:7, *DHH*, énfasis añadido).

«[Cristo dio estos *dones* y] así preparó a los suyos para un trabajo de servicio, para hacer crecer el cuerpo de Cristo» (Efesios 4:12, *DHH*, énfasis añadido).

Ayudar a otros (Ayuda)

«Dios le dio una función a cada una de las partes [...] [donde] algunos *ayudan*» (1 Corintios 12:28, *TLA*, énfasis añadido).

Mostrar misericordia (Misericordia)
«El que *muestra misericordia*, con alegría» (Romanos 12:8, 8, *LBLA*, énfasis añadido).

Dar
«El que *da*, hágalo con sencillez» (Romanos 12:8, *DHH*, énfasis añadido).

Capacidad para distinguir entre una cosa y otra / Discernimiento
«A unos [el Espíritu] les concede el poder de *discernir* si algún espíritu malo habla a través de los que se dicen mensajeros de Dios, o si es de verdad el Espíritu de Dios el que está hablando» (1 Corintios 12:10, *LBD*, énfasis añadido).

Fe
«A unos les da Él una fe extraordinaria» (1 Corintios 12:9, *LBD*, énfasis añadido).

Hablar con conocimiento (Conocimiento)
«A otros, [el Espíritu] les da la capacidad de *hablar con mucho conocimiento*» (1 Corintios 12:8, *TLA*, énfasis añadido).

Animar a otros (Exhortación)
«El que haya recibido el *don de animar a otros*, que se dedique a animarlos» (Romanos 12:8, *DHH*, énfasis añadido).

Quizá te dieras cuenta enseguida de la conexión que existe entre estos dones espirituales y las Personalidades. En general, los Sanguíneos Populares y los Coléricos Poderosos poseen el don de hablar, mientras que los Flemáticos Pacíficos y los Melancólicos Perfectos poseen el don de servir. Sin embargo, la conexión entre las Personalidades y los dones espirituales tiene matices de complejidad aun mayores.

Después de años de trabajar con muchas personas diferentes, he descubierto que las Personalidades Sanguínea Popular y Colérica Poderosa (y, en especial, las personas con esta combinación exacta), tienen a menudo los dones de profecía, de anunciar el evangelio, de ocuparse de los demás y de enseñarles, y de hablar con sabiduría. De la misma manera, las Personalidades Colérica Poderosa y Melancólica Perfecta (en especial las personas con esta combinación exacta), tienden con frecuencia a tener dos dones espirituales en común: el liderazgo y la capacidad de gobernar. Las Personalidades Melancólica Perfecta y Flemática Pacífica (y en especial las personas con esta combinación exacta), tienen muchas veces los dones espirituales del servicio, de ayudar a los demás, de mostrar misericordia y de dar. Por último, las Personalidades Flemática Pacífica y Sanguínea Popular (y, repito, en especial las personas con esta combinación exacta) tienen casi siempre los dones espirituales de discernimiento, de fe, de hablar con conocimiento y de alentar a los demás.

Para la mayoría de las personas, existe una fuerte conexión entre su tipo de Personalidad y sus dones espirituales, como describí. Sin embargo, hay veces en que Dios manifestará los dones espirituales necesarios en alguien cuyas habilidades o puntos fuertes básicos no existen aún. En estos casos, es probable que haya una tarea que se debe completar y en esas ocasiones Dios puede equipar de manera sobrenatural a alguien para que la lleve a cabo. Tener al mismo tiempo una mayor conciencia de cuáles son tus puntos fuertes y cuáles tus dones espirituales es un medio liberador para una comprensión total de tu propósito en la vida.

La personalidad de Jesús

Los cristianos siempre están luchando por parecerse a Cristo. A decir verdad, es lo que nos hace seguidores de Cristo: procuramos mostrar sus atributos al estudiar su vida y al tratar de vivir de acuerdo con nuestros puntos fuertes. Aun así, es probable que muchos todavía nos preguntemos qué significa en realidad ser semejantes a Cristo. Sin embargo, cuando miramos a Jesucristo y a su Iglesia, todos no-sotros, con el nuevo conocimiento y la nueva comprensión de las Personalidades, se aclara un poco más la manera en que llegamos a parecernos a Cristo.

A fin de alcanzar esta meta, necesitamos examinar primero las historias personales de la vida de Jesús según se narran en los Evangelios, de manera que comprendamos más a fondo su Personalidad. Y cuando escudriñamos con mayor atención la vida de Cristo a través de estas historias, descubrimos un hecho importante: La Personalidad de Cristo contenía los *puntos fuertes de las cuatro Personalidades* y no tenía *ninguno de sus puntos débiles*. En esta sección final, veremos algunos aspectos de la vida de Cristo que encajan en cada tipo de Personalidad.

Jesús fue un Sanguíneo Popular

Cuando analizamos las historias de Cristo tal como se narran en los Evangelios, ¡logramos ver enseguida que era un Sanguíneo Popular![14]. Cuando nació, ¡entró al mundo con una celebración! En consecuencia, tanto los poderosos como los de cuna humilde, los reyes y los pastores, le llevaron regalos, y el espectáculo de luz que se produjo la noche de su nacimiento, de seguro se asemejaría a la celebración del día de la independencia.

Poco después, ¡Jesús comenzó su ministerio con otra fiesta! Su primer milagro fue convertir el agua en vino en la boda de Caná. Era un líder lleno de magnetismo, y la gente lo seguía desde las calles hasta los techos de las casas, desde las planicies hasta la cima de las montañas. Siempre había una multitud que iba detrás de Él, y sus historias y parábolas cautivaban a sus miles de seguidores.

También era optimista. En Marcos 10:27, dice: «Para los hombres es imposible, pero no para Dios, porque todas las cosas son posibles para Dios» (*LBLA*). Además, gran parte del ministerio de Jesús tuvo lugar en la cima de las montañas, las sinagogas y las calles de diversas ciudades en Palestina. En el aspecto físico, los Sanguíneos Populares tienden a tener una cantidad ilimitada de energía con la que pueden contar cuando la necesitan, y en los tres años de ministerio de Jesús, Él abarcó muchas tierras con la energía de un Sanguíneo Popular.

Jesús fue un Colérico Poderoso

Aunque de seguro parece que Jesús era un Sanguíneo Popular, también tenía muchos de los puntos fuertes de los Coléricos Poderosos[15]. Jesús era un líder nato. Lideraba con poder y propósito, y tenía metas muy claras. Sabía el porqué lo enviaron a la Tierra, y cualquier logro de importancia o toda pequeña actividad de las que tomaba parte lo impulsaban a su meta final.

Jesús era un hombre de acción. Convirtió el agua en vino. Sanó a los enfermos y echó fuera demonios. Preparó una comida para miles. Entró al templo con determinación y derribó las mesas de los cambistas, mientras gritaba: «¿No está escrito: "Mi casa será llamada casa de oración para todas las naciones"? Pero ustedes la han convertido en "cueva de ladrones"» (Marcos 11:17). Muchas veces, Jesús no se detenía a descansar mientras viajaba y ministraba a la gente de un lugar a otro. No le temía a una buena lucha y siempre estaba dispuesto a encarar a los fariseos y a los maestros de la ley, y a debatir con ellos, a fin de mostrarles el error en su manera de pensar.

En los Evangelios, hay muchas ocasiones en las que Jesús fue directo al grano. Por ejemplo, cuando sus discípulos le preguntaron: «¿Quién es el más importante en el reino de los cielos?» (Mateo 18:1), usó oraciones fuertes y breves para responder esta pregunta. Cuando los fariseos le preguntaron qué partes de la ley eran más importantes, no anduvo con rodeos al usar dos oraciones breves para captar la esencia de todas las leyes: «Ama al Señor tu Dios con todo tu corazón, con todo tu ser y con toda tu mente [...] Ama a tu prójimo como a ti mismo» (Mateo 22:37, 39).

Jesús delegó bien su autoridad, lo cual también es un punto fuerte en el Colérico Poderoso. Bajo su autoridad, los discípulos salieron y estuvieron en condiciones de sanar enfermos y echar fuera demonios. Y a las generaciones de creyentes que vendrían a continuación, les entregó la Gran Comisión: un mandamiento que cada uno de nosotros lleva a cabo hasta el día de hoy.

Jesús fue un Melancólico Perfecto

Como Jesús tenía una vida perfecta, sería lógico que fuera un Melancólico Perfecto[16]. Cristo no solo fue perfecto, sino que también inspiraba y alentaba a sus seguidores a luchar por la perfección. Era organizado y detallista, como se evidencia en las instrucciones específicas que les dio a sus discípulos en cuanto a las ciudades que debían visitar, cómo debían llevar su dinero y hasta qué clase de ropa debían ponerse. Jesús vivió de acuerdo con un plan y llevó adelante ese plan de manera meticulosa, a fin de cumplir con la voluntad del Padre.

Pasó mucho tiempo a solas para recargarse y pasar tiempo en comunión con Dios el Padre. Al comienzo de su ministerio sobre la Tierra, se fue solo al desierto, durante cuarenta días donde el diablo lo tentó. Después de un ajetreado día de enseñarles a sus seguidores, casi siempre se retiraba al santuario de la cima de una montaña o se recluía en el desierto. Y en la noche que lo traicionaron y luego los soldados lo arrestaron, se encontraba orando solo en el huerto de Getsemaní.

Cristo también se preocupaba de manera profunda por las personas, lo cual es otro excelente rasgo Melancólico Perfecto. Sentía compasión por los marginados de la sociedad: los pobres, los leprosos, las prostitutas y los pecadores. Se preocupaba por cada persona y hasta se tomaba el tiempo para preocuparse por los niños. Nunca ocultó sus emociones ni sus lágrimas. Además, como un joven prodigio (rasgo común en los Melancólicos Perfectos), a los doce años dejó asombrados a los maestros del templo con su sabiduría y comprensión de la ley.

Jesús fue un Flemático Pacífico

Jesús también tenía muchos de los puntos fuertes de los Flemáticos Pacíficos[17]. Fue un hombre servicial y compasivo. Estaba dispuesto a realizar las tareas más modestas y nunca estaba demasiado ocupado ni concentrado en sus metas como para dejar de preocuparse por la gente que lo rodeaba. Jugó con los niños, le sostuvo la mano a una niña y se entristeció junto con la familia. Se tomó el tiempo para mirar a la gente a los ojos y amarla.

Jesús también fue humilde. Separó algún tiempo de su día para lavarles los pies a los discípulos, tarea que quedaba relegada solo para un sirviente o esclavo. Una de las declaraciones más conmovedoras de toda la Escritura es cuando les dijo a sus discípulos: «Si alguno quiere ser el primero, que sea el último de todos y el servidor de todos» (Marcos 9:35). Jesús es nuestro señor y rey, con todo y eso, se tomó tiempo para humillarse y realizar las tareas de un sirviente.

Cristo fue un hombre de paz, lo cual es uno de los principales puntos fuertes del Flemático Pacífico. Es más, uno de sus muchos nombres es «Príncipe de paz». Les enseñó a sus discípulos: «No resistan al que les haga mal. Si alguien te da una bofetada en la mejilla derecha, vuélvele también la otra. Si alguien te pone pleito para quitarte la capa, déjale también la camisa» (Mateo 5:39-40). Les dijo a sus discípulos que no perdonaran a los demás «hasta siete, sino hasta setenta veces siete» (Mateo 18:22). A cualquier parte que viajaba, le llevaba esperanza y consuelo a la gente con la que se encontraba. A través de todas estas cosas, vemos que poseía los puntos fuertes de los Flemáticos Pacíficos.

Seamos semejantes a Cristo

En Jesús, vemos que ser semejantes a Cristo significa luchar por tener los puntos fuertes de todas las Personalidades, a la vez que nos deshacemos de todos los puntos débiles. Es una tarea imposible, pero lo que vemos en Jesús es una meta por la que debemos luchar. Nuestras Personalidades son la persona sin refinar tal como nacemos, pero si seguimos accesibles a la obra transformadora del Espíritu Santo en nuestras vidas, podemos pasar de sin refinar a refinados y de tener puntos débiles a tener puntos fuertes. Cada día en que estudiamos la vida de Jesús en las Escrituras, podemos hacer un esfuerzo consciente para vivir más como Él. Cada día que tomamos la cruz y lo hacemos el Señor de nuestras vidas, «[nos] enseñó que [debíamos quitarnos] el ropaje de la vieja naturaleza, la cual está corrompida por los deseos engañosos; ser renovados en la actitud de [nuestra] mente; y [ponernos] el ropaje de la nueva naturaleza, creada a imagen de Dios, en verdadera justicia y santidad» (Efesios 4:22-24).

Cuando todos llevamos una vida llena del Espíritu y nos unimos en nuestros puntos fuertes, somos un grupo semejante a Cristo. Esta es la manera en que, como cristianos, se espera que actuemos. Nadie tiene todas las habilidades ni puntos fuertes. Sin embargo, a medida que nos unimos, formamos un todo y estamos completos en Él. Ya sea que el grupo al que nos referimos sea toda la comunidad cristiana, el cuerpo específico de una iglesia, una organización que coopera con la iglesia o un grupo de cristianos unidos para apoyar una causa específica, siempre somos más eficientes juntos. Algunos somos activistas, otros son amorosos, otros alentadores, algunos son estudiantes de la Palabra, algunos intercesores, otros son compasivos y otros líderes. En cualquier lugar en el que encajen nuestras Personalidades individuales, ¡hay espacio para todos y cada uno de nosotros!

Recuerdo que escuché decir a un orador: «Si los dos pensamos lo mismo, uno de nosotros no hace falta». En el cuerpo de Cristo, cada uno representa un papel vital. Todos somos necesarios. Tal vez esto sea lo que Pablo quiso decir cuando escribió acerca de que la iglesia era un cuerpo con muchas partes:

El cuerpo humano, aunque está formado por muchas partes, es un solo cuerpo. Así también Cristo. Y de la misma manera, todos nosotros, judíos o no judíos, esclavos o libres, fuimos bautizados para formar un solo cuerpo por medio de un solo Espíritu; y a todos se nos dio a beber de ese mismo Espíritu. Un cuerpo no se compone de una sola parte, sino de muchas [...] Pero Dios ha puesto cada parte del cuerpo en el sitio que mejor le pareció. Si todo fuera una sola parte, no habría cuerpo. Lo cierto es que, aunque son muchas las partes, el cuerpo solo es uno. El ojo no puede decirle a la mano: «No te necesito»; ni la cabeza puede decirles a los pies: «No los necesito». Al contrario, las partes del cuerpo que parecen más débiles, son las que más se necesitan; [...] Dios arregló el cuerpo de tal manera que las partes menos estimadas reciban más honor, para que no haya desunión en el cuerpo, sino que cada parte del cuerpo se preocupe por las otras. Si una parte del cuerpo sufre, todas las demás sufren también; y si una parte recibe atención especial, todas las demás comparten su alegría. Pues bien, ustedes son el cuerpo de Cristo, y cada uno de ustedes es parte de ese cuerpo (1 Corintios 12:12-14, 18-22, 24-27, *DHH*).

Cuando aceptamos a Jesús como nuestro Salvador, nos convertimos en una nueva criatura en Cristo. El poder del Espíritu Santo se deposita en nuestras vidas y Él comienza a darnos forma, suavizando los bordes ásperos de nuestros puntos débiles. No significa que nuestra Personalidad cambia ni que perdamos la forma original con la que nos creó Dios, sino que comenzamos a usar los puntos fuertes de nuestra Personalidad que han estado a la espera de que los cultivemos a fin de que logremos madurar.

En Efesios 4:22-24, se nos dice que debemos «[quitarnos] el ropaje de la vieja naturaleza [...] y [ponernos] el ropaje de la nueva naturaleza, creada a imagen de Dios, en verdadera justicia y santidad». Cuando nos rendimos a Jesús, Él comienza a transformarnos en nuestras auténticas individualidades, revelando y eliminando las partes destructivas de nuestros puntos débiles y ayudándonos a avanzar hacia la unidad en Él. Al comprender los puntos fuertes y débiles de nuestra Personalidad, podemos desarrollar nuestras vidas de acuerdo con las gloriosas riquezas que se encuentran en Jesucristo. Por último, a medida que seguimos trabajando en nuestra personalidad, llegamos a ser más semejantes a Cristo.

Espero que al leer este libro, te hayas decidido a crecer, a madurar, a vivir en tus puntos fuertes... ¡a ser más semejante a Cristo!

Notas

1. Un agradecimiento especial a Kathryn Robbins por su investigación original acerca de la conexión entre los cuatro Evangelios y las Personalidades. http//www.stonesofglory.com/kathrynrobbins.html.

2. Para un análisis más exhaustivo acerca de este tema, véase Marita Littauer, *Your Spiritual Personality*, Tossev-Bass, San Francisco, 2005.

3. Merrill F. Unger, *Nuevo manual bíblico de Unger*, Editorial Portavoz, Grand Rapids, MI, 2006, bajo la palabra «gracia» (traducción libre del original en inglés).

4. *Easton's Illustrated Bible Dictionary*, WORDsearch Corporation, Austin, TX, 2005, bajo la palabra *«justification»*.

5. *The Holman Bible Dictionary*, Broadman and Holman, Nashville, TN, 1998, bajo la palabra «*knowledge*».

6. *Easton's Illustrated Bible Dictionary*, bajo la palabra «*sovereignty*».

7. F. LaGard Smith, *The Narrated Bible*, Harvest House Publishers, Eugene, OR, 1984.

8. *My Time with God: 15 Minute Devotions for the Entire Year*, Thomas Nelson, Nashville, TN, 2003.

9. Florence Littauer y Marita Littauer, *Journey to Jesus: Looking for God in All the Right Places*, Hensley Publishing, Tulsa, OK, 2004.

10. Edna Ellison, *Friend to Friend Series*, New Hope Publishers, Birmingham, AL, 2002.

11. Oswald Chambers, *En pos de lo supremo*, Centros de Literatura Cristiana, Colombia, 2003, lectura del 12 de mayo.

12. Merrill F. Unger, *Nuevo manual bíblico de Unger*, Editorial Portavoz, Grand Rapids, MI, 2006, bajo la palabra «soberanía» (traducción libre del original en inglés).

13. Estoy agradecida a mi amiga Judy Wallace por permitir que me beneficiara de su investigación original acerca de este tema. Judy ha hecho un estudio más profundo que se puede encontrar en su libro *In His Presence*, Baptist Publishing House, Texarkana, AR, 2002.

14. Véanse Mateo 2:1-11; 9:19-24; Marcos 9:23; Juan 2:1-11; 6:1-14; 18:8,20.

15. Véanse Mateo 9:37; 10:34; 22:37; Lucas 2:46; 4:1-13; Juan 5:17; 8:14; 21:25.

16. Véanse Mateo 5:48; 10:1-23; 14:23, 26-36; Marcos 1:35,40; 6:1; 10:16; Lucas 5:15-16; Juan 11:35.

17. Véanse Mateo 8:5-6; 12:9-10; 19:16-23; 28:1-10; Marcos 10:21-22; Lucas 2:46-47; 12:27; Juan 13:5-14; 14:12.

TU PERSONALIDAD ORIGINAL
PERFIL DE LA PERSONALIDAD

El siguiente Perfil de la Personalidad se adaptó de *Wired That Way Assessment Tool*, un recurso que contiene este test, definiciones detalladas de palabras, cuadros y gráficos adicionales (para ayudar a definir cada tipo de Personalidad) y una descripción detallada de cómo comprender la puntuación del Perfil[1].

Instrucciones

Lee cada una de las cuatro palabras en cada línea horizontal (numeradas hacia el costado, no hacia abajo). Aunque para realizar esta prueba es una ayuda conocer las definiciones de cada palabra que aparece en *Wired That Way Personality Profile*, al seleccionar una, trata de pensar en la palabra en su sentido más amplio.

Selecciona una que te describa con mayor precisión quién eres por naturaleza. No incluyas los comportamientos aprendidos. Por ejemplo, si tuviste que asistir a una clase o leer un libro para aprender cierto comportamiento, no lo incluyas en el perfil, ya que no representa tu forma de ser natural. Asimismo, si te han obligado a asumir un papel en tu trabajo y ahora actúas de esa manera con bastante naturalidad, no marques esa palabra. Si no estás seguro de cuál palabra escoger, pregúntale a tus familiares o amigos. Los que están contigo todos los días (los que te ven en tus mejores momentos y en los peores), casi siempre te conocen mejor de lo que te conoces tú mismo. Muchas veces, la gente lleva a cuestas un gran bagaje con relación a lo que piensan que son, así que las opiniones de los demás pueden servir de ayuda.

Lo ideal es marcar una sola palabra en cada uno de los grupos de cuatro. No obstante, si ninguna palabra te parece adecuada, pasa por alto esa línea. Si hay dos palabras que parecen iguales y no puedes decidir entre ambas, selecciona las dos. Aunque este método no arrojará un total perfecto de 40, para lo cual se diseñó el Perfil, obtendrás los resultados más precisos posibles. Una vez que selecciones las palabras apropiadas que te describan por naturaleza, traslada lo elegido a la Hoja de Puntuación y suma el número de marcas que hiciste en cada columna vertical. Esto indicará tu Personalidad de base y la secundaria.

Tu perfil de la personalidad

En cada una de las siguientes líneas de cuatro palabras a lo ancho, marca la palabra (o las dos) que mejor se ajustan a ti. Continúa a lo largo de las 40 líneas. Si no estás seguro de qué palabra se ajusta mejor a ti, pregúntale a tu cónyuge o a un amigo cercano, o piensa en cuál hubiera sido tu respuesta en tu niñez, en la que mejor se aplica a tu personalidad natural. Usa las palabras que se encuentran en la página siguiente para tener resultados más precisos.

PUNTOS FUERTES

1 ❏ Aventurero	❏ Adaptable	❏ Animado	❏ Analítico
2 ❏ Persistente	❏ Juguetón	❏ Persuasivo	❏ Pacífico
3 ❏ Sumiso	❏ Abnegado	❏ Sociable	❏ Tenaz
4 ❏ Considerado	❏ Controlado	❏ Competitivo	❏ Convincente
5 ❏ Estimulante	❏ Respetuoso	❏ Reservado	❏ Ingenioso
6 ❏ Satisfecho	❏ Sensible	❏ Independiente	❏ Animoso
7 ❏ Planificador	❏ Paciente	❏ Positivo	❏ Promotor
8 ❏ Seguro	❏ Espontáneo	❏ Organizado	❏ Tímido
9 ❏ Metódico	❏ Servicial	❏ Extravertido	❏ Optimista
10 ❏ Amigable	❏ Fiel	❏ Gracioso	❏ Enérgico
11 ❏ Osado	❏ Encantador	❏ Diplomático	❏ Detallista
12 ❏ Jovial	❏ Constante	❏ Educado	❏ Confiable
13 ❏ Idealista	❏ Independiente	❏ Inofensivo	❏ Inspirador
14 ❏ Demostrativo	❏ Decidido	❏ Mordaz	❏ Profundo
15 ❏ Mediador	❏ Musical	❏ Motivador	❏ Se mezcla con soltura
16 ❏ Reflexivo	❏ Tenaz	❏ Conversador	❏ Tolerante
17 ❏ Oidor	❏ Leal	❏ Líder	❏ Animado
18 ❏ Satisfecho	❏ Jefe	❏ Hace gráficos	❏ Listo
19 ❏ Perfeccionista	❏ Agradable	❏ Productivo	❏ Popular
20 ❏ Inquieto	❏ Audaz	❏ Se comporta	❏ Equilibrado

PUNTOS DÉBILES

21 ❑ Inexpresivo	❑ Huraño	❑ Desvergonzado	❑ Mandón
22 ❑ Indisciplinado	❑ Incompasivo	❑ Sin entusiasmo	❑ Inclemente
23 ❑ Reticente	❑ Rencoroso	❑ Resistente	❑ Redundante
24 ❑ Melindroso	❑ Temeroso	❑ Olvidadizo	❑ Franco
25 ❑ Impaciente	❑ Inseguro	❑ Indeciso	❑ Interrumpe
26 ❑ Impopular	❑ Neutral	❑ Imprevisible	❑ Sin afecto
27 ❑ Terco	❑ Descuidado	❑ Exigente	❑ Vacilante
28 ❑ Simple	❑ Pesimista	❑ Orgulloso	❑ Permisivo
29 ❑ Enojadizo	❑ Sin meta	❑ Polémico	❑ Marginado
30 ❑ Ingenuo	❑ Actitud negativa	❑ Arrogante	❑ Despreocupado
31 ❑ Aprensivo	❑ Retraído	❑ Adicto al trabajo	❑ Quiere mérito
32 ❑ Muy sensible	❑ Indiscreto	❑ Apocado	❑ Hablador
33 ❑ Indeciso	❑ Desorganizado	❑ Dominante	❑ Deprimido
34 ❑ Incoherente	❑ Introvertido	❑ Intolerante	❑ Indiferente
35 ❑ Desordenado	❑ Temperamental	❑ Masculla	❑ Manipulador
36 ❑ Lento	❑ Tozudo	❑ Fanfarrón	❑ Escéptico
37 ❑ Solitario	❑ Señorea sobre otros	❑ Holgazán	❑ Estridente
38 ❑ Perezoso	❑ Desconfiado	❑ Irascible	❑ Alocado
39 ❑ Vengativo	❑ Impaciente	❑ Renuente	❑ Impulsivo
40 ❑ Transigente	❑ Crítico	❑ Astuto	❑ Voluble

Hoja de puntuación de la personalidad

Transfiere todas las *X* a las palabras correspondientes en la siguiente Hoja de Puntuación de la Personalidad, y luego suma los totales. Por ejemplo, si marcaste «animado» en el perfil, márcalo en la Hoja de Puntuación que se encuentra a continuación. (Nota: Las palabras se encuentran en un orden diferente en el Perfil y en la Hoja de Puntuación).

PUNTOS FUERTES

	Sanguíneo Popular	Colérico Poderoso	Melancólico Perfecto	Flemático Pacífico
1	❏ Animado	❏ Aventurero	❏ Analítico	❏ Adaptable
2	❏ Juguetón	❏ Persuasivo	❏ Persistente	❏ Pacífico
3	❏ Sociable	❏ Tenaz	❏ Abnegado	❏ Sumiso
4	❏ Convincente	❏ Competitivo	❏ Considerado	❏ Controlado
5	❏ Estimulante	❏ Ingenioso	❏ Respetuoso	❏ Reservado
6	❏ Animoso	❏ Independiente	❏ Sensible	❏ Satisfecho
7	❏ Promotor	❏ Positivo	❏ Planificador	❏ Paciente
8	❏ Espontáneo	❏ Seguro	❏ Organizado	❏ Tímido
9	❏ Optimista	❏ Extravertido	❏ Metódico	❏ Servicial
10	❏ Gracioso	❏ Enérgico	❏ Fiel	❏ Amigable
11	❏ Encantador	❏ Osado	❏ Detallista	❏ Diplomático
12	❏ Jovial	❏ Confiable	❏ Educado	❏ Constante
13	❏ Inspirador	❏ Independiente	❏ Idealista	❏ Inofensivo
14	❏ Demostrativo	❏ Decidido	❏ Profundo	❏ Mordaz
15	❏ Se mezcla con soltura	❏ Motivador	❏ Musical	❏ Mediador
16	❏ Conversador	❏ Tenaz	❏ Reflexivo	❏ Tolerante
17	❏ Animado	❏ Líder	❏ Leal	❏ Oidor
18	❏ Listo	❏ Jefe	❏ Hace gráficos	❏ Satisfecho
19	❏ Popular	❏ Productivo	❏ Perfeccionista	❏ Agradable
20	❏ Inquieto	❏ Audaz	❏ Se comporta	❏ Equilibrado

Totales de puntos fuertes

PUNTOS DÉBILES

Sanguíneo Popular	Colérico Poderoso	Melancólico Perfecto	Flemático Pacífico
21 ❏ Desvergonzado	❏ Mandón	❏ Huraño	❏ Inexpresivo
22 ❏ Indisciplinado	❏ Incompasivo	❏ Inclemente	❏ Sin entusiasmo
23 ❏ Redundante	❏ Resistente	❏ Rencoroso	❏ Reticente
24 ❏ Olvidadizo	❏ Franco	❏ Melindroso	❏ Temeroso
25 ❏ Interrumpe	❏ Impaciente	❏ Inseguro	❏ Indeciso
26 ❏ Imprevisible	❏ Sin afecto	❏ Impopular	❏ Neutral
27 ❏ Descuidado	❏ Terco	❏ Exigente	❏ Vacilante
28 ❏ Permisivo	❏ Orgulloso	❏ Pesimista	❏ Simple
29 ❏ Enojadizo	❏ Polémico	❏ Marginado	❏ Sin meta
30 ❏ Ingenuo	❏ Arrogante	❏ Actitud negativa	❏ Despreocupado
31 ❏ Quiere mérito	❏ Adicto al trabajo	❏ Retraído	❏ Aprensivo
32 ❏ Hablador	❏ Indiscreto	❏ Muy sensible	❏ Apocado
33 ❏ Desorganizado	❏ Dominante	❏ Deprimido	❏ Indeciso
34 ❏ Incoherente	❏ Intolerante	❏ Introvertido	❏ Indiferente
35 ❏ Desordenado	❏ Manipulador	❏ Temperamental	❏ Masculla
36 ❏ Fanfarrón	❏ Tozudo	❏ Escéptico	❏ Lento
37 ❏ Estridente	❏ Señorea sobre otros	❏ Solitario	❏ Holgazán
38 ❏ Alocado	❏ Irascible	❏ Desconfiado	❏ Perezoso
39 ❏ Impaciente	❏ Impulsivo	❏ Vengativo	❏ Renuente
40 ❏ Voluble	❏ Astuto	❏ Crítico	❏ Transigente

Totales de puntos débiles

Totales combinados

Cómo llevas la cuenta de tu puntuación

Una vez que transfieras tus respuestas a la Hoja de Puntuación, que sumes los números totales de respuestas en cada una de las cuatro columnas y sumes los totales de las secciones de puntos fuertes y puntos débiles, puedes determinar tu tipo de Personalidad dominante. También estarás en condiciones de determinar qué combinación de Personalidades posees. Por ejemplo, si tu puntuación es de 35 en puntos fuertes y débiles del Colérico Poderoso, eres, casi 100% Colérico Poderoso. No obstante, si tu puntuación es de 16 en Colérico Poderoso, 14 en Melancólico Perfecto y 5 en cualquiera de las otras, eres un Colérico Poderoso con fuertes rasgos de Melancólico Perfecto. También estarás en condiciones de determinar tu tipo de Personalidad menos dominante. A medida que lees el material que se encuentra en este libro y trabajas en él, comprenderás cómo poner tus puntos fuertes en acción, cómo compensar los puntos débiles en tu tipo de Personalidad dominante y cómo comprender los puntos fuertes y puntos débiles de otros tipos de Personalidades.

Nota:

1. *The Personality Profile*, creado por Fred Littauer, se encuentra en *After Every Wedding Comes a Marriage*, de Florence Littauer, derechos de autor © 1981, Harvest House Publishers. Usado con permiso. Prohibida su reproducción.

Recursos adicionales

Para recibir información sobre cómo llegar a ser un Instructor Certificado en Personalidad, o para comprar cualquiera de los recursos, visita www.thepersonalities.com o llama al 800-433-6633 [en los Estados Unidos].

Para información adicional acerca del estudio básico de las Personalidades, lee *Enriquezca su Personalidad: Cómo entender a los demás por entenderte a ti mismo*, de Florence Littauer (Editorial Unilit, Miami, FL, 1993).

Para un estudio a fondo de las Personalidades en el matrimonio, lee *Personality Plus for Couples: Understanding Yourself and the One You Love*, de Florence Littauer (Fleming Revell, Grand Rapids, MI, 2001).

Para un estudio profundo de las Personalidades y la crianza de los hijos, lee *Enriquezca su Personalidad para Padres: Comprenda qué motiva a su hijo*, de Florence Littauer (Editorial Unilit, Miami, FL, 2001).

Para información adicional acerca de las Personalidades y la comunicación, lee *Communication Plus: How to Speak So People Will Listen*, de Florence Littauer y Marita Littauer (Regal Books, Ventura, CA, 2006).

Para un estudio a fondo de las Personalidades en el centro de trabajo, lee *Personality Puzzle*, de Florence Littauer y Marita Littauer (Fleming Revell, Grand Rapids, MI, 2003).

Para un estudio exhaustivo de cómo las Personalidades influyen en la vida espiritual (sobre todo en los dones espirituales), lee *Your Spiritual Personality: Using the Strengths of Your Personality to Deepen Your Relationship with God*, de Marita Littauer (Jossey-Bass, San Francisco, 2005).

Otros libros de Marita Littauer

Enriquece tu comunicación
Cómo hablar de modo que la gente escuche
(Marita Littauer y Florence Littauer)
Editorial Unilit, Miami, FL, 2008

Tailor-Made Marriage
When Your Lives Aren't One Size Fits All
(Marita Littauer y Chuck Noon)
Kregel Publications, Grand Rapids, MI, 2005

The Praying Wives Club
Gather Your Girlfriends And Pray for Your Marriage
(Marita Littauer y Dianne Anderson)
Kregel Publications, Grand Rapids, MI, 2005

Making the Blue Plate Special
The Joy of Family Legacies
(Marita Littauer, Florence Littauer y Chuck Noon)
Cook Communications, Colorado Springs, CO, 2006

Your Spiritual Personality
Using the Strengths of Your Personality to Deepen Your
Relationship with God
Jossey-Bass, San Francisco, 2005

But Lord, I Was Happy Shallow
Lessons Learned in the Deep Places
(Marita Littauer, Editora general)
Kregel Publications, Grand Rapids, MI, 2004

The Journey to Jesus
Looking for God in All the Right Place
(Marita Littauer y Florence Littauer)
Hensley Publishing, Tulsa, OK, 2004

Love Extravagantly
Making the Modern Marriage Work
(Marita Littauer y Chuck Noon)
Bethany House, Minneapolis, MN, 2001

You've Got What It Takes
Celebrating Being a Woman Today
Bethany House, Minneapolis, MN, 2000

Come As You Are
How Your Personality Shapes Your Relationship With God
(Marita Littauer y Betty Southard)
Bethany House, Minneapolis, MN, 1999

Talking So People Will Listen
You Can Communicate with Confidence
(Marita Littauer y Florence Littauer)
Vine Books, Ann Arbor, MI, 2004

Getting Along with Almost Anybody
The Complete Personality Book
(Marita Littauer y Florence Littauer)
Fleming Revell, Grand Rapids, MI, 1998

Personality Puzzle
Reduce Conflict and Increase Productivity by Understanding
the Four Personality Types
(Marita Littauer y Florence Littauer)
Fleming Revell, Grand Rapids, MI, 1992

Too Much is Never Enough
Behaviors You Never Thought Were Addictions: How to Recognize
and Overcome Them: A Christian's Guide
(Marita Littauer y Gaylen Larson)
Pacific Press Publishing Association, Nampa, ID, 1994

Giving Back
Creative Ways to Make Your World a Better Place
Here's Life Publishers, San Bernardino, CA, 1991

Homemade Memories
Strengthening Our Ties to Family and Friends Through Creative Hospitality
Harvest House Publishers, Eugene, OR, 1991

Shades of Beauty
The Color-Coordinated Woman
(Marita Littauer y Florence Littauer)
Harvest House Publishers, Eugene, OR, 1982

Acerca de la autora

Como hija de la popular oradora, escritora y experta en personalidad reconocida a escala internacional, Florence Littauer, Marita ha estado bajo el tutelaje directo de Florence durante más de cuarenta y cinco años. A Marita se le conoce a través de su ministerio personal de oratoria y su experiencia en relaciones personales y profesionales. Hace más de veinticinco años que es oradora profesional en la iglesia, y en grupos escolares y de negocios, y es la autora de diecisiete libros. Además, ha experimentado de primera mano el valor de utilizar las Personalidades en el centro de trabajo.

Marita es la presidenta de CLASServices Inc., una organización que proporciona recursos, capacitación y publicidad a los oradores y escritores cristianos. A través del seminario CLASS, que se ofrece en todos los Estados Unidos desde 1981, Marita ha capacitado a miles de hombres y mujeres a fin de que desarrollen las habilidades necesarias para hablar y escribir. Muchos de los conceptos presentados en el seminario CLASS se pueden encontrar en su libro *Enriquece tu comunicación* (que escribió con su madre). Es miembro de la Asociación Nacional de Oradores y la invitan con frecuencia a participar en programas de radio y televisión en todo el país.

**Para más información acerca del ministerio
de Marita Littauer, por favor, visite
www.maritalittauer.com o llame al 800-433-6633,
en los Estados Unidos.**